TODO ESTÁ BIEN

LOUISE L. HAY &
Dra. MONA LISA SCHULZ

TODO
ESTÁ
BIEN

*Tú puedes curar tu cuerpo
a través de la medicina,
las afirmaciones y la intuición*

Título original: *All is Well*
Traducción: Enrique Mercado

Diseño de portada: Amy Rose Grigoriou
Fotografía de Louise Hay: © CharlesBush.com
Fotografía de Mona Lisa: David B. Sutton

© 2012, Louise L. Hay y Mona Lisa Schulz
Publicado originalmente en inglés en 2013, por Hay House Inc., California,
Estados Unidos, y en español mediante acuerdo con Hay House UK Ltd,
Londres, Reino Unido, una división del Hay House Inc., California,
Estados Unidos.

Derechos exclusivos en español para España y América Latina,
excluyendo Estados Unidos, Canadá y Puerto Rico.

© 2013, Editorial Planeta Mexicana, S.A. de C.V.
Bajo el sello editorial DIANA M.R.
Avenida Presidente Masarik núm. 111, 2o. piso
Colonia Chapultepec Morales
C.P. 11570, México, D.F.
www.editorialplaneta.com.mx

Primera edición: enero de 2013
Segunda edición: julio de 2013
Primera reimpresión: octubre de 2013
ISBN: 978-607-07-1675-1

Impreso en los talleres de Litográfica Argos, S.A. de C.V.
Av. Tlatilco núm. 78, colonia Tlatilco, México, D.F.
Impreso y hecho en México – *Printed and made in Mexico*

Siempre que tengas un problema, repite muchas veces:

Todo está bien.
Todo será en mi mayor provecho.
Esta situación solo producirá cosas buenas.
Estoy a salvo.

Esto hará milagros en tu vida.

Dicha y bendiciones,
Louise Hay

Contenido

Bienvenida de Louise ———————————————— 9

1. Integración de métodos curativos ———————— 11
2. Tu cuestionario de autoevaluación de *Todo está bien* ———————————————————————— 21
3. Una perspectiva sobre el uso de la medicina ——— 33
4. Somos familia. El primer centro emocional: huesos, articulaciones, sangre, sistema inmunológico y piel ———————————————— 39
5. Es cosa de dos. El segundo centro emocional: vejiga, órganos reproductores, base de la espalda y cadera——————————— 67
6. Una nueva actitud. El tercer centro emocional: aparato digestivo, peso, glándulas suprarrenales, páncreas y adicciones ——————— 91
7. Dulce emoción. El cuarto centro emocional: corazón, pulmones y senos ——————————— 123
8. Algo de qué hablar. El quinto centro emocional: boca, cuello y tiroides ————————————— 149
9. Ya veo. El sexto centro emocional: cerebro, ojos y oídos ————————————————— 173
10. Cambios. El séptimo centro emocional: afecciones crónicas y degenerativas, y enfermedades que ponen en peligro la vida ——— 197
11. Tabla de *Todo está bien* ——————————— 215

Nota final de Louise —————————————————— 277
Notas———————————————————————————— 279
Bibliografía ———————————————————————— 299
Agradecimientos ————————————————————— 309
Elogios para Todo está bien ———————————— 315
Acerca de las autoras —————————————————— 317

Bienvenida de Louise

Mi corazón se estremece de gozo al presentarte este libro, querido lector, ya sea que mi obra sea nueva para ti o la hayas seguido desde hace tiempo.

Todo está bien examina mis enseñanzas desde un ángulo nuevo y emocionante. Mi coautora, Mona Lisa Schulz, a quien adoro, llevaba siglos prometiéndome que reuniría evidencias científicas para confirmar lo que yo he enseñado durante años. Aunque en lo personal no necesito pruebas para saber que estos métodos dan resultado —confío en lo que llamo mi *vocecita interna* para evaluar las cosas—, sé que hay mucha gente que no considerará una nueva idea si no está respaldada por la ciencia. Así que aquí te presentamos la ciencia. Con esta información adicional, sé que todo un nuevo segmento de personas tomará conciencia del poder que tiene para sanar su cuerpo.

Deja entonces que este libro te guíe. En las páginas siguientes, Mona Lisa te mostrará con claridad, paso a paso, cómo pasar del malestar al bienestar, describiendo las relaciones entre bienestar emocional y salud, y las prescripciones que nosotras damos para sanar. Este libro combina salud médica, salud holística, salud nutricional y salud emocional en un solo y práctico paquete que cualquiera puede seguir en cualquier momento y lugar.

1. Integración de métodos curativos

Sanar la mente y el cuerpo con afirmaciones, medicina e intuición es un territorio que ha sido crecientemente explorado en los últimos 30 años. Y aunque son muchos los individuos talentosos y brillantes que han contribuido a abrir brecha, pocos discutirían que la primera pionera en este campo fue Louise L. Hay. De hecho, este movimiento empezó en masa en la década de 1980, cuando todos compramos el «librito azul» de Louise, *Tú puedes sanar tu cuerpo: causas mentales de las enfermedades físicas y la forma metafísica de vencerlas*, y descubrimos los patrones mentales que originaban los problemas de salud que todos teníamos.

Yo no sabía entonces que mi vida daría un vuelco radical gracias al librito azul, pero la verdad es que lo cambió todo. Me ayudó a definir mi práctica médica, y su teoría me ha guiado a lo largo del camino hacia una mejor salud para mis pacientes y para mí. Como cabe imaginar, me llenó de emoción —por decir lo menos— que Hay House me propusiera escribir un libro con Louise en el que se reunieran el poder sanador de la intuición, las afirmaciones y la ciencia médica: tanto la medicina occidental tradicional como las terapias alternativas. ¡Este sería el sistema curativo supremo! Trabajar con ese material... ¡y con Louise! ¿Cómo podía decir que no?

Llevé conmigo *Tú puedes sanar tu cuerpo* a la escuela de medicina y, más tarde, durante los largos años que dediqué a investigar el cerebro en pos de mi doctorado. Lo usé mientras, llorosa, pasaba por los altibajos de mi formación médica y científica; y también cuando no lloraba pero contraía sinusitis y escurrimiento posnasal. Buscaba en el librito el patrón mental asociado: escurrimiento posnasal, también conocido como *llanto interior*. Cuando me ponía nerviosa por pedir un préstamo tras otro para pagar la colegiatura, me empezaba a dar ciática, los problemas en la base de la espalda. Volvía entonces de nuevo al librito azul: la ciática se asociaba con *miedo al dinero y al futuro*.

Una y otra vez, ese libro tenía sentido, pero yo nunca podía explicarme de dónde había obtenido Louise su sistema de afirmaciones. ¿Qué la había motivado, hace casi 35 años, a iniciar su *estudio de observación clínica* sobre la asociación entre los pensamientos y la salud? ¿Cómo pudo alguien sin formación científica ni educación médica observar a un paciente tras otro, percibir una correlación sistemática entre ciertos patrones mentales y sus problemas de salud asociados, y escribir después un libro que trata tan atinadamente nuestras preocupaciones de salud? Las prescripciones de Louise surtían efecto, pero yo no sabía por qué o cómo; esto, sencillamente, me volvía loca.

Así, puesto que la necesidad —o el agravamiento— es la madre de la invención, decidí ahondar en la ciencia detrás del sistema de afirmaciones de Louise, explorando los aspectos emocionales de las enfermedades en el cerebro y el cuerpo. Y las correlaciones que encontré me ayudaron a crear un sistema de tratamientos que me ha guiado durante más de 25 años de consultas intuitivas e igual número de años como médica y científica. Sin embargo, no fue hasta que Louise y yo iniciamos el camino de escribir este libro que comprendí lo eficaz que podía ser combinar los métodos curativos que yo uso con las afirmaciones de ella.

La importancia de la intuición

En 1991, yo había terminado ya dos años de formación en la escuela de medicina y tres años de doctorado, y debía regresar al hospital a hacer mi residencia. Armada de una bata blanca, un estetoscopio y un montón de manualitos, llegué al que era entonces el Boston City Hospital.

El primer día se me acercó mi residente, me dio el nombre y la edad de mi primera enferma y me dijo: «Revísala». Eso fue todo. Yo me aterré. ¿Cómo iba a saber qué le pasaba a esa señora si lo único que conocía de ella era su nombre y su edad?

En el elevador, de camino a la sala de urgencias, me puse muy inquieta. Apenas si sabía lo elemental acerca de cómo revisar a un paciente, y mucho menos cómo operar el estetoscopio que colgaba de mi cuello. Momentáneamente atrapada en el elevador, me detuve, portapapeles en mano. Y ahí, en un instante, vi en mi imaginación la figura de la paciente que estaba por evaluar. Ella era ligeramente obesa, llevaba puestos unos pantalones ajustados color verde lima, se apretaba la parte superior derecha del abdomen y gritaba: «¡Doctora, doctora, es mi vesícula!»

«¡Vaya!», pensé, «si la paciente a la que estoy a punto de conocer tuviera un problema de vesícula, ¿cómo la voy a evaluar?» Mientras el elevador se arrastraba lentamente entre los pisos, me puse a hojear los numerosos manuales que llevaba embutidos en los bolsillos e indagué en un instante cómo revisar a un paciente con problema de vesícula. En mi portapapeles esbocé el procedimiento clásico de un problema de vesícula: checar un ultrasonido del hígado, verificar las enzimas hepáticas, observar el blanco de los ojos del paciente.

Las puertas se abrieron. Corrí a la sala de urgencias, abrí de golpe las cortinas y, para mi sorpresa, ahí estaba una mujer echada en la camilla con pantalones ajustados verde lima, que gritaba: «¡Doctora, doctora, es mi vesícula!»

Tenía que ser una coincidencia, ¿no?

El segundo día, mi residente volvió a gritar nombre y edad de un enfermo y me dijo que fuera a la sala de urgencias. La figura del paciente apareció de nuevo en mi cabeza, esta vez con una infección de vejiga. Así que seguí el mismo método del día anterior: cómo tratar a un paciente con una infección de vejiga. ¡Y he aquí que, en efecto, se trataba de una infección de vejiga! El tercer día repetí el proceso, y otra vez mis impresiones resultaron acertadas. Luego de tres días, comprendí que había algo especial en mi cerebro, que mi imaginación podía ver por adelantado lo que mi educado ojo médico observaría después en los pisos del hospital.

Me di cuenta entonces de lo útil que me era la intuición para valorar a mis pacientes, aunque pronto comprendí que esta desempeñaba un papel aún más importante de lo que pensé.

La intuición del cuerpo

El cuerpo humano es una máquina asombrosa, y como tal requiere mantenimiento y cuidado regulares para funcionar lo más eficientemente posible. Son varias las razones de que tu cuerpo pueda fallar y enfermarse: genética, medio ambiente, dieta, etcétera. Pero tal como descubrió Louise en su carrera —y publicó en *Tú puedes sanar tu cuerpo*—, toda enfermedad se ve afectada por los factores emocionales presentes en tu vida. Y décadas después de que Louise presentó sus conclusiones, la comunidad científica ha aportado estudios que las confirman.

Las investigaciones han demostrado que el miedo, el enojo, la tristeza, el amor y la alegría tienen efectos específicos en el cuerpo. Sabemos que el enojo hace que los músculos se tensen y los vasos sanguíneos se contraigan, lo cual produce hipertensión y resistencia a la circulación de la sangre. La cardiología nos dice que la alegría y el amor tienen el efecto contrario. Si buscas en el librito azul de Louise, encontrarás que un infarto y otros problemas cardiacos *dejan sin alegría al corazón*, al que *endurecen y roban su dicha*. ¿Y qué dice la afirmación de Louise para remediar estos problemas? *Recupero la dicha del centro de mi corazón* y *Me libero felizmente del pasado. Estoy en paz.*

Patrones mentales específicos afectan nuestro cuerpo en formas predecibles, liberando ciertas sustancias químicas en respuesta a cada emoción. Cuando el miedo es tu ánimo dominante durante un periodo largo, la constante liberación de hormonas del estrés, concretamente cortisol, pone en marcha un efecto dominó de sustancias químicas que produce afecciones cardiacas, aumento de peso y depresión. Igual que el miedo, otras emociones y pensamientos siguen un patrón habitual al proyectarse en el cuerpo en forma de enfermedades. En mis labores he descubierto también que aunque las emociones recorren todo el cuerpo, afectan nuestros órganos de diferente manera, dependiendo de lo que ocurre en nuestra vida. Es aquí donde entra la intuición.

Si no estamos conscientes de una situación emocional en nuestra vida o en la vida de un ser querido, esta información nos llegará por medio de la intuición. Tenemos cinco sentidos materiales que pueden despertar nuestras sensaciones: vista, oído, sensación corporal, olfato y gusto. Pero también tenemos *cinco sentidos intuitivos paralelos*: clarividencia (vista), clariaudiencia (oído), clarisensencia (sensación corporal), clariolencia (olfato) y clarigustancia (gusto), mediante los cuales podemos obtener información adicional. Por ejemplo, tú podrías recibir ansiosamente una imagen intuitiva, un destello clarividente de que un amigo está en peligro. O podrías sentir pavor al oír sonar un teléfono en tu cabeza cinco minutos antes de que esto ocurra, dando la mala noticia de la muerte de un ser querido. Puedes sentir el famoso *mal sabor de boca* u *oler algo raro* justo antes de que alguien te proponga un negocio turbio. O experimentar malestar en el cuerpo, una pena o instinto que te avisa de un problema que enfrentarás en tu relación.

Además de la intuición común que nos guía en los asuntos de los que tenemos información insuficiente —como la que me ha ayudado a lo largo de mi carrera médica—, nuestro cuerpo también posee una intuición innata. Puede decirnos que algo está desbalanceado en nuestra vida, aun si este conocimiento es poco claro en nuestra mente consciente.

Para estar completamente sanos, debemos poner atención a los mensajes que el cuerpo nos manda por medio de la intuición, pero también necesitamos lógica y datos para entender plenamente qué desequilibrios en nuestro estilo de vida están afectando nuestra salud. Así como las dos llantas de una bicicleta tienen que estar infladas, tú debes equilibrar emociones e intuición con lógica y datos. Tanto la lógica extrema sin intuición como la intuición sin lógica engendran desastres. Tenemos que usar ambas herramientas para generar salud. A lo largo de este libro se explicará cómo hacer esto, con base en cuatro enfoques:

- Tomar conciencia de nuestras emociones y de las de quienes nos rodean, fijándonos en las advertencias que recibimos a través del miedo, el enojo y la tristeza.
- Determinar qué pensamientos acompañan a esos sentimientos que no dejan de darnos vueltas en la cabeza.
- Identificar síntomas de aflicción y localizarlos en nuestro cuerpo.
- Descifrar la información intuitiva/emocional del patrón mental escondida en los síntomas, y comprender que toda enfermedad también se debe en parte a la dieta, medio ambiente, genética y lesiones.

El tablero de emergencia intuitivo

¿Cómo aprovechar entonces la intuición de nuestro cuerpo para detectar e interpretar los mensajes que él trata de enviarnos?

Concibe tu cuerpo como el tablero de un automóvil: tiene una serie de luces de emergencia, regiones que se encienden automáticamente cuando algo necesita atención en tu vida. ¿Quién no ha experimentado la irritante luz del indicador de la gasolina? Siempre aparece en un momento inoportuno, y esta luz de advertencia del tablero te saca de quicio al esperar quedarte con tan poco combustible que parecería que tu auto ya solo avanza por inercia. De igual forma, si un área de tu vida está vacía —o trabaja de más—, una parte de tu cuerpo pedirá socorro con insinuaciones, murmullos o a gritos.

Tú posees siete luces de advertencia, cada una de las cuales consta de un grupo de órganos. La salud de los órganos de cada grupo se asocia con tipos específicos de patrones mentales y conductas. Por ejemplo, los órganos asociados con la sensación de protección y seguridad en el mundo son los huesos, la sangre, el sistema inmunológico y la piel. Si no te sientes seguro y protegido, tienes más probabilidades de experimentar enfermedades en uno de esos órganos. Llamamos a este grupo de órganos un *centro emocional*, porque la salud de todos ellos se relaciona con los mismos asuntos emocionales.

Cada capítulo de este libro está dedicado a la salud de los órganos de un centro emocional. Por ejemplo, el capítulo 4 se ocupa de los órganos del primer centro emocional —huesos, sangre, sistema inmunológico y piel—, y te ayudará a interpretar el significado de las enfermedades en cada uno de ellos. Ese capítulo examina asimismo el equilibrio en tu vida alrededor de la emoción básica asociada con tales órganos. Así, en esencia, si tu sensación de seguridad y protección está

desbalanceada, es probable que te enfermes de alguno de los
órganos del primer centro emocional.

Así como para estar sanos necesitamos una dieta balanceada, también debemos cerciorarnos de tener fuentes de amor y
felicidad saludables. Al resolver cómo invertir nuestra energía en diversas áreas de la vida —familia, dinero, trabajo, relaciones, comunicación, educación y espiritualidad—, podemos generar salud física y emocional.

Cómo usar este libro

Cuando Louise y yo hablamos de cómo crear un libro útil
para ti, decidimos estructurarlo de tal forma que pudieras
buscar la parte de tu cuerpo que experimenta enfermedad y
trabajar a partir de ahí, justo como en *Tú puedes sanar tu vida*.
Sin embargo, recuerda que las personas no son simples órganos particulares entrelazados, de manera que una dolencia
en una parte de tu cuerpo por lo general afectará la salud
de otra zona. Además, las emociones que resultan de sentirte
seguro y protegido en tu familia (primer centro emocional)
también influyen en las relacionadas con la autoestima (tercer
centro emocional). Para sanar por completo, debes examinar
tu vida en su conjunto al tiempo que pones atención extra en
el órgano o enfermedad que te está causando más dificultades. Siéntete en libertad de ir directamente a la sección del
libro que trata el área de tu problema personal, pero recuerda
que también puedes encontrar información importante sobre
otros desequilibrios en tu vida si lees todo el libro. Tener un
cuadro completo de tus fortalezas y debilidades puede ayudarte a crear un plan de largo plazo para una vida saludable
en todos tus centros emocionales.

Mientras avanzas en el libro, yo te ayudaré a aprovechar
la intuición de tu cuerpo en torno a los órganos de cada centro emocional para que puedas entender los mensajes que el

cuerpo te envía. Pero recuerda que solamente tú puedes decidir qué te dice tu cuerpo. Este libro es una guía general que combina lo que se ve comúnmente con aquello que la ciencia tiende a respaldar.

Una vez que hayas determinado lo que tu cuerpo te dice, Louise y yo te guiaremos a través de técnicas de sanación que tratan las numerosas razones de que nos enfermemos. Aunque en este libro no haremos recomendaciones médicas específicas, porque las buenas recomendaciones médicas son exclusivas para cada individuo, ofreceremos estudios de casos que te darán una idea de algunos de los tipos básicos de intervenciones médicas por considerar. Más aún, detallaremos afirmaciones que puedes repetir para ti muchas veces al día, y sugerencias de conducta que puedes incorporar de inmediato a tu vida. Estas herramientas te ayudarán a modificar tus pensamientos y hábitos para generar salud.

Hay que señalar una cosa sobre los estudios de casos. En esas secciones se destacarán situaciones extremas de personas con problemas en un centro emocional. Sin embargo, es importante recordar que la mayoría de la gente no tiene un problema único; puede tener muchos, sea esterilidad, artritis y fatiga u otra combinación de complicaciones. En nuestros estudios de casos solo nos concentraremos en la complicación predominante asociada con cada centro emocional. Cubrir todos los desequilibrios y problemas en la vida de una persona produciría un tomo enciclopédico que no sería tan accesible para la mayoría, tal como hemos concebido este libro, así que no te sorprenda reconocerte en muchas de las descripciones que haremos.

Durante tu lectura, tu intuición podría hablarte a gritos o emitir apenas un leve chirrido. Lo importante es que escuches lo que se te presenta y trabajes con eso.

He aprendido un par de importantes principios rectores a lo largo de mi carrera. El primero es que cada uno de nosotros, por excepcional que sea, por peculiares que sean sus rasgos de personalidad o sus pasadas pruebas emocionales o físicas, puede mejorar su salud. El segundo es que debemos estar abiertos a todas las modalidades curativas disponibles para generar salud y felicidad. Así se trate de vitaminas y suplementos nutricionales, hierbas y medicinas, cirugía, meditación, afirmaciones o psicoterapia, todo puede serte útil si lo usas bajo la dirección de un profesional calificado de la salud que sea de tu confianza. *Todo está bien* te ayudará a encontrar la combinación de métodos más indicada para ti.

2. *Tu cuestionario de autoevaluación*
de Todo está bien

Louise y yo hemos trabajado por separado con miles de personas, y una de las partes más importantes de esa labor es nuestra entrada inicial: llamémosla simplemente el proceso de conocerse a uno mismo. Este proceso nos permite evaluar la situación de salud y emocional de alguien y nos ofrece pistas sobre la mejor manera de ayudarle.

El cuestionario de este capítulo te guiará para que puedas hacer lo mismo tú solo. Al terminar, tendrás una mejor idea de dónde iniciar tu camino a la sanación.

Esta prueba consta de siete secciones, cada una de ellas con preguntas que cubren tanto problemas de salud física como hábitos de estilo de vida. Responde sí o no a cada pregunta. Al final del cuestionario aparece una guía de puntuación para que evalúes tu salud emocional y física actual. Pide después a un buen amigo que resuelva el cuestionario, aunque imaginando que es tú, y compara los resultados. Es útil obtener perspectivas externas, porque a veces no podemos ver nuestra vida con claridad.

Cuestionario

Sección 1

Preguntas de salud física:
1. ¿Padeces artritis?
2. ¿Tienes problemas de columna, afecciones de los discos o escoliosis?
3. ¿Padeces osteoporosis?
4. ¿Eres propenso a accidentes, espasmos musculares o dolores crónicos?
5. ¿Tienes anemia, hemorragias, fatiga o tendencia a contraer virus?
6. ¿Padeces soriasis, eczema, acné u otras afecciones de la piel?

Preguntas de estilo de vida:
1. ¿Tiendes a dar más de lo que recibes?
2. ¿Tienes dificultades para sentirte amado por una persona independiente?
3. Cuando ves sufrir a alguien, ¿sientes que es tu deber consolarlo?
4. ¿No eres bueno para la política grupal o careces de habilidad para socializar?
5. ¿Te hacían burla de chico?
6. ¿Te hacen burla en el presente?
7. ¿Tiendes a resentirte de salud cuando cambian las estaciones?
8. ¿Los cambios te ponen nervioso?
9. ¿Te contagias fácilmente del estado de ánimo de otra persona?
10. ¿Eres la oveja negra de la familia?
11. ¿Eres la persona a la que todos recurren automáticamente cuando tienen un problema?

12. ¿Acostumbras destruir puentes en tus relaciones después de una discusión?

Sección 2

Preguntas de salud física:
1. ¿Tienes preocupaciones de salud asociadas con tus órganos reproductores (femeninos), como matriz u ovarios?
2. ¿Padeces vaginitis u otros problemas vaginales?
3. ¿Tienes problemas con tus órganos reproductores (masculinos), como próstata o testículos?
4. ¿Experimentas impotencia o problemas de deseo sexual?

Preguntas de estilo de vida:
1. Si prestas dinero a un ser querido, ¿te resistes a cobrarle intereses?
2. ¿Acostumbras endeudarte durante las vacaciones?
3. ¿La competencia te sienta bien, o la gente suele decir que eres demasiado competitivo?
4. ¿Alguna vez has terminado una relación a causa de una decisión profesional?
5. ¿Tienes un patrón persistente de sobreeducación y subempleo?

Sección 3

Preguntas de salud física:
1. ¿Tienes problemas digestivos, como úlcera péptica?
2. ¿Tienes problemas de adicción?
3. ¿Padeces sobrepeso?
4. ¿Tienes anorexia o bulimia?

Preguntas de estilo de vida:
1. ¿Piensas que es vanidad hacerte un facial?
2. ¿Tiendes a atraer a personas que tienen problemas de adicción?
3. ¿Sabes con exactitud cuánta grasa hay en tu región del talle bajo y tu cadera?
4. ¿Tienes hábitos compulsivos —ir de compras o comer, por ejemplo— con los cuales calmar tus nervios?
5. ¿Tu estilo personal —manera de vestir, modales e incluso forma de hablar— es anticuado?

Sección 4

Preguntas de salud física:
1. ¿Tienes problemas de arterias o vasos sanguíneos?
2. ¿Padeces arteriosclerosis?
3. ¿Padeces hipertensión?
4. ¿Tienes colesterol alto?
5. ¿Has tenido un infarto?
6. ¿Padeces asma?
7. ¿Tienes afecciones del pecho?

Preguntas de estilo de vida:
1. ¿La gente te pregunta con frecuencia cómo te sientes?
2. ¿Te han dicho que eres demasiado sensible?
3. ¿Tu ánimo es sensible a cambios de clima y estaciones?
4. ¿Has llorado en el trabajo?
5. ¿Lloras con facilidad?
6. ¿Te es difícil enojarte con un ser querido?
7. ¿Te enojas con facilidad?
8. ¿Te quedas en casa o te alejas de la gente porque la emoción te embarga?

Sección 5

Preguntas de salud física:
1. ¿Tienes problemas de mandíbula?
2. ¿Tienes problemas de tiroides?
3. ¿Tienes problemas de cuello?
4. ¿Sufres seguido de dolor de garganta?
5. ¿Tienes otros problemas de garganta?

Preguntas de estilo de vida:
1. ¿Tenías dificultades para seguir instrucciones cuando eras joven?
2. ¿Tienes dificultades para seguir instrucciones ahora?
3. ¿Se te complica concentrarte en el teléfono celular o en una llamada a manos libres?
4. ¿Tienes grandes discusiones o malos entendidos con amigos o seres queridos por correo electrónico?
5. ¿Dices que sí simplemente para terminar una discusión?
6. ¿Tienes dislexia o problemas de tartamudeo, para aprender idiomas o para hablar en público?
7. ¿Te comunicas mejor con los animales que con las personas?
8. ¿La gente recurre a ti para que libres sus batallas?

Sección 6

Preguntas de salud física:
1. ¿Tienes problemas de insomnio?
2. ¿Padeces migraña?
3. ¿Te preocupa envejecer o parecer viejo?
4. ¿Padeces el mal de Alzheimer?
5. ¿Has tenido cataratas?
6. ¿Experimentas mareos?

Preguntas de estilo de vida:
1. ¿Se te dificulta no exceder el número de palabras en pruebas como escribir un ensayo?
2. ¿Tienes problemas con las pruebas de opción múltiple?
3. ¿Siempre andas en las nubes?
4. ¿Te resistes cuando se trata de aprender nuevas tecnologías?
5. ¿Alguna vez has experimentado un trauma serio o abuso?
6. ¿Sientes el «espíritu» cuando estás en contacto con la naturaleza?

Sección 7

Preguntas de salud física:
1. ¿Sufres alguna enfermedad crónica?
2. ¿Te han diagnosticado una enfermedad incurable?
3. ¿Tienes cáncer?
4. ¿Estás tan mal de salud que te hallas al borde de la muerte?

Preguntas de estilo de vida:
1. ¿Tienes un espíritu impulsivo e indomable?
2. ¿Te la pasas trabajando todo el tiempo, sin pedir siquiera un permiso por enfermedad?
3. ¿Ignoras por completo cuál es tu propósito en la vida?
4. ¿Tienes crisis existenciales o de salud una tras otra?
5. ¿La mayoría de tus amigos y familiares parecen alejarse de ti o abandonarte de algún otro modo?

Puntuación

Para calificar el cuestionario, cuenta el número de respuestas afirmativas de cada sección.

Sección 1
Somos familia. El primer centro emocional: huesos, articulaciones, sangre, sistema inmunológico y piel.

Si respondiste que sí en:
- **0 a 6 preguntas:** Te sientes muy a gusto en el mundo, y tus saludables huesos, articulaciones, sangre y sistema inmunológico son un reflejo de ello. Es probable que tus retos de salud estén en otras áreas.
- **7 a 11 preguntas:** Tienes problemas familiares ocasionales, y esa punzada de dolor en las articulaciones, la frustración por problemas de la piel o la molestia de complicaciones del sistema inmunológico te lo harán saber. Cerciórate entonces de estar en sintonía, y trata de poner esas cosas bajo control antes de que se agraven.
- **12 a 18 preguntas:** ¡Prepárate! Es momento de reevaluar cómo conseguir apoyo de la familia u otro grupo. Debes concentrarte de inmediato en la salud de tu primer centro emocional, esmerándote en crear una vida más segura. Consulta el capítulo 4 para saber qué cambios puedes hacer para librarte de tus problemas de huesos, articulaciones, sangre, sistema inmunológico y piel.

Sección 2
Es cosa de dos. El segundo centro emocional: vejiga, órganos reproductores, base de la espalda y cadera.

Si respondiste que sí en:
- **0 a 2 preguntas:** Tienes una capacidad prodigiosa para

negociar financiera y sentimentalmente tus progresos en la vida. Dada tu habilidad para equilibrar el amor y el dinero, es probable que tus retos de salud procedan de otras regiones del cuerpo.

- **3 a 5 preguntas:** Tienes altibajos promedio en el amor y las finanzas. Sin embargo, ese ocasional vaivén anímico hormonal o dolor en la base de la espalda podrían indicar que tienes necesidad de buscar relaciones inestables o complicaciones financieras en algún lado. Recuerda tener bajo vigilancia tus esfuerzos.
- **6 a 9 preguntas:** Tu vida ha sido una lucha en cuanto a cómo manejar tanto independencia económica como relaciones íntimas. Tus retos de salud con el dolor en la base de la espalda y la cadera o con problemas hormonales, reproductivos o de vejiga quizá te están avisando de modo intuitivo que debes encontrar una mejor manera de equilibrar el dinero y el amor. Consulta de inmediato el capítulo 5 para darte una idea de cómo crear este equilibrio.

Sección 3
Una nueva actitud. El tercer centro emocional: aparato digestivo, peso, glándulas suprarrenales, páncreas y adicciones.

Si respondiste que sí en:

0 a 2 preguntas: Tienes un sentido innato de que eres dig-
- no de recibir amor y puedes concentrarte en tus necesidades, pero también tienes disciplina y responsabilidad suficientes para manejar un trabajo y cumplir tus responsabilidades con los demás. Admirable. Esto es muy poco común. Dada tu capacidad para equilibrar tu identidad, es probable que tus retos procedan de otras regiones del cuerpo.

- **3 a 5 preguntas:** Tus eventuales forcejeos con el trabajo y con tu autoestima quizá se materializan en ocasionales problemas de indigestión, estreñimiento, irregularidades intestinales o preocupaciones por tu peso. Mantente alerta ante crecientes desequilibrios en estas áreas.
- **6 a 9 preguntas:** Sabes que tienes problemas de autoestima. Tu batalla permanente por sentirte potenciado por una carrera y amarte al mismo tiempo ha resultado quizás en padecimientos de tu tracto intestinal y tus riñones, o en complicaciones de peso o adicciones. El capítulo 6 puede ofrecerte medios importantes para cambiar tus pensamientos y tu conducta a fin de sanar en este centro emocional.

Sección 4
Dulce emoción. El cuarto centro emocional: corazón, pulmones y senos.

Si respondiste que sí en:
- **0 a 4 preguntas:** Eres uno de esos raros individuos que pueden hacerse cargo de un niño, un padre anciano, en realidad de cualquier persona, sin descuidarse a sí mismo. Naciste con una fuerte constitución mental y emocional. Bien por ti.
- **5 a 10 preguntas:** Tus problemas cardiacos, respiratorios o de pecho podrían indicar tristeza, ansiedad o frustración con un hijo o con tu pareja, pero no te entretendrás mucho en esto. ¡Eres resistente y sabes cómo recuperarte!
- **11 a 15 preguntas:** ¡Cuidado! Tu conflicto permanente con el control de tus emociones en tus relaciones puede hacer que tu vida parezca una telenovela o un mal *reality show*. Quizás a veces quisieras huir y vivir en un monasterio para alejarte de todo. Pero tu salud está a tu alcance. Consulta el capítulo 7 para ver qué puedes hacer para sanar.

Sección 5
Algo de qué hablar. El quinto centro emocional: boca, cuello y tiroides.

Si respondiste que sí en:

- **0 a 4 preguntas:** Felicidades por tus impresionantes habilidades de comunicación. Sabes cómo expresar tus necesidades y escuchar el punto de vista de quienes te rodean. Te conoces y sabes cómo ser fuerte y empático al mismo tiempo. Bien por ti.
- **5 a 8 preguntas:** Tienes desacuerdos ocasionales con amigos, hijos, padres, tu pareja o compañeros de trabajo. Y aunque chocas, tu conflicto no dura mucho, como tampoco los problemas de salud que tienden a desarrollarse en tu cuello, tiroides, mandíbula o boca. Cuando un estilo de comunicación no te da resultado, tendrás rigidez temporal de cuello o mandíbula o problemas dentales, los cuales te orillarán a evaluar pronto una mejor forma de comunicarte.
- **9 a 13 preguntas:** Tal vez no necesitas oír esto de nosotras, pero toda la vida has batallado para sentirte escuchado y comprendido por los demás. También has tenido problemas para oír a quienes te rodean. Es importante que aprendas a comunicarte al tiempo que tomas conciencia de todos los lados de una situación, expresándote pacíficamente y escuchando en forma simultánea. El capítulo 8 te pondrá en el camino correcto.

Sección 6
Ahora ya veo. El sexto centro emocional: cerebro, ojos y oídos.

Si respondiste que sí en:

    0 a 3 preguntas: ¿Cómo le haces? Eres de esos individuos excepcionales que nacieron con una mentalidad estable y no tienden a forcejear con lo desconocido. Llámalo fe o viajar por la vida con piloto automático. No importa. Has aprendido a no resistirte, y te adaptas con donaire a los cambios de la vida. Es probable que tus problemas de salud no se hallen en el cerebro, ojos y oídos.

* **4 a 8 preguntas:** Tienes problemas ocasionales con el pesimismo y la estrechez de miras a futuro. Sin embargo, una voz interior finalmente te dice que tu mente no es tu amiga. Y el dolor de cabeza, la resequedad de ojos o el mareo intenso que se presentan cuando estás en plan pesimista pronto llaman tu atención y te obligan a ver tu mundo desde una perspectiva más sana.

* **9 a 12 preguntas:** Respira hondo. La causa de tus problemas es tu batalla de toda la vida para ver y oír claramente el mundo tal cual es. Debes ampliar el alcance de tu percepción y volver más adaptable y flexible tu mentalidad. Abriéndote al flujo de la vida y liberándote de tus expectativas acerca de cómo crees que debería ser la vida, generarás mejor salud en tu cerebro, ojos y oídos. Entérate de más sobre este tema en el capítulo 9.

Sección 7
Cambios. El séptimo centro emocional: afecciones crónicas y degenerativas, y enfermedades que ponen en peligro la vida.

Si respondiste que sí en:

* **0 a 2 preguntas:** Te encuentras en un momento estable en tu vida. Has visto a otros sufrir desastres de salud, pero tú te has mantenido sano. Felicidades, sigue así.

* **3 a 5 preguntas:** Tienes ocasionales complicaciones médicas. Tal vez tu fe ha sido puesta a prueba en las escasas veces que has recibido malos resultados médicos de un doctor. Dado que ya has tenido estas experiencias, per-

manece atento a lo que tu cuerpo quiera decirte antes de tener que volver a lidiar con situaciones tan dramáticas.

- **6 a 9 preguntas:** No te preocupes, no estás solo. Desde hace tiempo sabes que necesitas ayuda. Meditas, rezas y tienes una serie de personas de apoyo médico que te guían en tus crisis, pero estás exhausto. Para tener una vida mejor, debes examinar cómo cambiar y crecer en sociedad con el espíritu Divino. Acompáñanos en la aventura del capítulo 10.

Ahora que has evaluado tu situación actual, demos los pasos siguientes para crear salud juntos.

3. Una perspectiva sobre el uso de la medicina

Algunos de los lectores atraídos por este libro podrían sentirse tentados a descartar las opciones curativas que ofrece la medicina moderna. Quizás esto se deba a que ven el uso de estas alternativas como prueba de que las demás no darán resultado, o a cierta desconfianza del sistema moderno. Pero he descubierto —tanto en mi salud como en la de mis pacientes— que la medicina forma parte esencial de la ecuación.

En los últimos años, la atención a la salud ha sufrido cambios radicales en el mundo entero. Durante siglos, o quizá milenios, para sanar la gente se concentró en profesionales hábiles que usaban técnicas como la interpretación de sueños y la intuición. Dado que no existía la tecnología que ahora usamos, confiaban en que esas habilidades místicas les llevaran a una causa y una cura. En la antigua Grecia, por ejemplo, en vez de obtener de un radiólogo una resonancia magnética o una tomografía, los médicos asumían un estado alterado semejante al sueño, y accedían intuitivamente a información sobre la enfermedad de sus pacientes. Curar suponía considerar a la persona en su conjunto e intentar restaurar su equilibrio para que recuperara la salud.

En años recientes, la ciencia ha transformado esta perspectiva de la salud de la persona en su conjunto y centrada en el equilibrio. Pruebas de diagnóstico, medicamentos, especialistas y numerosos adelantos tecnológicos han hecho del mundo un lugar más sano. La esperanza promedio de vida ha aumentado. La incidencia de muerte materna en el parto se ha reducido en forma considerable. Hoy tenemos medicinas que pueden erradicar enfermedades horribles. Piénsese en los estragos provocados en Europa a mediados del siglo XIV. La peste bubónica —la peste negra— acabó entonces con un 30 a 60 por ciento de la población total. ¿Puedes imaginar algo así? Esa peste sigue entre nosotros, pero su impacto ha sido minimizado por el tratamiento con antibióticos. La medicina moderna en verdad ha logrado hazañas impresionantes.

Como médica y sanadora, yo nunca insistiré lo suficiente en la importancia de la medicina para la curación. Si estás enfermo, busca un médico. Estos profesionales poseen conocimientos y habilidades para emplear la tecnología en tu beneficio. Pueden recetar prácticas y medicamentos particulares con base en la combinación de síntomas y dolencias que presentas.

Pero también es importante recordar que la medicina tiene sus límites. Por eso escribimos este libro.

Conforme el campo de la curación ha cambiado, muchas personas se han alejado de toda interacción con lo místico. Las curas milagrosas que la tecnología ha producido parecen ofrecer soluciones más modernas y eficaces. Pero recuerda que la tecnología también comete errores. Las pruebas de sangre y de embarazo suelen dar resultados incorrectos. Las medicinas tienen efectos secundarios. Las cosas pueden marchar mal.

¿Adónde voy con todo esto? A que, sin límites, la tecnología es una insensatez. Y a que, por sí sola, también la intuición es una tontería. Debemos usar una combinación de técnicas —y recurrir a una combinación de expertos— para alcanzar la salud verdadera. De hecho, mi vida es una demostración perfecta de cómo la medicina, la intuición y las afirmaciones pueden sanar tu vida.

En 1972, cuando tenía 12 años, mi familia enfrentaba grandes dificultades económicas, y hablábamos mucho de dinero. En un periodo de tres meses, mi columna vertebral se curvó en un caso severo de escoliosis, que precisó de cirugía. Dada la alteración en la estructura de mi columna, el corazón se me agrandó y mi capacidad pulmonar se redujo. La cirugía fue drástica pero me salvó la vida, con todo y varillas y tornillos.

Recuerdo haber caminado por la avenida Longwood, en Boston, antes de mi operación, mirando aquellos grandes hospitales y diciendo a todo el que quisiera oírme: «Algún día volveré aquí después de haber estudiado medicina». Esa cirugía cambió mi futuro. Los doctores salvaron mi vida con medicina, así que yo me volví doctora y científica para salvar vidas también.

Pero la existencia es experta en no resultar como la esperamos. Mientras tomaba mis cursos preliminares de medicina, desarrollé narcolepsia, lo que provocó que mi conciencia —mi intelecto— se estropeara. No podía permanecer despierta en clase. Parecía que mis sueños de ser doctora y científica se irían por el caño. No iban a materializarse, porque yo no podía obtener buenas calificaciones si no era capaz de mantener abiertos los ojos.

Así que recurrí de nueva cuenta a la medicina. Y otra vez los doctores me ayudaron, dándome un medicamento que me hacía permanecer despierta. Pero tuve que dejar de tomarlo pronto, a causa de un efecto secundario que ponía en riesgo mi vida. Por desgracia, el mundo de la medicina, en el que yo confiaba, ya no podía ofrecer nada para ayudarme.

Este hecho motivó una serie de incursiones en otros métodos curativos. Probé uno tras otro: alternativo, complementario, integrador... de todo. Probé hierbas chinas, acupuntura y hasta una dieta macrobiótica durante tres años. Todos estos métodos me ayudaron, pero ninguno funcionó por completo en mi afán de mantenerme despierta.

Un resultado maravilloso de esta exploración fue que, gracias a que busqué ayuda con un médico intuitivo, me enteré de la facilidad de mi cerebro para la intuición. Desesperada, también fui con un chamán, quien igualmente me dijo que a medida que aprendía a acceder a mi intuición, mi salud mejoraba.

Sin embargo, todos estos orientadores no podían llegar demasiado lejos. Había un elemento de mi salud que no estaba siendo abordado: ¡mis emociones! Yo había percibido ya el desarrollo de cierto patrón: descubrí que si me enojaba mucho tiempo, o me juntaba con personas irritantes y malhumoradas, mi narcolepsia se activaba, y caía dormida —contra mi voluntad— de 24 a 48 horas. Créeme, contaba el tiempo; siempre eran de 24 a 48 horas. Así que entendí que si me ponía nerviosa o convivía con personas angustiadas y excitables, comenzaba a sentirme adormilada. ¡Que apaguen las luces! Lo mismo me ocurría con personas tristes o deprimidas.

Un día entré a una librería y tropecé con el librito azul de Louise. Aunque yo había visto que ciertos patrones mentales se asociaban con mi padecimiento, no sabía cómo usar esta constatación para sanar, más allá de evitar a ciertas personas o situaciones, lo que sencillamente no era práctico a la larga. Pero el libro de Louise me ofreció las herramientas que yo necesitaba para neutralizar los patrones mentales negativos que sabía que contribuían a mis problemas de salud: ¡las afirmaciones!

Ciertamente valía la pena intentarlo. Las medicinas alternativas, complementarias y la convencional me ayudaban en algo, pero no por entero, y evitar las emociones propias o ajenas me agotaba cada vez más. Así que saqué un cuaderno y, con algunas de mis plumas preferidas, me puse a copiar afirmaciones específicas que parecían asociarse con mis problemas de salud:

Decido ver la vida como eterna y jubilosa. Me amo tal como soy. Me amo tal como soy.

Yo, Mona Lisa, confío en que la sabiduría y orientación divinas me protegen en todo momento. Me siento segura.

Yo, Mona Lisa, confío en que la sabiduría y orientación divinas me protegen en todo momento. Me siento segura.

Éstas son afirmaciones clásicas de Louise Hay. Yo las repetía una y otra vez, y poco a poco mis rachas de sueño disminuyeron. Entré a la escuela de medicina y obtuve mi licenciatura y doctorado. No habría podido hacerlo sin las afirmaciones.

Mi salud ha sufrido altibajos a través del tiempo. (¿Acaso no todos los sufrimos?) Cada vez que tenía una crisis, recurría a la medicina convencional e integradora, pero también sacaba el libro de Louise Hay, y usaba la intuición médica para identificar los desequilibrios en mi vida. Esta combinación siempre daba buenos resultados.

Así es como mantengo mi buen estado de salud: con medicina, intuición y afirmaciones. También es así como ayudo a otras personas.

En el último año, mi problema de columna surgido cuando tenía 12 años empezó a intensificarse. Me inclinaba como la torre de Pisa; me paraba en un ángulo de 70 grados, siempre mirando el suelo. Los cirujanos a los que consulté en Phoenix, Arizona, me dijeron que se trataba del síndrome de espalda recta, complicación derivada de la vasta cirugía de escoliosis que se me practicó cerca de 40 años atrás. No podía caminar mucho ni levantar los brazos. La intuición me pedía reevaluar la estructura y el fundamento de mi vida, y lo hice. Examiné mi propósito con la ayuda de orientadores espirituales y amigos. También trabajé con un acupunturista y maestro de *qigong* chino, pero todos estos remedios no me llevaron demasiado lejos.

Quería poder caminar otra vez. El cirujano dijo que, de no operarme, acabaría en una silla de ruedas. Así que el 13 de febrero de 2012 entré a la sala de operaciones… y estuve a punto de morir a causa de una hemorragia anormal durante la cirugía. Sin embargo, la medicina volvió a salvarme la vida. El doctor detuvo la hemorragia, me resucitó y reparó mi columna, devolviéndome así siete y medio centímetros de estatura, y también mi existencia.

Me encantaría poder decir que fue la medicina por sí sola —tan límpida, tan ordenada, tan racional— la que me salvó. Estuve en la unidad de cuidados intensivos más de dos semanas, y cuatro en el hospital; digamos que mi recuperación fue difícil. Pero ahora estoy mejor que nunca. ¿Qué me hizo volver a la vida? En el hospital usé medicina, desde luego, pero también intuición para saber cómo fortalecer mi cuerpo, y producir equilibrio en mi vida. Confié enormemente en las afirmaciones para modificar mis pensamientos. Y créeme, ¡me urgía cambiarlos! Así es como sana la persona integral. Como crea salud perdurable. La medicina no puede hacerlo sola; tampoco la intuición ni las afirmaciones. Solo un método balanceado mantiene viva la esperanza de una sanación completa.

4. Somos familia

El primer centro emocional: huesos, articulaciones, sangre, sistema inmunológico y piel*

La salud del primer centro emocional depende de que te sientas seguro en el mundo. Sin el apoyo de tu familia y amigos, que necesitas para prosperar, verás esta inseguridad manifestarse en tu sangre, sistema inmunológico, huesos, articulaciones y piel. La clave para gozar de salud en este centro es equilibrar tus necesidades con las de los grupos sociales más importantes en tu vida. La familia y los amigos, el trabajo o una organización a la cual pertenezcas: todo esto consume tiempo y energía. Pero se supone que también debe recompensarte, en forma de amistad, seguridad y protección; debe ofrecerte una sensación de pertenencia. Todas éstas son razones por las que los seres humanos buscamos a otras personas y grupos. Sin embargo, nunca debes permitir que las necesidades del grupo eclipsen las tuyas, en particular las que tienen que ver con tu salud.

Cuando no recibes lo que necesitas de relaciones o actividades a las que dedicas mucho tiempo, tu cuerpo y mente te lo harán saber. Al principio, los signos pueden ser tan simples como fatiga, irritación de la piel o dolor en las articulaciones. Problemas leves del primer centro emocional pueden servir como un sistema de advertencia temprana, dejándote saber cuando has perdido el rumbo. Ignorar las advertencias de tu cuerpo podría causarte muchos males: síndrome de fatiga crónica, fibromialgia, osteoartritis, artritis reumatoide, virus de Epstein-

*A partir de este capítulo se mencionan medicamentos cuya denominación se mantiene como se les conoce en inglés. (Nota del traductor.)

Barr, hepatitis (A, B o C), mononucleosis, mal de Lyme, alergias, sarpullidos, soriasis, dolor en las articulaciones, fatiga y afecciones autoinmunes como el lupus, todas éstas derivadas de un desequilibrio en el primer centro emocional.

La parte de tu cuerpo donde se manifiesta la enfermedad depende de qué causa la sensación de inseguridad. Por ejemplo, si te sientes muy abrumado por tus responsabilidades familiares y dejas de lado tus necesidades, tu inseguridad te producirá dolencias en los huesos. Sentir desesperación e impotencia se mostrará en tu sangre. Sentirte completamente solo y excluido de tu familia provocará daños en tu sistema inmunológico. Y no poder poner límites a quienes te rodean se mostrará en padecimientos de la piel. Entraremos en detalle al pasar a cada sistema de órganos. Por ahora, solo recuerda: es importante que escuches las advertencias de tu cuerpo y actúes. Si piensas por qué no te sientes seguro y protegido, podrás modificar patrones mentales y de conducta que quizás estén contribuyendo a tu malestar.

Afirmaciones y ciencia del primer centro emocional

¿Cuál es entonces la importancia de las afirmaciones? Si en el fondo no crees ser capaz o digno de recibir apoyo, sustento y seguridad, la medicina por sí sola no podrá curarte. En primera instancia debes hacerte cargo de las creencias básicas que te causan problemas de salud. Si experimentas malestar en la sangre, sistema inmunológico, huesos, articulaciones o piel, es probable que también tengas pensamientos negativos como:

- No soy capaz de valerme por mí mismo.
- No tengo a nadie que me ayude a sostenerme en pie.
- Me siento deprimido, sin alegría, sin esperanza e indefenso.
- Nadie me quiere y estoy solo.

Aquí es donde entran las afirmaciones, para ayudarte a cambiar estas creencias básicas. Si usas afirmaciones para atacar tus creencias y patrones mentales negativos —tus dudas y temores— y aplicas al mismo tiempo la ciencia médica disponible, empezarás a ver grandes cambios en tu salud y vida emocional.

Si examinas las afirmaciones contra enfermedades de los órganos del primer centro emocional, verás que tienen que ver con reforzar el apoyo, el fundamento, la seguridad, la estructura, la familia, el movimiento y la flexibilidad. La salud de tus huesos en general refleja la estructura de tu vida, y la forma en que te vales de y usas el apoyo que los demás te ofrecen. Si te sientes amado y respaldado, tu columna se sentirá estructuralmente fuerte y flexible. A la inversa, si sientes falta de apoyo y seguridad en tu vida, podrías sufrir osteoporosis y fracturas de huesos.

La inseguridad no procede necesariamente de tus relaciones con quienes te rodean; también puede surgir de una relación débil contigo mismo. Las afirmaciones de Louise indican que la incapacidad de valerte solo en el mundo se asocia con un sistema inmunológico deteriorado y con la susceptibilidad a contraer virus, lo que puede originar enfermedades como el mal de Epstein-Barr y la mononucleosis. Louise llama a esto *agotar tu apoyo interno*. Si consideras la base biológica de este fenómeno, verás que un sistema inmunológico inhibido suele provenir de problemas en la médula espinal, responsable de producir glóbulos nuevos y componente clave del sistema linfático, donde se apoya el sistema inmunológico.

¿Qué puede decirnos la ciencia sobre la relación entre salud mental y física y el sistema de afirmaciones?

La familia —la sensación de pertenencia— es esencial para la salud de nuestro cuerpo.[1] La interacción social desempeña un papel básico en la regulación cotidiana de nuestro sistema corporal. Si te aíslas, retiras los reguladores metabólicos que están presentes cuando interactúas con un grupo, y tus ritmos —tu vida misma, al parecer— se desordenan, lo que afecta la salud de tu primer centro emocional.[2]

Las investigaciones han demostrado que existe una biología de la pertenencia, un nutriente biológico real entre quienes viven en común, con consecuencias físicas y metabólicas.[3] Todos nuestros ritmos físicos relacionados con el descanso, la alimentación, el sueño, las hormonas, la inmunidad, los niveles de cortisol, el pulso y el sistema endocrino están regidos por esos reguladores metabólicos. Y cuando la gente convive en una situación comunitaria, sus ritmos biológicos se sincronizan y regularizan. La proximidad constante a la manera de una familia —comer, dormir, conversar, jugar, trabajar, rezar— sincroniza nuestros relojes biológicos. Por ejemplo, en un estudio se descubrió que las tripulaciones de bombarderos B-52 tenían niveles similares de hormonas de estrés al trabajar en conjunto.[4]

Cuando pierdes ese nutriente de la pertenencia, la sensación de aislamiento y la falta de relaciones íntimas dan origen a un sentimiento de desesperanza, impotencia y desesperación. Y estas emociones pueden causarte problemas de salud. Tu sistema inmunológico literalmente se inflama cuando te deprimes. La desesperación, pérdida y congoja prolongadas que se convierten en depresión crónica hacen que tu sistema inmunológico produzca sustancias inflamatorias como cortisol, IL1, IL6 y FTN-alfa. Esto puede provocar que te duelan las articulaciones, te sientas cansado, como si tuvieras gripa, y tengas más riesgo de múltiples afecciones en huesos, articulaciones, sangre y sistema inmunológico; osteoporosis, entre ellas.[5]

Otro caso de perjuicios de salud por perder la sensación de pertenencia se detectó en personas que se separaron muy pronto de sus padres o que crecieron al lado de una madre deprimida o inaccesible. Estas personas tendían a la depresión y disfunción del sistema inmunológico. A causa de esa separación temprana y dolorosa, eran incapaces de negociar su sensación de soledad en el mundo.[6] A menudo en forma involuntaria, se veían en situaciones que recreaban —en términos emocionales, nutricionales y biológicos— su sensación inicial de abandono. Vivían en medio de la escasez, la frugalidad y la soledad, lo que les producía un sentimiento de privación. La desesperanza que experimentaban a lo largo de su vida las volvía cada vez más vulnerables al cáncer.[7]

La sensación de inseguridad también puede provenir de una sacudida intensa: la pérdida de un ser querido, una mudanza abrupta y dolorosa o cualquier otro suceso que te haga sentir desorientado, como si fueras una planta arrancada del suelo o un individuo traumáticamente sacado de su hogar y enviado a otro país. La ciencia indica que en esos momentos también podemos perder nuestras *raíces* biológicas, nuestro cabello. En presencia de caos entre miembros de la familia, hay mayor riesgo de pérdida de cabello (alopecia), para no hablar de soriasis y otros problemas de la piel.[8]

Como puedes ver, tener relaciones externas sólidas es esencial para nuestra salud. La ciencia confirma esto mostrando que la *integración social* —amplias redes sociales y de apoyo— produce sistemas inmunológicos más fuertes. De hecho, los estudios demuestran que más y mejores relaciones significan más y mejores glóbulos blancos, los cuales nos ayudan a resistir infecciones y nos protegen de una amplia variedad de peligros de salud, como artritis, depresión y el agravamiento de síntomas de afecciones como VIH o tuberculosis. La interacción social también reduce la cantidad de medicamentos que la gente necesita, y acelera su recuperación.[9]

Otros estudios señalan que quienes tenían tres o menos relaciones cercanas con otras personas eran más susceptibles a resfriados y virus que aquellos con más relaciones. Quienes tenían seis o más relaciones se contagiaban menos; y si desarrollaban resfriados, sus síntomas eran más leves.[10]

Habrías supuesto lo contrario, ¿no es así? Que tener más amigos te expusiera a más gérmenes, y por lo tanto te causara más resfriados. Pero es obvio que la teoría de los gérmenes no es la única respuesta a la pregunta de por qué contraemos resfriados e infecciones. La razón de que la gente con menos amigos sea más susceptible a complicaciones de salud puede ser que experimenta estrés por estar sola y sin apoyo casi todo el tiempo. Ese estrés provoca que las glándulas suprarrenales liberen norepinefrina e inhiban el sistema inmunológico. De hecho, se ha demostrado que quienes tienen pocos amigos presentan mayor riesgo de problemas de salud que los fumadores o los obesos; asimismo, que tienen mayores niveles de corticosteroides, inmunosupresores que los vuelven más susceptibles a fatiga crónica, fibromialgia, artritis reumatoide, lupus, VIH, resfriados e infecciones frecuentes y osteoporosis.[11]

Los patrones mentales depresivos también son muy poderosos. La capacidad de la depresión para aumentar el riesgo de osteoporosis es igual a la del bajo consumo de calcio o el tabaquismo.[12] Así que la próxima vez que veas otro comercial de televisión o anuncio de revista sobre suplementos de calcio para prevenir la pérdida ósea, piensa también en cambios de estilo de vida y afirmaciones para mantener la salud.

Si no te sientes querido por los demás —si eres socialmente retraído o tienes una pena que hace que te aísles—, debes esforzarte por modificar los patrones mentales que te tienen atrincherado en el exilio autoimpuesto, o pronto tus huesos, articulaciones, sangre, piel y sistema inmunológico te harán saber que tu soledad es insana. Bueno, pero ya fue suficiente de ciencia médica. ¿Qué es lo que debemos hacer para curarnos?

Problemas de huesos y articulaciones

Los individuos con problemas de huesos y articulaciones como artritis, fracturas, osteoporosis, dolor de espalda, dolor articular o hernias de disco quizá se sienten abrumados por la responsabilidad de cuidar a su familia y amigos, y de poner siempre las necesidades de los demás antes que las suyas. Se han obsesionado tanto con cuidar a otros que no son capaces de ver por sí mismos. Si tú eres una de entre millones de personas con problemas de huesos y articulaciones, presta atención: es crucial que identifiques qué pasa en tu interacción con tu familia y amigos que te hace sentir inseguro o desprotegido. Debes hacerte cargo de estas creencias y patrones de conducta para poder sanar por completo.

Para individuos con enfermedades del primer centro emocional, hay esperanza. Si usas medicina y afirmaciones para tratar los signos intuitivos que tu cuerpo te ofrece, forjarás un organismo fuerte y saludable. Pero aunque tu doctor puede darte instrucciones específicas para mitigar tus inquietudes médicas, ninguna receta a largo plazo estará completa si no alteras los patrones mentales negativos que pavimentaron el camino a la mala salud. Una buena afirmación general para los problemas de huesos y articulaciones es: *Me libero felizmente del pasado. Ellos son libres y yo también. Soy mi propia autoridad. Me amo y me apruebo. La vida es buena. Todo está bien ahora en mi corazón.*

Aunque el tema común de las afirmaciones para tratar la salud del primer centro emocional es producir una sensación de seguridad en tu familia y otros grupos sociales, tu afirmación variará dependiendo de la parte específica del cuerpo con un problema de huesos o articulaciones (véase la tabla del capítulo 11). Por ejemplo, si tu espalda te da problemas, tienes dificultades con el apoyo en general. Pero si solo te duele una parte de la espalda, tu afirmación tendrá que ser más específica. Si padeces de dolor crónico en la base de la espalda, es probable que tengas temores relacionados con el dinero, mientras que el dolor en la parte superior de la misma se vincula con la sensación de soledad y falta de suficiente apoyo emocional.

Louise también toma en cuenta las enfermedades *entre* huesos y articulaciones, las cuales se tratan asimismo con afirmaciones diferentes. La artritis tiene que ver con experimentar críticas en una familia incomprensiva. Así, para quienes padecen artritis en una familia difícil, la afirmación es: *Yo soy amor. Decido ahora amar y aprobarme. Veo con amor a los demás.*

Y al tiempo que transitas a una mentalidad más sana, dirige tu atención al exterior y considera el equilibrio entre tus necesidades y las de tu familia u otro grupo social. ¿Permites que se abuse de ti? ¿No te proteges? ¿Das a tus amigos y familiares más de lo que recibes? Recuerda que para sentirte seguro y confiado debes aprender a protegerte y sustentarte, aparte de contribuir a la seguridad y protección de los demás. Recuerda siempre que no eres el único recurso de quienes te rodean; ellos pueden buscar ayuda y consejo en otros. Si tienes problemas para hacerte a un lado de vez en cuando, hay grupos a los que te puedes integrar. Indaga en Codependientes Anónimos (CA) y otras organizaciones que pueden ayudarte a aprender a equilibrar tus necesidades con las ajenas.

Así que recuerda: ama a tu familia, pero ámate también a ti mismo. Preocúpate e interésate por tus amigos, pero dedica tiempo a analizar tu vida y a hacer cambios positivos en ella. Piensa en ti como lo harías en un buen amigo, y no descuides esa relación. Todos tenemos momentos en que perdemos de vista nuestras necesidades. La clave es reconocer y rectificar esta conducta antes de que se presenten problemas de salud más graves.

De los archivos clínicos: Estudio de caso del sistema inmunológico

Andrea tiene 17 años, pero desde los ocho cuidó a sus cinco hermanos y hermanas menores. Los padres no estaban a disposición de los hijos, así que Andrea asumió la responsabilidad de producir un ambiente hogareño estable. Sin embargo, el confort de sus hermanos tuvo un alto costo personal para ella: sacrificaba una y otra vez sus necesidades, y hasta su integridad física, y jamás tuvo la oportunidad de disfrutar una infancia despreocupada o de cultivar una identidad independiente.

Demasiado joven para asumir el papel de madre sustituta, Andrea desarrolló desde temprana edad una serie de problemas de salud, entre ellos una leve curvatura de la columna que se le trató con un aparato ortopédico. Además, solía tener dolor de articulaciones y espalda cuando el estrés en su familia se volvía insoportable. Una vez que sus padres murieron, su dolor de columna y articulaciones llegó al extremo, y entonces desarrolló un «sarpullido de mariposa». Esta combinación la obligó a consultar a un médico, quien finalmente le diagnosticó lupus, o lupus sistémico eritematoso (LSE). Ella había recibido señales de advertencia durante años, en forma de dolor de huesos y articulaciones, pero no les hizo caso por estar ocupada con la turbulenta vida de sus hermanos.

Lo primero que hicimos por Andrea fue recomendarle una prueba específica para verificar si realmente tenía lupus. Fue a ver a su doctora, quien le administró una prueba para saber si estaban presentes los anticuerpos antinucleares de doble filamento (ANA DS). Cuando hay lupus, el cuerpo produce estas células, las cuales pueden atacar a casi todos los órganos, así se trate de un lupus leve (con fiebre o afecciones de huesos, articulaciones, piel o tiroides) o de un caso más severo (padecimientos de pulmones, riñones y cerebro).

Esa prueba resultó positiva, con lo que supimos que el lupus era, en efecto, la causa de las dolencias de Andrea. Si esta y otras pruebas de sangre hubieran dado resultados negativos reiterados, habría sido señal de que el lupus no era el problema. Aparte de la prueba de ANA DS, el médico hizo exámenes para contar el número de células de la sangre, con el fin de revisar los totales de glóbulos blancos y rojos, y de plaquetas; el lupus tiende a reducir la catidad de estas células.

Como la mayoría de las *enfermedades autoinmunes*, el lupus presenta altibajos; hay periodos de dolor en articulaciones y afecciones de la piel, respiratorias, fatiga y otros síntomas, y después intervalos de remisión (cuando la enfermedad aparece como inactiva en el paciente) sin síntomas. Nosotros tratamos de inducir a remisión el sistema inmunológico de Andrea, lo que implicaba controlar las células productoras de los anticuerpos que atacaban a los tejidos. Nuestro plan tenía como fin *adormecerlas*, o calmarlas.

Trabajamos en equipo, del cual formaban parte tanto Andrea como otros profesionales de la salud, para elaborar una estrategia de tratamiento que cubriera todas sus opciones, las cuales abarcaban desde medicinas muy potentes hasta suplementos y *qigong*, antigua práctica china que se sirve de una combinación de respiración, posturas y concentración mental con fines curativos. Dado que el lupus de Andrea no era muy severo, ella podía intentar sanar con o sin medicamentos. Tras analizar los pros y contras con su doctora, comenzó a tomar la prednisona de esteroides para reducir la inflamación de su sistema inmunológico. La prednisona es una medicina muy fuerte que puede tener muchos efectos secundarios en la densidad de los huesos, peso, presión arterial, piel, cabello, azúcar en la sangre, estado de ánimo, sueño, ojos y tracto intestinal. Aunque Andrea no requirió pasos tan agresivos cuando trabajamos con ella, si sus síntomas a futuro se agravaban, habría podido considerar sustancias inmunosupresoras como metotrexato, azatioprina o clorambucil, con su propia lista de efectos secundarios.

Para contrarrestar los efectos de las medicinas que tomaba, sugerimos a Andrea consultar a un acupunturista y herbalista. También le recomendamos tomar un suplemento de calcio y magnesio, vitamina D y un buen multivitamínico. Ella consumía además DHA para reparar sus células, y la hierba *Tripterygium wilfordii* (TW), cuyas raíces y tallos usaba cada día para modular el sistema inmunológico y aliviar los síntomas del lupus. Al igual que todas las medicinas fuertes, las hierbas tienen efectos secundarios. La TW puede causar cambios reversibles en los niveles de hormonas, amenorrea y esterilidad, así que solo debe empleársele bajo supervisión de un equipo médico.

También pedimos a Andrea que eliminara varios elementos de su dieta, en especial el germinado de alfalfa que puede agravar los síntomas de lupus, y le sugerimos consultar a un nutriólogo para identificar otros alimentos que pudieran empeorar sus síntomas. Por fortuna, no hallaron ninguno más.

Por último, tratamos los patrones mentales y conductas de Andrea que pudieran estar contribuyendo a sus dolencias. Le dimos afirmaciones específicas para el lupus *(Hablo por mí, libre y fácilmente. Reclamo mi poder. Me amo y me apruebo. Soy libre y estoy a salvo)*; salud de huesos *(Soy la única autoridad en mi mundo, porque soy yo quien piensa en mi mente. Estoy bien estructurada y balanceada)*; escoliosis *(Me libero de todos mis temores. Confío ahora en el proceso de la vida. Sé que la vida es para mí. Me enderezo e incorporo con amor)*; dolor de espalda *(Sé que la Vida me apoya siempre. Me basta con ese cuidado. Me siento segura)*; dolor de articulaciones *(Fluyo fácilmente con el cambio. Mi vida es objeto de orientación divina, y siempre sigo la mejor dirección)*; y sarpullido *(Me protejo amorosamente con pensamientos de alegría y paz. El pasado está perdonado y olvidado. Soy libre en este momento. Me siento segura de ser yo)*.

Andrea siguió también el consejo ya descrito en este capítulo y aprendió a balancear sus necesidades con las de su familia. Comenzó a asistir a reuniones de Codependientes Anónimos y a llevar un diario para explorar sus emociones. De igual forma, practicaba la expresión de sus necesidades con sus allegados. En cuestión de meses, empezó a sentirse mejor —emocional y físicamente—, y supimos que podría vencer los retos que enfrenta una persona con lupus.

Problemas de la sangre

Las personas que padecen anemia, hemorragias, hematomas y otros problemas de la sangre, tienden a sentir que han tocado fondo; que están completamente solas, sin ningún apoyo de sus familiares o amigos. Están tan desestabilizadas que no confían en nadie, y viven en medio de un caos aparentemente interminable. Si este es tu caso, tu salud depende de tu capacidad para salir de ese abismo de desesperanza y generar un poco de orden y equilibrio en tu vida.

El área de las afecciones de la sangre cubre un amplio espectro que va de la anemia a la leucemia aguda. Algunas de estas afecciones son benignas, lo cual quiere decir que se remedian por completo con terapia, no presentan síntomas o no ponen en peligro la vida. Otras, como la anemia drepanocítica, la leucemia aguda o ciertos linfomas, son más serias, ya que causan enfermedades crónicas o ponen en riesgo la vida.

Determinar el origen de los problemas de la sangre podría ser complejo, porque muchos de ellos pueden asociarse con desequilibrios en los centros emocionales primero o cuarto. La falta de sustento emocional, problema propio del cuarto centro emocional, afecta a los órganos del aparato circulatorio, como corazón, arterias y venas, pero es una complicación del órgano implicado del cuarto centro emocional, no de la sangre. Para afecciones del corazón como presión alta y arterias bloqueadas, consulta el capítulo 7. El objetivo de esta sección es ayudar a modificar los patrones mentales negativos y las conductas asociadas con problemas de la sangre del primer centro emocional.

El primer paso de este trayecto es identificar los mensajes que el cuerpo te manda sobre las emociones ocultas en tus enfermedades y producir salud con afirmaciones. Por ejemplo, la anemia se origina tanto de infelicidad como de miedo a la vida, más la creencia de fondo de que no estás a la altura de las circunstancias. De modo que para tratar esa infelicidad e inseguridad usa la afirmación *Siento seguridad al experimentar alegría en todas las áreas de mi existencia. Amo la vida.* Los hematomas tienen que ver con dificultades para manejar los pequeños golpes de la vida, y con castigarte en vez de perdonarte. Recuerda que eres digno de perdón y amor mediante la afirmación *Me amo y aprecio. Soy bueno y amable conmigo mismo. Todo está bien.* Los problemas de hemorragia pueden interpretarse como agotamiento de la dicha, de manera que el enojo suele asociarse con las hemorragias. Si este es tu caso, intenta mitigar tu enojo y busca alegría en la vida con la afirmación *Soy la dicha de la Vida expresándose y recibiéndose en un ritmo perfecto.* Los coágulos implican la obstrucción de la felicidad. Si te sientes bloqueado emocionalmente, intenta repetirte *Despierto a una nueva vida dentro de mí. Fluyo.*

En la esfera de la sangre, los problemas de salud son un reflejo no solo de tus sentimientos, sino también del caos a tu alrededor, causado ya sea por una vida familiar insatisfactoria, una relación desastrosa o un jefe exigente. Intuitivamente tu cuerpo, en particular tu sangre, te avisa que necesitas más apoyo. Debes hacer todo lo posible por establecer raíces seguras. Aun si te resulta penoso hacerlo, pide más a quienes te rodean. Apoyarse en la familia, los amigos y la comunidad es esencial para alcanzar la salud en el primer centro emocional. Se trata de un proceso, empieza poco a poco. Pide ayuda para las cosas pequeñas, no un gran favor. Una vez satisfecha cada petición, ganarás un poco más de confianza en tus relaciones, y si alguien te falla una y otra vez, podrás reconocer mejor tus relaciones estables. Tu meta debe ser identificar a las personas con quienes puedes contar y hallar después un equilibrio entre apoyarte a ti mismo y aceptar ayuda de los demás.

De los archivos clínicos: Estudio de caso de problemas de la sangre

De niña, Denise tuvo que mudarse muchas veces, a causa de la adicción de su padre al juego. La familia estaba desarraigada una y otra vez, huyendo de los acreedores del padre. Nunca había dinero suficiente para comer, y Denise, su hermano y sus hermanas llegaban hambrientos a la escuela casi todos los días.

Siendo ya mayor de 20 años, su novio la golpeaba; ella sufrió entonces múltiples lesiones, que ocultaba a su familia y amigos. Una mañana, al despertar, descubrió que apenas si podía caminar. Estaba tan agotada, que con trabajos pudo llegar al teléfono para pedir ayuda; finalmente, su doctor le diagnosticó anemia severa.

Cuando hablamos con ella, vimos que había tocado fondo, tanto en lo físico como en lo emocional. Lo que ansiaba, pero no tenía, era el apoyo de su familia. Y como nunca lo había tenido, no sabía cómo conseguirlo en otra parte. Para Denise, el mundo era un lugar solitario y peligroso, así que ni siquiera confiaba en sus mejores amigos. Era empática y comprensiva con ellos y con sus familiares. La gente la buscaba para confiarle sus problemas, pero era tan sensible a las necesidades de los demás, que tendía a absorber el dolor emocional y físico de quienes la rodeaban. Dado que había hecho esto durante años sin dar salida emocional a sus temores, su cuerpo empezó a reaccionar al estrés.

Denise estaba emocional y físicamente anémica, así que era importante identificar las *fugas*, tanto energética como hematológica, que experimentaba. Una consulta con un médico intuitivo nos ayudó a precisar dónde daba energía de más: en su insana relación con su novio y su familia. El siguiente paso fue entender dónde se hallaba la *fuga* física de su cuerpo. Teníamos que determinar la causa de que estuviera perdiendo tantos glóbulos rojos, y por lo tanto de que fuera anémica. Le pedí que solicitara a su doctor un conteo sanguíneo completo. Esta prueba analizaría todos los componentes de su sangre y nos ayudaría a saber por qué estaba anémica.

Muchos médicos pretenden curar todos los casos de anemia administrando hierro a sus pacientes. Pero no considerar la razón de fondo de que alguien sea anémico, puede provocar un problema más serio.

Hay tres razones de que la gente sea anémica:

- Pérdida de glóbulos rojos: Esto puede resultar de un traumatismo (Denise era golpeada por su novio, aunque no sabemos qué tan gravemente), una úlcera gástrica, menstruaciones severas, sangre en la orina o lesiones internas.
- Producción insuficiente de glóbulos rojos: Esto puede deberse a deficiencia de hierro (y de ahí que muchos doctores administren este mineral); herencia, incluida talasemia; consumo de drogas, alcohol inclusive, y enfermedades crónicas como hipotiroidismo, baja producción de hormonas de las glándulas suprarrenales, hepatitis crónica y deficiencia de vitamina B12 y folato (llamada anemia megaloblástica).
- Destrucción de glóbulos rojos: Esto puede derivarse de un agrandamiento del bazo, lupus o un efecto secundario de medicamentos como penicilina o sulfonamida, mononucleosis u otras infecciones virales.

Considerando únicamente la edad de Denise (que no era menopáusica todavía), se habría supuesto que su anemia resultaba de menstruaciones severas. De haber sido así, el tratamiento de hierro habría sido magnífico para ella. Pero al estudiar los resultados de su conteo sanguíneo, vimos que el número de glóbulos rojos inmaduros (llamados reticulocitos) era muy bajo. Ella no producía glóbulos rojos suficientes. Hierro, pérdida de sangre y reglas severas no eran el problema. Al examinar el tamaño de sus glóbulos rojos —más grandes de lo normal—, dedujimos que tenía una afección muy rara llamada anemia macrocítica, la cual es causada por un bajo contenido de vitamina B12 en la dieta y una reducida absorción de ésta debida a un estrés prolongado y al uso de antiácidos. Verificamos nuestras sospechas con otra prueba de sangre para medir su B12 y descubrimos que estábamos en lo cierto.

Una enfermera profesional se encargó de aplicar a Denise inyecciones regulares de vitamina B12 hasta que sus niveles se normalizaron. Asimismo, ella empezó a tomar un complejo farmacéutico de multivitaminas B, así como a hacerse pruebas regulares de vitamina B12 para confirmar que la absorbiera debidamente.

Para eliminar la barrera contra la absorción de B12, pedí a Denise que fuera a ver a un acupunturista y herbalista chino para tratar su ansiedad y acidez. Además de obtener orientación sobre los factores de estrés presentes en la relación con su novio, empezó a tomar una mezcla que contenía hierbas como *Rhizoma, Atractylodis macrocephalae, Radix, Codonopsis pilosulae* y otras, demasiado numerosas para enlistarlas aquí.

Denise se puso a trabajar también con las afirmaciones para la salud general de la sangre (*Soy la alegría de la Vida expresándose y recibiéndose en un ritmo perfecto. Nuevas y dichosas ideas circulan libremente dentro de mí*); anemia (*Me siento segura al experimentar felicidad en cada área de mi existencia. Amo la vida*); y fatiga (*Soy una optimista de la vida y estoy llena de energía y entusiasmo)*. Esforzarse por cambiar de mentalidad le ayudó a recuperar su alegría, lo que le permitió a su vez liberar sus temores y cultivar su autoestima. Su anemia se resolvió en menos de seis meses.

Afecciones del sistema inmunológico

Las personas con problemas relacionados con el sistema inmunológico, como alergias a alimentos y el medio ambiente, que contraen resfriados o gripa con frecuencia, y con afecciones inmunológicas más serias, suelen sentir que no encajan en ninguna parte y tienden a ser solitarias. Se retraen porque, en muchos casos, sienten que sus necesidades son diferentes a las de los demás, de manera que convivir con ellos les agobia. Estas personas son muy sensibles e incapaces de relacionarse aun con un solo individuo, así que no pueden establecer y sostener relaciones que les proporcionen una sensación de seguridad y protección. Esta alienación les hace sentir que el mundo está contra ellas.

Si padeces alergias y afecciones del sistema inmunológico, ¡no te desanimes!, tienes opciones médicas a tu disposición. Los problemas inmunológicos y alérgicos a menudo pueden tratarse eficazmente con una amplia variedad de productos farmacéuticos y suplementos de hierbas. Sin embargo, la ciencia médica es imperfecta, por eso nosotros alentamos a la gente a buscar al mismo tiempo maneras de reducir el estrés que suele estar en la raíz de afecciones del sistema inmunológico. El primer paso es identificar el componente emocional de sus problemas de salud e incorporar a su régimen afirmaciones sanadoras. Esto es vital para alcanzar y mantener la salud. El tema general de este tipo de afecciones es la confianza, la seguridad y el amor a uno mismo.

Como en todas las demás áreas, tus afirmaciones diferirán dependiendo del pensamiento o conducta, y la afección de que se trate. Por ejemplo, de las personas propensas a alergias puede decirse que son alérgicas a todo y a todos o que no tienen control sobre su vida. Estos pensamientos negativos pueden ser remplazados por la afirmación siguiente: *El mundo es seguro y amigable. Me siento a salvo. Estoy en paz con la vida.*

Si, por otro lado, eres susceptible a una afección como el virus de Epstein-Barr (VEB), quizá temes no estar a la altura de las circunstancias. Sientes que tu apoyo interno se debilita, o que no recibes amor y aprecio de quienes te rodean. Para transformar esta mentalidad, Louise recomienda la afirmación sanadora *Me relajo y reconozco mi autoestima. Valgo la pena. La vida es fácil y dichosa.*

Quienes se enferman de gripa con frecuencia tienden a reaccionar a una negatividad inmensa. Pueden desactivar esta negatividad con la afirmación *Estoy más allá de creencias grupales o calendáricas. Estoy libre de toda congestión o influencia.* Para quienes tienen mononucleosis, los pensamientos negativos se asocian con el enojo de no recibir amor. Una afirmación sanadora es *Me amo, me aprecio y cuido de mí. Valgo la pena.*

También debes examinar tu conducta en la vida diaria. ¿Te cierras a los demás? ¿Sientes que nadie te comprende? Lo primero que debes hacer es identificar los hechos o personas que te hacen sentir rechazado, criticado o juzgado. Aunque a veces parece que la gente hace y dice cosas sin delicadeza, en la mayoría de los casos expresa una necesidad legítima. Trata de quitar la emoción de estas peticiones y considera la necesidad de fondo. Esto puede ayudar a volver más soportable lo que te ocurre o se te dice, lo cual contribuirá a crear tolerancia en tu mundo tanto exterior como interior. La actividad de los glóbulos blancos, que repele y ataca objetos extraños, equivale a esto, así que la tolerancia emocional puede traducirse en tolerancia física, de lo que resulta un sistema inmunológico más fuerte.

El otro cambio de conducta importante es obligarte a convivir con la gente. Como ya dije, empieza poco a poco. Una vez a la semana trata de participar en una actividad en la que no estés solo. Establecer mejores relaciones contribuirá a que las cosas marchen sin contratiempos. Prueba tantas actividades como sea necesario; juegos de mesa, clubes, grupos religiosos y hasta las reuniones familiares te ayudarán a ver que el mundo no está contra ti.

Si tratas estos dos aspectos de la salud —física y emocional—, comenzarás a ver el mundo con nuevos ojos. Tu ánimo será más estable y te sentirás más contento. Empezarás a considerar las necesidades del grupo tanto como las tuyas. En vez de asumir constantemente que se te traiciona y agrede, reaccionarás a los retos con serenidad y la emoción apropiada. Acabarás descubriendo que los demás son valiosos e inofensivos. Y, por último, hallarás el equilibrio entre tus responsabilidades contigo mismo y con tu familia, amigos y compañeros de trabajo. Este equilibrio es la clave para la salud del primer centro emocional.

De los archivos clínicos: Estudio de caso de afecciones del sistema inmunológico

Larry, de 32 años, creció siendo muy tímido y retraído, y pasaba solo casi todo el tiempo. Hasta sus propios hermanos lo consideraban extraño, y él se sentía excluido de su familia. Las cosas no mejoraron cuando tuvo que vérselas por sí mismo. En el trabajo no hablaba con nadie, y pronto se hizo fama de huraño.

Aunque desde siempre tuvo problemas de alergias, estos empeoraron con los años, así que desarrolló afecciones del sistema inmunológico más complicadas. Un día le dio fiebre; estaba exhausto, con calentura y adolorido todo el tiempo. Por fin, se le diagnosticó mononucleosis y virus de Epstein-Barr.

Larry no podía sentirse seguro y protegido en el mundo, y su fobia social terminó por reflejarse en el mecanismo de defensa de su cuerpo: los glóbulos blancos del sistema inmunológico. Aunque las alergias pueden manifestarse de muchas formas —irritación de la piel, flujo nasal, comezón en los ojos, sensibilidad intestinal, etcétera—, todas ellas corresponden a la categoría de disfunción inmunológica, porque los síntomas proceden de una reacción de los glóbulos blancos a un cuerpo extraño. Básicamente, lo que sucede es que el cuerpo siente un objeto extraño, determina que se trata de una amenaza y envía glóbulos blancos a destruirla. Estos glóbulos liberan sustancias irritantes, como histaminas, leucotrienos y prostaglandinas, en un intento por atacar al alérgeno. Este flujo de sustancias químicas causa la inflamación que repercute en flujo nasal y ocular, dificultad para respirar, estornudos, comezón, temblor y malestar estomacal.

Cuando el sistema inmunológico está sano, el cuerpo puede tolerar los alérgenos sin montar un ataque tan intenso, lo que significa menor número e intensidad de los síntomas.

Como Larry padecía muchas alergias, tenía pocas opciones médicas estándar:

- Restricción: El objetivo de este método es mantenerse alejados de alérgenos que provocan síntomas. Lo único que puedo decir sobre esto es: buena suerte. Se trata de una solución temporal para la mayoría. Los síntomas pueden desaparecer durante uno o dos meses, pero la dificultad para respirar, los estornudos y la comezón regresan pronto. Asimismo, evitar el contacto regular con sustancias debilita aún más al sistema inmunológico, lo que vuelve al cuerpo más intolerante. De seguir por este camino, la vida se hace cada vez más limitada y controlada.
- Medicinas: Hay muchos medicamentos en el mercado para contrarrestar las reacciones alérgicas. Pero como

ocurre con la restricción, tampoco este método ataca las causas de fondo de las alergias, solo los síntomas. En el caso de alergias leves, antihistamínicos como *Benadryl*, *Clarinex*, *Atarax*, *Allegra*, etcétera, son una buena opción. Estos productos atacan las histaminas liberadas por los glóbulos blancos. Ten en mente que los antihistamínicos solo se recomiendan a personas menores de 70 años, porque pueden causar problemas de memoria y urinarios. Otras medicinas, como *Singulair* y *Accolate*, combaten la producción de leucotrienos. Esteroides orales, tópicos e inhalados son básicos para casos más severos. Mientras que las otras medicinas combaten la inflamación impidiendo la producción de histaminas y leucotrienos, los esteroides actúan más drásticamente, bloqueando tanto la liberación como la aceptación de estas sustancias químicas. Dados los marcados efectos de los esteroides, su uso prolongado tiene efectos secundarios severos a largo plazo, como osteoporosis, úlceras e inhibición inmunológica. Quizás éste es el motivo de que Larry haya contraído VEB y mononucleosis: su sistema inmunológico se había comprometido.

- Inmunoterapia: Este procedimiento consiste en inyectar cantidades mínimas de aquello a lo que se es alérgico, a fin de entrenar a los glóbulos blancos a tolerar el alérgeno. Las inyecciones se aplican en un brazo una o dos veces a la semana durante varios meses. Este tratamiento se recomienda para personas con alergias severas, o para quienes presentan síntomas más de tres meses al año.

Puesto que Larry llevaba años tomando esteroides, lo primero que hicimos fue eliminar gradualmente su uso. También le pedimos consultar a un acupunturista y herbalista chino para fortalecer la capacidad de su sistema inmunológico y poder combatir los virus, y para que al mismo tiempo estuviera lo bastante sereno para tolerar su entorno. Una hierba entre las muchas que se le recomendaron fue *Wu Cha Seng*, de la que se dice mejora el funcionamiento de los glóbulos blancos, en especial luego de un largo tratamiento de quimioterapia. Larry consultó además a un nutriólogo para cerciorarse de tener una dieta balanceada, abundante en vegetales de hoja verde. También le recomendamos tomar un buen suplemento vitamínico farmacéutico que contuviera vitamina C, magnesio, cinc y complejo B. Asimismo, empezó a consumir tragacanto, DHA, azafrán y jengibre, suplementos que alivian los síntomas de VEB.

Aparte de los tratamientos recetados por su equipo médico, Larry se puso a trabajar también con afirmaciones para la fiebre *(Soy la expresión fresca y serena de la paz y el amor)*; mononucleosis *(Me amo, aprecio y cuido de mí. Valgo la pena)*; VEB *(Me relajo y reconozco mi autoestima. Valgo la pena. La vida es fácil y dichosa)*; y dolores musculares *(Experimento la vida como un baile jubiloso)*. Esto le ayudó a modificar los pensamientos negativos que lo mantenían atado a su enfermedad. De igual forma, se esforzó en ponerse en situaciones que le obligaran a interactuar con otras personas. Este paquete curativo de medicina, cambios de conducta y afirmaciones operó en conjunto para que recuperara la salud.

Afecciones de la piel

¿Sufres afecciones de la piel como soriasis, eczema, urticaria o acné? Si la respuesta es sí, tal vez debas enfocarte en la relación que guardas con el concepto de sentirte seguro y protegido en el mundo. Aunque los individuos con afecciones de la piel acostumbran tener una vida aparentemente ordenada, lo cierto es que esto ocurre a costa de un control extremo. Estos sujetos son confiables y firmes como las rocas… siempre y cuando nada cambie. Su vida se centra en la rutina, rutina, rutina, porque esta es inofensiva y conocida. Pero la realidad no siempre es inocua y predecible, y ahí es donde estas personas empiezan a tener problemas. El vaivén natural de la vida les produce demasiada ansiedad, y esta se manifiesta en afecciones de la piel. Curiosamente, las emociones y tendencias asociadas con estas dolencias, como rigidez en la vida, también están implicadas en muchos problemas de articulaciones. Las personas que tienden a presentar uno de estos padecimientos suelen tener también el otro.

Así que analicemos nuestra prescripción de salud, la cual incluye identificar primero los mensajes que el cuerpo te envía y usar después afirmaciones para promover patrones mentales saludables que te procuren una piel limpia y reluciente. Una buena afirmación general para las afecciones de la piel derivadas del temor y la ansiedad por el cambio es *Me protejo amorosamente con pensamientos de alegría y paz. El pasado está perdonado y olvidado. Soy libre en este momento.*

Las afecciones de la piel pueden adoptar muchas formas; así, las afirmaciones que te ayudarán a abordarlas varían de una afección a otra. Si tienes acné, por ejemplo, los patrones mentales negativos se asocian con no aceptarte a ti mismo, entonces la afirmación es *Me amo y acepto en mi situación actual.* El eczema tiene que ver con antagonismo y emociones contenidas que explotan de repente. Para contrarrestar los efectos de estas emociones, la afirmación sanadora es *Armonía y paz, amor y felicidad me rodean y habitan en mí. Me siento seguro y protegido.* La urticaria se relaciona con miedos menores ocultos y la tendencia a convertir pequeños problemas en grandes. La afirmación sanadora es en este caso *Llevo paz a cada rincón de mi vida.* El sarpullido en general tiene que ver con la irritación provocada porque las cosas no salieron como se planeaba, así que esta vez la afirmación se dirige a la paciencia: *Me amo y apruebo. Estoy en paz con el proceso de la vida.* Si tienes soriasis, temes que te hieran, y quizá te niegas a asumir la responsabilidad por tus sentimientos. En este caso, la afirmación es: *Es-*

toy abierto a la dicha de vivir. Merezco y acepto lo mejor en la vida. Me amo y apruebo. Aplica las afirmaciones propuestas aquí, o consulta la tabla del capítulo 11 para encontrar una afirmación destinada a tu mal específico.

Para tratar algunas de las cuestiones emocionales que causan afecciones de la piel, es necesario que trabajes en tu capacidad para manejar el cambio. Como dicen, el cambio es lo único constante en la vida. ¿Qué puedes hacer a este respecto? Quizá lo más fácil para trabajar en esto sea librarte de tu rutina. Pese a que parezca contraintuitivo, planea cierta espontaneidad en tu existencia. De vez en cuando aparta tiempo para permitir que la vida te lleve donde quiera. Por ejemplo, reserva una hora en tu agenda para no hacer más que echar a andar y ver con quién entras en contacto. Introducirás así un poco de variedad en tu existencia, lo que te ayudará a percatarte de que un mundo sin planes estrictos no es necesariamente terrible. También podrías actuar osadamente adoptando un rol particular, *porque* el azar es parte del paquete. Ponte en una situación en la que no sea posible controlarlo todo, como la de voluntario en un refugio para desamparados o en un salón de clases de un jardín de niños. Quién sabe qué puede pasar en un lugar así...

También podrías sentarte a determinar, agenda en mano, si hay ciertas áreas de tu vida en las que puedes relajar el control. Tal vez no quieras renunciar al poder en la sala de juntas, pero quizá tus ratos de juego con tu hijo podrían ser más libres. La meta de todas estas sugerencias es desarrollar flexibilidad. Si eres más flexible, podrás manejar mejor el cambio. La seguridad que esto inspirará en tu capacidad para trabajar con el mundo —no contra él— reducirá la ansiedad que sientes a diario.

De los archivos clínicos: Estudio de caso de afecciones de la piel

Carl, de 52 años, es padre de familia. También es un hombre de negocios exitoso que participa en su comunidad, donde realiza trabajo voluntario para obras de beneficencia locales y asiste a eventos cívicos y de familias. Para el mundo, incluidos sus familiares y amigos, Carl es firme y confiable, un pilar de la comunidad.

Pero por dentro es obsesivo y rígido en su forma de ser, y aborrece el cambio. En tanto las cosas estén bajo su control y él se sienta seguro, Carl es capaz de dirigir una compañía y estar con su familia, amigos y comunidad.

Tras años de estar vigilante en cuanto al control, Carl empezó a desarrollar sarpullido y escamación en las articulaciones. Luego de una visita al dermatólogo, este le dijo que tenía un caso severo de soriasis.

Aunque la soriasis es una afección de la piel, a menudo indica un problema en el sistema inmunológico que puede asociarse con otras afecciones graves, como diabetes, dolencias cardiacas, depresión, inflamación intestinal, artritis, cáncer de la piel y linfoma. La soriasis suele asociarse con la sobreproducción de la proteína factor de necrosis tumoral (FNT), la cual provoca que las células crezcan demasiado rápido. ¿Por qué? Nadie lo sabe a ciencia cierta, pero nosotros queríamos que Carl tuviera un buen médico que realizara evaluaciones sistemáticas de su corazón, aparato digestivo y articulaciones. Entonces, lo primero que le pedí fue que consultara a su médico para solicitar una inspección básica de cada uno de esos elementos.

Luego Carl precisó de tratamientos constantes de la piel a fin de aliviar y prevenir la comezón. Existen seis tratamientos para esto: cremas tópicas para la piel; fototerapia, exposición regular de la piel a luz ultravioleta para reducir el crecimiento de las células asociadas con la afección; medicinas orales sistémicas como ciclosporina, metotrexato y acitretina; sustancias inyectables por vía intravenosa para bloquear la producción de FNT; medicina china y tratamiento nutricional.

Carl había probado todos los tratamientos sin receta para la soriasis, pero fue en vano. Los esteroides tópicos le sirvieron un poco, pero la escamación no tardó en regresar, en forma agravada. Así que le sugerimos considerar la fototerapia con un dermatólogo competente. También lo remitimos a un acupunturista y herbalista chino, quien le dio yeso, *Imperatae, Scrophulariae, Saenae, Rehmannia, Flos japonica, Artemisia* y *Forsithya*, entre otras hierbas. Y un nutriólogo le ayudó a identificar qué alimentos exacerbaban su soriasis; curiosamente, el jitomate resultó ser uno de ellos. Carl también empezó a tomar DHA.

Comenzó asimismo a incorporar espontaneidad y caos controlado en su vida, y se esforzó en cambiar sus pensamientos con las afirmaciones para la salud de la piel en general (*Me siento seguro de ser yo*); afecciones generales de la piel (*Me protejo amorosamente con pensamientos de alegría y paz. El pasado está olvidado y perdonado. Soy libre en este momento*); sarpullido (*Me protejo amorosamente con pensamientos de alegría y paz. El pasado está olvidado y perdonado. Soy libre en este momento. Me siento seguro por ser yo*); y soriasis (*Estoy abierto a la dicha de vivir. Merezco y acepto lo mejor en mi vida. Me amo y apruebo*). Con todos estos cambios, la piel de Carl se limpió... y él simplemente no lo podía creer.

Todo está bien en el primer centro emocional

Puedes fortalecer ambos sistemas, inmunológico y músculoesquelético, y curar afecciones de la piel utilizando medicina, intuición y afirmaciones. Cuando aprendes a reconocer las conductas y pensamientos negativos que se ocultan en tus problemas físicos, y a hacer caso a los mensajes que tu cuerpo te manda en forma de complicaciones de salud del primer centro emocional, puedes empezar a avanzar hacia la curación verdadera.

Establecer nuevos patrones mentales usando las afirmaciones de Louise te dará la base y fortaleza que necesitas para cambiar los patrones de conducta que contribuyen a enfermedades del primer centro emocional. Aprenderás así a equilibrar tus necesidades individuales con las de tu familia, amigos y comunidad.

El mundo es un lugar seguro y amigable. Todo está bien.

5. Es cosa de dos

El segundo centro emocional: vejiga, órganos reproductores, base de la espalda y cadera

El segundo centro emocional tiene que ver directamente con el amor y el dinero. Si no eres capaz de equilibrar estas dos áreas de la vida, serás propenso a complicaciones de salud de la vejiga, los órganos reproductores, la base de la espalda o la cadera. Así, la clave para dominar la salud de este centro emocional es aprender a manejar tus finanzas sin sacrificar tu vida amorosa y viceversa. Fácil, ¿verdad? ¡Falso! Hay muy pocas personas naturalmente buenas para esto, así que comencemos.

Como en todos los demás centros emocionales, el área de tu cuerpo afectada dependerá de qué tipo de patrón mental o conducta causa desequilibrio en esta parte de tu vida. En relación con los problemas del segundo centro emocional, encontramos tres tipos de personas: las que conceden más importancia al amor que al dinero, las que tienen un impulso incontrolable por el dinero y/o, el amor y las que no pueden manejar responsablemente ninguno de los dos. Obtendremos más detalles al recorrer diversas partes del cuerpo, pero en todos los casos es importante que escuches a tu cuerpo. Recuerda que este es una máquina intuitiva, y que te alertará de problemas en tu salud emocional mediante clamores físicos.

Los patrones mentales negativos asociados con el segundo centro emocional implican ansiedad, enojo o tristeza por motivos de identidad de género y sexualidad, así como conflictos de pareja y preocupaciones económicas. Esto es lógico, desde luego, porque cuando dejamos la seguridad de nuestra familia (el primer centro emocional) y comenzamos a valernos en el mundo por nosotros mismos, los primeros retos que debemos manejar solos son el amor y el dinero: las relaciones y las finanzas.

¿Qué te impide hacer cambios decisivos en tus finanzas y tus relaciones para tener una mejor salud? ¿Te aferras al enojo con tu pareja? ¿Siempre permites que otras personas manejen tu dinero? ¿Eres irresponsable con tu dinero? ¿Te sientes sofocado?

Estos son solo algunos de los tipos de emociones y conductas que causan problemas de salud en el segundo centro emocional. Si identificas los patrones mentales ocultos en la raíz de tus problemas de salud, podrás empezar a hacer los cambios emocionales, conductuales y físicos necesarios para mejorar la salud de tu vejiga, órganos reproductores, base de la espalda y cadera. Identificar la causa de raíz es el primer paso. El subsiguiente es transformar estos pensamientos y conductas negativos en nuevas maneras de pensar y generar salud.

Teoría de las afirmaciones y ciencia del segundo centro emocional

Como en todas las demás enfermedades, la teoría de las afirmaciones de Louise examina el matiz emocional detrás de los problemas de salud del segundo centro emocional. Por ejemplo, la salud del ciclo menstrual en general y la capacidad de una mujer para verse libre de amenorrea, dismenorrea o fibromas dependen de si tiene o no una noción sana de su feminidad. El rechazo de la feminidad es un patrón mental negativo asociado con problemas femeninos en general. La culpa y el enojo sexuales con la pareja se asocian con vaginitis e infección de la vejiga.

La próstata representa por su parte el lado masculino de este principio. La presión y culpa sexuales, así como la actitud de un hombre ante el envejecimiento, se asocian con problemas de próstata.

Las luchas de poder en las relaciones sientan las bases para enfermedades de transmisión sexual. Así se trate de gonorrea, herpes o sífilis, la creencia de que los genitales son «pecaminosos» o «sucios», la culpa sexual y la sensación de que debes ser castigado son todos ellos patrones mentales asociados con las enfermedades venéreas. La creencia de que el sexo es malo o una sensación de presión sexual produce patrones mentales vinculados con la impotencia.

Al examinar la fecundidad a través del cristal de la teoría de las afirmaciones, vemos que si tienes problemas para concebir se debe a tu inquietud por la oportunidad y necesidad de ser padre o madre.

Por último, ¿a quién no le ha dolido la base de la espalda cuando está preocupado por el dinero? El temor al futuro y al dinero son patrones mentales negativos asociados con dolor en la base de la espalda y la ciática.

¿Qué nos dice la ciencia sobre la relación mente-cuerpo detrás de los pensamientos y emociones negativos que afectan a los órganos del segundo centro emocional?

Los estudios han descubierto que la tasa de esterilidad y de irregularidades en el ciclo menstrual es más alta en mujeres con conflictos internos a causa de la maternidad, y preocupadas por los cambios en su cuerpo.[1] Aunque sienten presión social para tener hijos, la maternidad podría no encajar en sus metas a largo plazo. El estrés emocional que rodea este asunto hace aumentar el cortisol y disminuir la progesterona, lo que afecta la implantación del embrión en el útero. Eso también hace que se reduzca la oxitocina y aumenten la norepinefrina y epinefrina, todo lo cual inhibe las hormonas sexuales y obstruye el mecanismo que impulsa el esperma dentro del útero.[2]

Si un hombre se halla bajo mucha presión, la ansiedad que experimenta hará que su cuerpo produzca anticuerpos que vuelven «impotente» el esperma, como suele decirse. El estrés y la tristeza provocan asimismo que los testículos y las glándulas suprarrenales produzcan más cortisol y menos testosterona, lo que reduce la cantidad de esperma. Estos dos problemas pueden desembocar en esterilidad.[3]

Una abundante bibliografía científica indica que las relaciones sentimentales influyen en la salud de los órganos pélvicos. Se ha demostrado que la depresión y ansiedad derivadas de un trauma de pareja afectan la salud reproductiva femenina, haciendo que las glándulas suprarrenales produzcan demasiados esteroides. Esto altera los niveles de cortisol, estradiol y testosterona en el cuerpo. Los desequilibrios entre estas tres hormonas pueden causar desde irritabilidad y dolor hasta fibromas y quistes en los ovarios, para no hablar de aumento de peso.[4] De hecho, una serie de estudios comprobó la relación entre dolor pélvico crónico y abuso sexual. Se sabe que el trauma sexual, especialmente en la niñez, sienta las bases del dolor en el tracto genital y urinario, así como de los trastornos alimenticios y la obesidad, problemas propios del tercer centro emocional.[5]

Las mujeres con displasia cervical y cáncer cervicouterino probablemente tuvieron más relaciones sexuales a temprana edad, mayor número de experiencias sexuales premaritales y de encuentros extramaritales o varios matrimonios y divorcios. Más de la mitad de ellas creció en hogares en los que el padre murió joven o abandonó a la familia.[6] En esencia, estas mujeres nunca sintieron de niñas suficiente amor de parte de un hombre. Es muy posible que su conducta sexual subsecuente constituya ansia de amor, un intento de encontrar lo que no tuvieron en casa. Sin una representación interna del amor, constantemente tratan de llenar ese vacío con muchas relaciones desequilibradas. Con demasiada frecuencia, estas mujeres disfrutan el sexo que tienen, pero tienden a ser muy desinteresadas, y a hacer física y emocionalmente todo lo que complace a su pareja.[7]

Las dificultades financieras y de una economía en crisis pueden entenderse, literalmente, como una carga sobre las espaldas de los trabajadores. Varios estudios han demostrado que dolor de espalda y tensión muscular creciente ocurren cuando las personas se deprimen o se sienten desdichadas por su situación económica, sobre todo si detestan su empleo.[8] Por ejemplo, en un estudio se descubrió que la insatisfacción laboral aumentaba casi siete veces el riesgo de dolor de espalda.[9] El dolor en la base de la espalda es la causa número uno de discapacidad laboral en Estados Unidos, y no solo entre cargadores y estibadores, sino también entre empleados de oficina. Además, la incidencia de este tipo de dolor no necesariamente disminuye en condiciones ergonómicamente adecuadas. Ya sabes a qué me refiero… a todos esos cojines y dispositivos que la OSHA (Administración de Seguridad y Salud Ocupacional, por sus siglas en inglés) y las empresas han inventado para proteger nuestra columna. Un estudio reciente demostró que impartir cursos de ergonomía a empleados de oficina no reducía significativamente los casos de dolor en la base de la espalda y de discapacidad por este motivo.[10] Sin embargo, hacer una tarea de tu agrado puede ser útil, ya que contribuye a la liberación de opioides que alivian el dolor crónico.

Curiosamente, el dolor en la parte inferior de la espalda también se ha asociado con relaciones problemáticas. Una mejor relación entre esposos, por ejemplo, puede ayudar a reducir el dolor crónico, sobre todo en la base de la espalda. Cuando alguien con dolor en esta región y con problemas maritales se somete a terapia de pareja, puede ver significativamente reducida esa dolencia sin necesidad de cirugía ni medicamentos.[11]

Ahora que conoces la ciencia que confirma la teoría de las afirmaciones de Louise, ¿qué debes hacer para remediar estas complicaciones de salud?

Problemas de vejiga

Las personas con problemas de vejiga generalmente son muy sensibles en sus relaciones, lo cual vuelve difícil su independencia financiera. Están tan concentradas en su relación amorosa que no desarrollan o emplean con regularidad su habilidad para resolver un asunto de negocios o atender cuestiones monetarias. Entonces, es muy probable que dejen de lado sus finanzas o cedan el control de éstas a su pareja. Sin embargo, estos actos pueden engendrar dolencias de vejiga, porque ocasionan enojo y resentimiento, ya sea estableciendo total dependencia del otro o induciendo la exigencia de asumir alguna responsabilidad económica.

Examinemos entonces una prescripción para dar un poco más de equilibrio a tu vida amorosa y financiera. Procedamos a considerar de inmediato las afirmaciones que pueden ayudarte a cambiar patrones mentales negativos que son causa posible de problemas de vejiga. Las infecciones del tracto urinario —sea cistitis o una infección renal más grave— se correlacionan con el enojo, por lo común contra el sexo opuesto o la pareja, y con el hecho de culpar a los demás, así que debemos librarnos de ese enojo. Una buena afirmación sanadora de una infección del tracto urinario es *Libero de mi conciencia el patrón que creó esta afección. Estoy dispuesto a cambiar. Me amo y apruebo*. La incontinencia urinaria (derrame involuntario de orina) se asocia con tener las emociones bajo control durante un periodo largo; la afirmación sanadora de esto es *Estoy dispuesto a sentir. Me siento seguro al expresar mis emociones. Me amo*. Las afirmaciones diferirán dependiendo de la afección. Para afirmaciones más específicas, busca tu padecimiento particular en la tabla del capítulo 11.

Examina tu relación pasada con el dinero. ¿Alguna vez te consagraste tanto a alguien que dejaste de prestar atención a tus finanzas? Si estabas involucrado en una relación, ¿cedías al otro todo el control de tu dinero? ¿Te sientes fuera de control en cuanto al dinero? Si contestaste que sí a cualquiera de estas preguntas, estás en riesgo de desarrollar problemas de vejiga.

Si este es tu caso, el problema por atacar es tu visión del dinero y la importancia que desempeña en la vida. Resolver esto no será fácil. Para alcanzar el equilibrio entre amor y dinero, debes empezar poco a poco.

Si en la actualidad no posees independencia económica, busca la manera de tenerla un poco. Por ejemplo, paga algunas cuentas del hogar, emite algunos cheques. Si te sientes fuerte e intrépido, examina tus gustos personales y ve si puedes encontrar un trabajo de medio tiempo vinculado con ellos. Lo importante es que seas responsable de algo financiero. Que conozcas el lenguaje y poder protector del dinero. Esto reducirá tu dependencia respecto de tu pareja y te ayudará a poner freno al resentimiento y la ansiedad quizá procedentes de una relación muy controladora, o de la obligación de asumir un papel económico importante. Por más que ames a alguien y confíes en él, nunca pierdas de vista tu perspectiva financiera.

Si se te dificulta involucrarte en las cuestiones financieras, el problema podría ser la percepción de que el dinero no es espiritual —o que está incluso en la raíz de todos los males— y de que ocuparse de este te vuelve automáticamente superficial o materialista. Lo único que puedo decir de esta idea es que tienes que librarte de ella de inmediato. Dada la actual estructura de nuestra sociedad, el dinero es indispensable para la vida, tanto como comer y beber. Aunque los ricos y poderosos pueden abusar de esto (y de hecho lo hacen), su mala conducta no es inherente a la existencia de esos recursos. Tú debes darte cuenta de que ser financieramente responsable significa tener una independencia sana. Nada más. Nada menos.

El objetivo es encontrar la manera de equilibrar dinero y amor. No sacrifiques tu bienestar financiero a una relación, por importante que esta sea. Al tomar el control de tu situación financiera, muestras respeto por ti mismo y por quienes te rodean.

De los archivos clínicos: Estudio de caso de afecciones de vejiga

Elise, de 55 años, reportó que nunca fue realmente feliz hasta que conoció a su esposo, a mediados de sus veinte. Hasta entonces se había concentrado en su carrera —asistiendo a una escuela de administración y trabajando como contadora—, pero sentía que le faltaba algo importante. Todo esto cambió cuando conoció a Gerald. Pronto se enamoraron y casaron, y ella por fin se sintió en paz. Antes orientada a una carrera en los negocios, cedió a Gerald la administración de las finanzas, dejó su trabajo y se volvió ama de casa en beneficio de su creciente familia.

Durante mucho tiempo se sintió feliz y realizada, hasta que Gerald fue despedido de su empleo, en el que había durado largo tiempo. Él se adaptó rápidamente a este imprevisto retiro anticipado, pero para Elise la transición fue más difícil. Luego de casi dos décadas como ama de casa, sin tener que lidiar con ninguna obligación financiera, de repente se vio orillada a volver a trabajar como contadora para complementar el ingreso de ambos.

Al poco tiempo de comenzar a laborar, empezó a discutir de dinero con Gerald. Estaba resentida y abrumada, y a veces molesta. El trabajo la había hecho sentirse realizada alguna vez, pero ahora solo subrayaba lo mucho que había cambiado y dejado atrás. Entonces, comenzó a tener problemas de salud. Al principio sus síntomas parecían apuntar a premenopausia: desarrolló urgencia urinaria, ciclos menstruales erráticos e infecciones de vejiga. Pero después de meses de sufrir infecciones del tracto urinario que no se curaban con antibióticos, fue a dar a nuestra clínica.

Cuando empezamos a ayudarle con sus problemas urinarios y de ciclo menstrual, el primer paso fue desmitificar esta misteriosa región pélvica. Creo que es importante que la gente entienda esto, porque si conocemos nuestro equipo y cómo funciona, seremos más capaces de visualizar salud en él.

Le expliqué a Elise que nuestro aparato urinario consta de dos riñones, dos uréteres, una vejiga y una uretra. Los riñones filtran toxinas de la sangre, balancean los niveles de sodio y agua, y producen orina, la cual se manda vía los uréteres a la vejiga, y luego fuera del cuerpo a través de la uretra. Puesto que la abertura de la uretra está cerca del ano, donde hay bacterias, puede infectarse fácilmente; produce la infección común del tracto urinario. Si eres inmunocomprometida o diabética o tienes un catéter u otro factor de predisposición, las bacterias pueden subir por los uréteres desde la uretra hasta los riñones y causar una peligrosa infección renal.

Una vez que aclaramos cómo funcionaba su sistema urinario, mandamos a Elise de regreso con el médico que le había pedido hacerse una prueba de orina, a fin de verificar si realmente tenía una infección de vejiga. Cuando esta existe, en la orina están presentes glóbulos blancos junto con gran cantidad de bacterias. Aunque es normal que en la vejiga se aloje cierto número de bacterias, esta cifra se dispara en presencia de una infección. Elise no tenía glóbulos blancos, y solo unas cuantas bacterias, así que en realidad no tenía una infección en la vejiga. ¿Cuál era entonces la causa de su dolor?

La vejiga es un órgano muscular que puede contener hasta un litro de orina. Así que si sientes urgencia de orinar cada cinco minutos pero solo produces unos cuantos mililitros de orina, tienes una irritación de vejiga o uretral. Este era el caso de Elise, pero su ginecobstetra tenía que saber por qué. Había tres razones básicas por considerar:

- Efectos de posthisterectomía: Tras una histerectomía, puede haber *incontinencia de estrés*, lo que significa que la operación rasgó los nervios de la vejiga que controlan la micción.
- Útero con fibromas: Si una mujer tiene en el útero fibromas de gran tamaño, estos pueden comprimir a la vejiga, la cual se ubica cerca de ellos, provocando así que se llene de cantidades reducidas de orina, y por tanto micción frecuente.
- Irritación por resequedad y adelgazamiento de la vagina: Cuando los niveles de estrógeno se reducen durante la perimenopausia, el tejido vaginal y uretral se adelgaza e irrita. Esto produce los mismos síntomas que una infección de vejiga, aunque sin infección, solo con urgencia de orinar y dolor al hacerlo.

Dado que a Elise no se le había practicado una histerectomía, supimos que ese no era su problema, entonces la siguiente escala fue el ginecólogo. Elise estuvo presentando menstruaciones severas y erráticas, y el ginecólogo le informó que tenía dos grandes fibromas, uno de los cuales se asentaba directamente sobre su vejiga. Ella tenía entonces dos opciones para lidiar con los fibromas: que se los extirparan en una clínica de fecundidad, o esperar si no quería cirugía. El fin de la menopausia trae consigo una reducción en las hormonas, lo que a menudo induce la contracción de los fibromas. Esto contribuiría a reducir la presión sobre su vejiga.

El médico de Elise también examinó la tercera causa posible de su dolor: irritación por resequedad y adelgazamiento de la vagina. Las reglas de Elise tenían las características erráticas propias de la perimenopausia, y ella había empezado a experimentar resequedad vaginal y dolor durante el coito.

Al final, ella decidió no operarse y tratar la irritación para ver si con eso bastaba para remediar sus problemas de vejiga.

Con el objetivo de atacar la resequedad, Elise consideró varios lubricantes que podían ser de utilidad, y seleccionamos el más indicado para ella. Su médico le mostró asimismo formas de tratamiento tanto prescriptivas como naturales. Elise decidió comenzar con estas últimas, usando cimífuga (*black cohosh*) para engrosar la mucosa vaginal y desensibilizar la región, y diente de león y avena para restaurar la lubricación vaginal y reducir la frecuencia urinaria.

Desafortunadamente, estos remedios no dieron los resultados deseados, así que Elise regresó con su médico, quien le sugirió crema de estriol y una crema vaginal con testosterona para restablecer la región vaginal y uretral irritada.

Por último, a fin de atacar la frecuencia urinaria e irregularidades menstruales de base hormonal de Elise, le sugerimos visitar a un acupunturista y herbalista chino competente. Elise recibió una combinación herbal llamada *Lui Wei Di Huang*, que contenía *Rehmannia* y *Gui Ling Ji*.

De igual forma, estudió los pensamientos y patrones de conducta que quizá contribuían a sus problemas. Trabajó con las afirmaciones para problemas de vejiga (*Libero fácil y cómodamente lo viejo y doy la bienvenida a lo nuevo en mi vida. Estoy segura*); e infecciones urinarias (*Me libero del patrón en mi conciencia que creó esta afección. Estoy dispuesta a cambiar. Me amo y apruebo*). Se ocupó también de su relación con el dinero, y al modificar su percepción de lo que este significaba, así como sus patrones mentales para remediar su enojo, Elise comenzó a sanar.

Órganos reproductores

Los hombres y las mujeres que experimentan dolencias en los órganos reproductores suelen tener una mentalidad que les dificulta saber cómo ser productivos en forma sana, enfocada, en parte, a avanzar y crear a toda costa. Estas personas tienden a sentirse motivadas a producir, producir y producir, pues ya sea que se trate de su empleo o familia, en esencia para ellas todo es trabajo. El amor en una relación es simplemente una más de las herramientas que necesitan para producir lo que desean, sea hijos, libros, obras de teatro, manuales técnicos o cualquier otra cosa. Este impulso solo es posible controlando y organizando en extremo todos los aspectos de la vida. Aunque esta capacidad de concentración y control es obvia en el despiadado mundo exterior del dinero y los negocios, todos sabemos que dirigir un hogar con muchos hijos, proyectos o mascotas implica una alta medida de organización y control. Sea que se encuentren en el turbulento mundo de las finanzas o en medio de los malabares de llevar una casa, a veces estas mujeres y hombres singulares deben moderar tal sensibilidad propiamente femenina (de la que todos tenemos algo, en un grado u otro) para mantener un plan de producción. Si tú tiendes a producir en exceso, en los negocios o en el hogar, esto podría manifestarse en problemas reproductivos.

Para tener órganos reproductores sanos, hombres y mujeres deben reevaluar sus prioridades y modificar sus creencias de fondo causantes de fibromas, esterilidad, problemas de próstata y muchos otros posibles padecimientos reproductivos.

Los problemas femeninos en general pueden remediarse con la afirmación *Me regocijo en mi feminidad. Me encanta ser mujer. Amo mi cuerpo.* Los fibromas de la matriz tienen que ver con alimentar un resentimiento contra la pareja, y pueden aliviarse con la afirmación *Me libero del patrón en mí que me atrajo esta experiencia. Me entrego a crear solo cosas buenas en mi vida.* Los problemas sexuales y de impotencia en mujeres pueden suponer presión sexual, culpa o rencor contra parejas anteriores, e incluso temor al padre. Las mujeres que se hallan en esta situación tienden a creer que tener relaciones sexuales o experimentar placer sexual es malo.

En la menopausia, muchas mujeres experimentan temor al envejecimiento, a ya no ser queridas y no estar a la altura de las circunstancias. Los síntomas de la menopausia se reducen mediante la afirmación *Soy equilibrada y serena en todos los cambios de ciclo, y bendigo mi cuerpo con amor.*

En cuanto a los hombres, los primeros signos o síntomas de problemas pueden ser tan sutiles como una efímera pérdida de deseo sexual o un ligero desbalance en niveles hormonales. Sin embargo, si éstos no son atendidos, las advertencias cobrarán fuerza, y a la larga se desarrollarán graves problemas de salud.

Los patrones mentales negativos asociados con problemas de próstata se vinculan con temores relacionados con la masculinidad y el envejecimiento tanto como con la presión y culpa sexuales. Para promover la salud de la próstata, usa la afirmación *Acepto y celebro mi masculinidad. Me amo y apruebo. Acepto mi poder. Soy siempre joven de espíritu.* Si el problema es de potencia sexual, los sentimientos negativos tienen que ver con rencor o enojo, usualmente con una pareja anterior, o incluso con temor a la madre. Para curar la impotencia, la afirmación es *Permito ahora que el poder pleno de mi principio sexual opere con dicha y soltura.*

En ambos géneros, la esterilidad se relaciona con miedo y resistencia al proceso de la vida y la paternidad. En este caso, la afirmación sanadora es *Amo y aprecio a mi niño interno. Me amo y adoro. Soy la persona más importante para mí. Todo está bien y estoy a salvo.*

Como en las demás secciones, la afirmación que uses dependerá de la ubicación específica del malestar en tu cuerpo. Consulta la tabla de afirmaciones del capítulo 11 y busca ahí tu padecimiento particular.

Además de afirmaciones, tienes que hacer cambios de conducta para librarte de problemas reproductivos. Tu meta principal es aprender a equilibrar tu relación y tu éxito financiero.

Resiste el impulso a tener éxito en todo lo que haces. Si te sientes forzado a controlar las finanzas de tu hogar, deja que tu cónyuge o pareja las maneje por un tiempo. Esto puede resultarte difícil, sobre todo si tú eres mejor en esa tarea, pero aprieta los dientes y aguanta. También podrías permitir que tus hijos (de haberlos) preparen una cena sencilla, aun si sabes que no la harán como tú. Lo importante es que te deshagas de la necesidad de controlarlo todo.

El objetivo es que recuperes el amor y la felicidad en tus experiencias diarias y aprendas a dejarte llevar por el flujo natural de los acontecimientos. Debes darte cuenta de que puedes relajarte, tomarte tiempo libre y delegar, y seguir siendo exitoso de todas maneras. La vida tiene otras compensaciones además de la emoción de estar de prisa en todo momento. Intenta rodearte de personas satisfechas con un estilo de vida más reposado. Obsérvalas y pregúntate si las considerarías exitosas. Quizá debas reevaluar tu definición de éxito.

Empéñate en recuperar la alegría de vivir. Date tiempo para conversar con un buen amigo. Háblale de tus sentimientos y sueños. Reserva un rato específico para serenarte. Haz la prueba con la meditación, o el simple hecho de sentarte y guardar silencio. Esto dirigirá tu atención al presente, interrumpiendo el flujo constante de pensamientos sobre lo que debe ocurrir después. Tu meta debe ser vivir más plenamente el momento, ver y apreciar lo que te rodea. Bien dicen que *Debes darte tiempo para oler las rosas*. Busca lo bello de la vida en su estado actual. Pronto descubrirás que el control y la pugna constantes no son indispensables para ser feliz. También puedes aprender a remplazar ese fugaz torrente de adrenalina por paz verdadera, y a gozar entre tanto de buena salud.

De los archivos clínicos: Estudio de caso de órganos reproductores

Desde temprana edad, Geeta, de 29 años, sabía con exactitud qué quería de la vida: dónde iba a vivir, cómo se ganaría el sustento, el tipo de hombre con quien se casaría y hasta cuántos hijos iba a tener. Y empezó a conseguir todo eso. En la preparatoria destacó académica y socialmente. También perteneció a grupos de liderazgo, editaba el periódico y anuario escolares y fue jefa de su grupo en los dos últimos años.

En la universidad fue igualmente ambiciosa. Además de una pesada carga académica, tenía un empleo de medio tiempo y puso su propia empresa. Al obtener la licenciatura, ya se había comprometido con un estudiante de medicina, y fue aceptada en una maestría en administración de empresas. No existía nada que no pudiera manejar, nada que no pudiera hacer. Le obsesionaba producir, producir y producir: ideas, dinero, bienes... todo. Y entonces quiso producir lo último en su lista: un bebé. Sin embargo, su cuerpo le jugó una mala pasada: ella había planeado embarazarse cuando tuviera 30 años, pero tras meses de intentarlo se impacientó y se realizó unas pruebas que confirmaron el peor de sus temores: había dejado de ovular. Geeta se sintió devastada, y que su cuerpo la había traicionado.

Su imposibilidad de embarazarse fue un signo de que debía reevaluar lo bien que equilibraba los muchos aspectos de su vida.

Nosotros tuvimos que abordar sus problemas desde un ángulo un poco distinto, porque, en esencia, ella no había cometido ningún error. Consumía alimentos saludables, hacía ejercicio y cuidaba en general de su bienestar. Por desgracia, las condiciones para un embarazo suelen variar de las de una vida sana sin este. Así que primero tuvimos que ayudar a Geeta a superar su sensación de culpa y vergüenza. Muchas

mujeres experimentan estas emociones en casos de infertili-
dad, sobre todo si sus amigas se embarazan y forman familias
sin ningún problema. Geeta se aferraba a su vergüenza, creyendo que había hecho algo malo... que ella era mala. Cues-
tionaba su valía, y no tenía razón para ello.

Nuestro paso siguiente fue examinar todas las posibles
afecciones físicas que pudieran estar obstaculizando los esfuerzos de Geeta. Lo que observamos en ella fue que estaba
muy delgada. De hecho, pesaba menos de lo normal: 45 kilos, siendo que medía 1.60 metros. A menudo las mujeres con
muy poca grasa dejan de menstruar y ovular. Así sean las clásicas corredoras de larga distancia o modelos hiperdelgadas,
simplemente no disponen de los nutrientes necesarios para
mantener funcionando su cuerpo en forma conducente al embarazo. Por lo tanto, tuvimos que analizar la dieta de Geeta.

Al hablar de esto, ella admitió que había evitado subir de
peso. Se estuvo esforzando por mantenerse en buena condición física, y se sentía sana y fuerte. Esto sacó a la luz otro
problema que tendríamos que enfrentar en el afán de Geeta
por ser madre: el embarazo obliga a una mujer a dejar de controlar la forma y las dimensiones de su cuerpo. Si una mujer
tiene problemas con este concepto, reaccionará de manera insana al ver su cuerpo aumentar de volumen en el espejo. Esta
imagen de sí misma puede generar un sinfín de obsesiones y
compulsiones, e inducir una restricción alimenticia que podría poner en riesgo el desarrollo del bebé.

Para remediar estos patrones mentales, Geeta siguió dos
cursos de acción. Trabajó con las afirmaciones para problemas femeninos en general (*Me regocijo en mi feminidad. Me encanta ser mujer. Amo mi cuerpo*); salud de los ovarios (*Soy equilibrada en mi flujo creativo*); problemas menstruales generales
(*Acepto mi poder pleno como mujer, y también todos mis procesos
físicos como normales y naturales. Me amo y apruebo*); amenorrea
(*Celebro lo que soy: una hermosa expresión de la vida que fluye per-*

fectamente en todo momento); y esterilidad *(Amo y aprecio a mi niña interna. Me amo y adoro. Soy la persona más importante para mí. Todo está bien y estoy a salvo).*

Geeta consultó además a un terapeuta conductual cognitivo para que le ayudara a evaluar su ansiedad. Juntos analizaron qué podía hacer para tratar su tendencia a obsesionarse por controlar su peso. Dieron con estrategias especiales para que Geeta tolerara el necesario aumento de peso para volver a ovular.

Ella también empezó a meditar e incorporar algo de reflexión en su vida. Cada día apartaba un poco de tiempo para fijarse en lo que pasaba a su alrededor, no en su lista de pendientes u otras actividades futuras. Se empeñó adicionalmente en delegar algunas de sus tareas a otras personas. Y después de modificar sus pensamientos y su conducta —así como su dieta—, pudo embarazarse, y pronto tuvo un hermoso bebé.

Dolor en la base de la espalda y de cadera

Los individuos que experimentan problemas en la base de la espalda y la cadera tienden a sentirse inseguros en el dinero y el amor. Aunque cuenten con el apoyo incondicional de su familia, a menudo enfrentan dificultades en sus finanzas y relaciones, hagan lo que hagan. Esto se debe en parte a que no confían en la aptitud o intenciones de quienes los rodean. Cuando participan en algo que no sale bien, les cuesta trabajo admitir que sus acciones contribuyeron a ese resultado, pero pueden identificar fácilmente las faltas de los demás. Después de una debacle tras otra en su relación, y de una crisis tras otra en sus finanzas, toman las riendas del asunto para sentir que lo controlan mejor. La idea de compartir decisiones en relaciones y transacciones vuela por los aires cuando estas personas dejan de escuchar las opiniones o ideas de los demás. En reacción a una desilusión constante, terminan sintiéndose solas, estancadas e incapaces de avanzar.

Si tú tienes problemas en la base de la espalda y te reconoces en esos pensamientos y conductas negativos, considera qué necesitas y cómo puedes obtenerlo. Si lo que requieres es sanar, dejar de sufrir y sentirte fuerte y apoyado, puedes invertir los efectos de tus pensamientos negativos usando la afirmación *Confío en el proceso de la vida. Todo lo que necesito es ese cuidado. Estoy a salvo.*

Afirmaciones específicas nos ayudan a llevar la curación al siguiente nivel. El dolor en la base de la espalda y la ciática tienen que ver con temor por motivos de dinero, y los problemas de cadera con el miedo a avanzar. Si tienes complicaciones en la base de la espalda o la cadera, es importante no solo que conozcas tus patrones mentales, sino también que practiques las afirmaciones. Así, por ejemplo, si tienes problemas de cadera asociados con el miedo a tomar decisiones importantes, usa la afirmación *Estoy en perfecto equilibrio. Avanzo en la vida con soltura y alegría en todo momento.* Si tu ciática se deriva de ser muy autocrítico y temer al futuro, la afirmación es *Todo es para bien. Mi bien está en todos lados, y me siento seguro y protegido.*

Al igual que para la salud de las demás partes del cuerpo, lo importante aquí es concentrarse en el equilibrio. Si sufres de dolor en la base de la espalda o la cadera, es momento de que examines tu relación contigo mismo y con quienes te rodean. Evalúa sinceramente tu vida y haz algunos cambios. ¿Obtienes de tu familia un apoyo que no consigues en ninguna otra parte? Fíjate dónde encuentras respaldo, reconócelo abiertamente y muéstrate agradecido por ello. ¿Tiendes a culpar a los demás cuando las cosas no van bien? Intenta ver el panorama general y determinar si haces algo que contribuye al problema. ¿Te sientes fuera de control en cuanto al dinero?

Examina tus crisis financieras e intenta precisar en qué momento las cosas se deterioraron.

Tu objetivo debe ser adoptar una nueva visión del mundo. Para entender de veras lo que marcha mal en tus relaciones y tus finanzas, asume una perspectiva amplia de la realidad de ambos factores. Y para lograr esto, debes comprender tus emociones, ser capaz de identificarlas y manejarlas.

Las prácticas más eficaces para volver a equilibrar tu vida son la meditación y la toma de conciencia. Mientras que quienes son propensos a problemas reproductivos deben usar estas prácticas para serenarse y reconocer la belleza del mundo, si tú padeces de dolor en la base de la espalda o en la cadera debes hallarles la maña a tus emociones. La meditación te enseña a observar y describir (sin juzgar) tus emociones en el momento que las experimentas. Llegarás a saber de este modo que las emociones no son reales, lo cual quiere decir que no ejercerán tanto poder sobre ti. Por último, tras practicar la toma de conciencia y la meditación, podrás desprenderte de tus sentimientos para adoptar una visión más amplia del mundo y de la gente en tu vida. Podrás interactuar con los otros de una manera más respetuosa y productiva, que a la larga te conduzca a finanzas y relaciones más sanas.

Otro paso importante para curar el dolor de espalda y cadera es dedicar tiempo a personas ajenas a tu familia o círculo de amigos. Amplía tu red de apoyo. Así sea solo unas cuantas horas a la semana, sal y experimenta la vida desde una perspectiva diferente. Podrías ofrecer tus servicios —como líder o miembro de un equipo— a una organización no lucrativa. Esto te ayudará a aprender cómo equilibrar tus opiniones con las ideas de los demás.

Con afirmaciones, un ánimo más positivo y algunos cambios de conducta, es posible llevar una vida satisfactoria en lo financiero y emocional.

De los archivos clínicos: Estudio de caso de dolor en la base de la espalda y la cadera

Helen acudió a nosotros a principios de sus cincuenta, a instancias de su familia. Aunque trabajaba como pasante de abogacía y tenía dos hijos adultos a los que amaba, sus dos matrimonios habían terminado en divorcio, luego de que sus esposos la dejaron por una mujer más joven. Después de sus separaciones, ella se descubría sola, y sumamente endeudada.

Helen estaba empeñada en volver a poner en orden su vida amorosa, pero ningún pretendiente parecía satisfacer sus elevados estándares. Mientras salía con un hombre tras otro en busca de su alma gemela, empezó a preocuparse. ¿Qué le pasaba? ¿Por qué no podía tener éxito en este nivel tan elemental?

Cayó en depresión, y un día despertó con un dolor severo en la base de la espalda y la cadera que casi le impedía sentarse a la computadora o caminar más allá de unos cuantos pasos. Un ortopedista ordenó una resonancia magnética que exhibió una inflamación muy leve en un disco inferior, nada como para causar tal discapacidad.

Helen estaba muy adolorida cuando hablé con ella, y se sentía muy frustrada de que su doctor no pudiera removerle un disco o hacer una diestra operación de fusión para curarla.

¿Cuál es la causa del dolor en la base de la espalda? Usualmente, el abuso de los músculos, ligamentos y articulaciones entre las vértebras de esa área, causado por exceso de peso, movimientos bruscos o lesiones. La constante movilidad hace que el suave amortiguamiento entre las vértebras, el disco, produzca una hernia o se salga. A mayor vibración, y a falta de apoyo de los músculos adyacentes, las articulaciones entre las vértebras, las _facetas articulares_, se inflaman. Esta inflamación se transforma en fragmentos de artritis ósea que comprimen los nervios, lo que a su vez provoca que los músculos de la base de la espalda y de las piernas sufran espasmos, se debiliten y se adormezcan.

Por desgracia, el dolor en la parte inferior de la espalda puede agravarse por otras causas. La depresión, con sus alteraciones concomitantes en neurotransmisores, es capaz de agudizarlo, igual que la escoliosis, curvatura lateral de la columna, o la espondilotesis, afección en la que las vértebras se deslizan hacia delante. Si los niveles de estrógeno y progesterona se reducen en la perimenopausia, los cambios resultantes en la serotonina de los neurotransmisores (estrógeno) y en la progesterona pueden exacerbar el dolor y los espasmos.

Una vez que Helen conoció todos los factores detrás de su dolor en la base de la espalda, pudo hacer un esfuerzo concertado con un equipo de tratamiento para superar sus problemas de salud. Halló la manera de incorporar más movimiento en su vida diaria. Compró para su oficina un sillón con escabel, súper acolchonado, y aprendió a subir y bajar de este varias veces por hora para mantener su espalda flexible y menos artrítica. Luego trató intensivamente su depresión. Empezó con *SAMe*, que aunque alivió parte de su dolor y depresión, no los remedió del todo. Pese a su relativa resistencia a tomar medicinas, probó *Wellbutrin*, y le encantó que su ánimo y espalda mejoraran en forma considerable.

Con más energía ya, Helen pudo ir al gimnasio a hacer ejercicio, aunque nos cercioramos de que lo realizara bajo la supervisión de un fisioterapeuta. Su meta era rehabilitar los músculos de su columna. De vez en cuando aplicaba la crema *Biofreeze* para adormecer su región sacra a fin de soportar la rutina física. La acupuntura y el *qigong* también le ayudaron a controlar su dolor. Por último, Helen probó una modalidad de terapia neuromuscular llamada rodamiento físico Yamuna, en la que se emplea una pelota pequeña, del tamaño de un melón, para detener los espasmos de los tendones adyacentes a los músculos en la base de la espalda.

Al examinar otros posibles factores en su dolor de espalda, identificamos sus zapatos como problema; los que usaba no tenían acojinamiento ni soportes, así que le recomendamos invertir en calzado de más calidad; *FitFlops, Nike Shox* y *Asics Gel* contribuyen por igual a proporcionar amortiguamiento bajo los pies.

Al paso del tiempo, y gracias al ejercicio y la terapia física, Helen notó que aun la pérdida de 5 kilos aligeraba enormemente la presión en la base de su espalda. Los médicos señalan que por cada 5 kilos de peso que subimos, añadimos 20 de presión a nuestras articulaciones. Helen siguió las sugerencias de su equipo médico y bajó un total de 12 kilos; no podía creer la diferencia. En cuanto contó con la autorización de su médico, empezó a practicar yoga con regularidad, lo que le ayudó a mantener una columna fuerte y flexible.

Nosotros trabajamos específicamente con ella para que supiera qué modificaciones de conducta y pensamientos necesitaba, pidiéndole que hiciera una lista de todos los factores de riesgo que promueven el dolor de espalda, y que marcara los que se aplicaban a su caso. Aunque no podíamos cambiar cosas como su herencia genética o edad, podíamos concentrarnos en sus actividades y hábitos diarios.

Hablamos con Helen de la importancia de que dejara de fumar y no perdiera de vista su depresión. Ella decidió hacer trabajo voluntario en su iglesia, como líder de un grupo juvenil y asistente en el comedor popular. También inició un diario, a fin de poner en perspectiva varias situaciones caóticas en su vida. Para tratar las creencias de fondo que la enfermaban, comenzó a usar afirmaciones para varios problemas de espalda y cadera. Se concentró en la salud general de la espalda (*Sé que la Vida siempre me apoya*); problemas de la base de la espalda (*Confío en el proceso de la vida. Todo lo que necesito es ese cuidado. Estoy segura*); salud general de la cadera (*¡Bravo, qué alegría! Hay felicidad en cada día. Soy libre y equilibrada*); problemas de cadera (*Estoy en perfecto equilibrio. Avanzo en la vida con dicha y soltura en todo momento*); y disco herniado (*La vida apoya todo lo que pienso; así, me amo y apruebo, y todo está bien*).

Luego de adoptar todos estos métodos, Helen pudo hacer de la suya una vida maravillosa, flexible y sin dolor.

Todo está bien en el segundo centro emocional

La gente intenta resolver problemas de vejiga, complicaciones reproductivas y dolor en la base de la espalda y la cadera, tomando medicinas o sometiéndose a operaciones. En casos agudos, este curso de acción bien puede ser el más prudente, pero cuando se trata de dolencias y disfunciones crónicas, quizá sea preferible que investigues otros remedios.

En este capítulo exploramos las numerosas maneras en que puedes generar salud en el segundo centro emocional utilizando una combinación de medicina, intuición de tu cuerpo y afirmaciones.

Cuando aprendes a identificar y analizar los mensajes que tu cuerpo te envía, estás en camino de la sanación verdadera. Si equilibras tu atención al dinero y a tus relaciones amorosas, podrás eliminar los factores estresantes que aquejan a este aspecto de la salud. Reconoce los pensamientos y conductas negativos que tienen que ver con tu identidad sexual, capacidad financiera y relación amorosa. Aplica después las afirmaciones de Louise para contrarrestar esos pensamientos negativos y establecer nuevos patrones mentales y conductas meditando en las frases *Confío en el proceso de la vida, Sé que la Vida siempre me apoya y cuida de mí* y *Soy digno de amor y soy amado.*

Eres digno de amor. Todo está bien.

6. Una nueva actitud

El tercer centro emocional: aparato digestivo, peso, glándulas suprarrenales, páncreas y adicciones

La salud del tercer centro emocional tiene que ver con el concepto de sí mismo de un individuo y con la forma en que cumple sus responsabilidades con los demás. En este capítulo examinaremos los numerosos aspectos de tu tercer centro emocional. Parte del análisis se centrará en órganos particulares como los que componen el aparato digestivo, lo mismo que las glándulas suprarrenales y el páncreas, los cuales regulan el azúcar e importantes hormonas, y los riñones, que regulan la química del cuerpo. También cubriremos temas generales afines ligados a problemas de peso y de adicciones. Al igual que en los demás centros emocionales, tu padecimiento dependerá del tipo de patrón mental o conducta de fondo.

A las personas con complicaciones de salud en el tercer centro emocional las dividimos en cuatro categorías: las que se caracterizan por concentrarse en las necesidades de los demás, las que reafirman su concepto de sí persiguiendo a la carrera posesiones materiales, las que renuncian a todo concepto de sí mismas y buscan apoyo en un poder superior, y las que rehúyen a la autocrítica con distracciones que les hagan sentir bien. Todas estas personas se ven afectadas de manera diferente en la salud de su aparato digestivo por problemas de peso y adicciones. Entraremos en detalle más adelante, al tratar las partes del cuerpo y las afecciones específicas del tercer centro emocional.

Para la salud de estas áreas de tu vida es esencial que desarrolles un sólido concepto de ti mismo. Si no cultivas tu autoestima ni hallas un equilibrio entre el tiempo que dedicas a complacer a los demás y el que destinas a cuidar de ti mismo, puedes sufrir náusea, acidez, úlceras, estreñimiento, intestinos perezosos, colitis o problemas renales. También podrías tener que batallar con tu peso, imagen física o adicciones. Estas dificultades de salud son mensajes de tu cuerpo que te indican que lo que haces no está bien.

Afirmaciones y ciencia del tercer centro emocional

De acuerdo con la teoría de las afirmaciones de Louise, la salud del tracto intestinal, hígado, vesícula biliar y riñones se asocia con patrones mentales relacionados con el temor: la intensa ansiedad que experimentas en situaciones en que te sientes insuficiente o sobrecargado. Por ejemplo, los problemas del tracto intestinal en general se asocian con el miedo a cosas y experiencias nuevas. En particular, quienes sufren de colon espástico pueden tener problemas de inseguridad. La colitis se asocia con el temor a desprenderse de algo, mientras que las complicaciones generales de colon tienen que ver con el hecho de aferrarse al pasado.

Los patrones mentales negativos asociados con problemas de peso conciernen a la necesidad de protección. La adicción en general es una manera de medicar emociones que no sabes cómo manejar, lo que Louise llama *huir de ti mismo*.

Por último, los problemas metabólicos con el azúcar en la sangre se asocian con la responsabilidad y las cargas de la vida. La hipoglucemia se relaciona con el agobio por las presiones cotidianas, la sensación de desesperación de *¿Qué caso tiene?*

La salud del tercer centro emocional se asocia con una autoestima fuerte y con no poder manejar responsabilidades escapando hacia el abuso de sustancias o recurriendo a adicciones. La salud de tu tracto gastrointestinal, tu peso y tu imagen física dependen de tu capacidad para mantener una relación sana con tu trabajo y tus responsabilidades.

Veamos qué dice la ciencia sobre la efectividad de este método para curar las afecciones del tercer centro emocional.

Un amplio conjunto de investigaciones demuestra que las emociones negativas —temor, tristeza o enojo— pueden irritar las paredes estomacales, mientras que el amor y la alegría las suavizan. De hecho, entre más experimentamos esas emociones negativas, más riesgo tenemos de desarrollar problemas digestivos como reflujo, úlceras y síndrome de intestinos irritables.[1]

Examinemos la úlcera como ejemplo. Los científicos atribuyen las úlceras a una multiplicación excesiva de *Heliobacter pylori*, bacteria naturalmente presente en el estómago.[2] Esta proliferación es común en personas muy ansiosas. Dicho fenómeno podría deberse a una reacción exagerada del sistema inmunológico en el tracto intestinal, lo que hace que las paredes de estómago e intestinos sean más permeables a esa bacteria.[3] El estrés y la ansiedad pueden tener varias fuentes, pero son propios de entornos de trabajo demasiado competitivos. Los estudios han demostrado que quienes deben lidiar todos los días con un alto grado de estrés presentan mayor incidencia de úlceras.[4] Lo mismo puede verse en animales. En ciertos estudios se descubrió que cuando se pone a roedores en situaciones en que deben competir constantemente por parejas y recursos, experimentan problemas digestivos y úlceras.[5]

El perfeccionismo también está estrechamente asociado con las dificultades estomacales e intestinales.[6] Este rasgo de personalidad produce persistentes sensaciones de no estar a la altura de las circunstancias, lo cual reduce la seguridad en uno mismo. Los estudios indican que agresiones a nuestra autoestima reducen los niveles en la sangre de somatostatina, hormona que inhibe la producción de otras hormonas. Si las hormonas no están en equilibrio entre ellas, estómago e intestinos no pueden funcionar apropiadamente, lo que podría resultar en úlceras y síndrome de intestinos irritables. También la colitis ulcerativa, enfermedad inflamatoria crónica de los intestinos, se asocia con el ansia de perfección de algunas personas.[7]

Los individuos que sienten desesperanza e impotencia para escapar de situaciones estresantes tienen mayores niveles de hormonas de estrés en la sangre, lo que sienta las bases para problemas digestivos.[8] Un ejemplo de esto puede verse en estudios que han detectado una correlación entre crecer en un hogar donde había abuso físico o conflictos constantes y la probabilidad de desarrollar úlceras o trastornos alimenticios en la edad adulta.[9]

El estrés puede causar problemas de obesidad. Los estudios sugieren que las emociones estresantes afectan el metabolismo de una persona, o su capacidad para descomponer alimentos. Cuando nos hallamos en circunstancias competitivas, aparentemente hostiles, tendemos a comer más con menos frecuencia, patrón alimenticio que casi siempre induce al aumento de peso.[10] En un día de trabajo estresante, ¿quién no omite el desayuno y la comida para darse después una gran cena como premio? Por desgracia, este programa alimenticio aparentemente disminuido no reduce tu cintura sino al contrario: hace que aumente la grasa abdominal.

Emociones como la preocupación a causa de problemas graves y mayores responsabilidades también afectan nuestra manera de descomponer el azúcar y pueden contribuir a la diabetes.[11] El estrés emocional eleva la inflamación y el nivel de cortisol en la sangre, lo que a su vez aumenta la insulina, causando que almacenes como grasa una mayor porción de lo que comes.[12] Los investigadores han observado que las personas deprimidas y ansiosas pueden tener neuropéptidos alterados, lo que afecta tanto sus emociones como su digestión.

De este modo, es lógico que las afirmaciones que te ayudan a cambiar de actitud también contribuyan a que recuperes la línea.

El vínculo entre adicciones y baja autoestima salta a la vista en muchos estudios. Las investigaciones han demostrado una y otra vez que la gente come, fuma y bebe en exceso, o incurre en otras formas de escapismo para encubrir su ansiedad, depresión, enojo o sensación de insuficiencia y escapar a responsabilidades que no pueden manejar.[13] Se trata entonces de tácticas de distracción, y tiene sentido que la gente las use. El alcohol es una droga contra la ansiedad que muchos emplean para adormecerse y no enfrentar su verdadera identidad. Aunque es insana, la nicotina puede ayudar a lidiar con el enojo, la impaciencia y la irritabilidad; se ha demostrado que procura una sensación temporal de felicidad y relajación. Lo mismo puede decirse de ciertos alimentos, en especial los carbohidratos y el chocolate.

Un sólido concepto de nosotros mismos —foco de atención del tercer centro emocional— puede ayudarnos a evitar y lidiar al mismo tiempo con sensaciones de estrés, desesperación e impotencia, origen de muchos de los problemas digestivos, de obesidad y adicción que acabamos de explorar.

Así que ahora que conocemos la teoría de las afirmaciones y la ciencia de esos padecimientos, ¿cómo producimos salud en el tercer centro emocional?

Problemas digestivos

Los órganos que componen el aparato digestivo son la boca, el esófago, el estómago, el intestino delgado, el intestino grueso (o colon), el recto y el ano. Tal cantidad de órganos vuelve muy comunes los problemas en estos; cerca de 70 millones de personas padecen complicaciones relacionadas con el aparato digestivo.

La gente que tiende a presentar estas afecciones generalmente se enfoca en obtener más, más y más de todo. El exceso
es estimulante, y la adrenalina nos sienta bien porque hace
sentirnos más grandes de lo que somos; y la gente busca esta
euforia. Trabaja demasiado, se divierte demasiado y no deja
de hacerlo hasta casi perder la vida en eso. Amasa poder y
riquezas materiales en un intento por llenar un vacío en su
alma. Así, aunque pudiera parecer que esas personas tienen
todo resuelto, su ansia incesante es producto de una baja autoestima. No se sienten satisfechas con lo que son, su vida
es una mera apariencia, y buscan coches y casas mejores y
más grandes creyendo que esto los hará sentir mejores y más
grandes también, y que elevará su autoestima. Pero *más grande* no necesariamente es mejor. Hay que tener una autoestima
sana, basada no solo en lo externo, sino también en lo interior.

Hay muchas y muy eficaces opciones médicas para afecciones digestivas como acidez, reflujo, úlcera, dilatación abdominal, indigestión, mal de Crohn y síndrome de intestinos
irritables. Pero, en la mayoría de los casos, esos tratamientos
médicos atacan los síntomas, no las causas últimas del problema. Si tienes problemas crónicos del aparato digestivo,
también deberás tratar los patrones mentales y conductuales
escondidos tras ellos.

Todas las complicaciones digestivas derivan de la misma
emoción básica: miedo. Por ejemplo, las personas con problemas estomacales generales temen a lo nuevo, y no se creen lo
bastante competentes para manejar lo que la vida les pone en
el camino. A menudo las controla el temor, la ansiedad y la
incertidumbre. Si esto te parece conocido y quieres desterrar
el miedo y hacer frente a nuevas experiencias, la afirmación
sanadora correspondiente es *La vida me acepta. Asimilo lo nuevo en todo momento, cada día. Todo está bien.* Si sufres de úlcera,
es probable que tus pensamientos negativos tengan que ver
con el temor a no estar a la altura, y la afirmación es *Me amo*

y apruebo. Estoy en paz. Estoy tranquilo. Todo está bien. La colitis
(inflamación del colon) se asocia con una arraigada inseguridad y desconfianza en uno mismo, y la afirmación apropiada
es *Me amo y apruebo. Hago todo lo que puedo. Soy maravilloso.*
Estoy en paz. Recuerda que la afirmación específica dependerá
de la afección. (Para más afirmaciones contra dolencias particulares, véase el capítulo 11.)

Además de las afirmaciones, también debes evaluar tu
vida y tus prioridades. Analiza tu situación actual. ¿Siempre
estás a todo vapor? ¿Vives y trabajas en un entorno muy competitivo? ¿Te das tiempo para conocerte a ti mismo más allá
de esas actividades externas? Las respuestas a estas preguntas te darán pistas acerca de dónde existen desequilibrios en
tu vida. Si trabajas demasiado, necesitas tiempo para diver-
tirte. Si en tu vida cotidiana todo se reduce a velocidad, debes
ir más despacio. El cuerpo humano no puede durar a plena
marcha la vida entera. A ti puede sentarte bien el arranque de
una buena pelea, la adrenalina corre por tu sistema cuando
enfrentas un reto, pero tu cuerpo pronto empezará a sentir
que necesitas paz. Esto es lo que te indican los problemas estomacales, esos que insinúan que sencillamente ya no puedes
soportar esa vida a toda velocidad. Tu cuerpo clama descanso
y relajación.

En relación con los cambios en patrones mentales y conductas que tal vez contribuyan a tus problemas digestivos, el
cambio más importante que puedes hacer es darte cuenta de
que posees una bondad innata: eres más que todo lo que tienes. La baja autoestima que provoca que la gente avance sin
detenerse nunca, se manifestará en dolor. No es fácil reforzar
tu concepto de ti, pero tampoco es imposible.

Examina sinceramente tu vida. Pregúntate si tus bienes
materiales de veras te ofrecen satisfacciones o son solo una
pantalla —un escudo de protección— que te esconde del
mundo. Debes poner bajo control tus tendencias de consu-

mo. Tómate unas vacaciones de gastos una vez a la semana, lo que significa no comprar nada ese día. Guarda tus tarjetas de crédito; esconde tu dinero en un lugar de difícil acceso. Si puedes permitírtelo, no manejes entonces nada de dinero y finanzas, aun si son ajenos. Y al final de ese día, evalúa qué te hizo sentir el hecho de vivir con sencillez. Si te es muy difícil alejarte del dinero un día a la semana, tal vez debas buscar ayuda para librarte de esa obsesión.

De igual manera, deja de arreglarte un día a la semana, nada de maquillaje, peinado, etiquetas ni accesorios de lujo. Fíjate en tu estado anímico a lo largo del día. Si tu ánimo se desploma, quiere decir que concedes demasiada importancia a las apariencias, justo aquello que oculta lo que eres.

Reserva tiempo de tu apretada agenda para realizar nuevas actividades. Busca algo que te guste por sí mismo, no porque te vuelva más rico, listo o atractivo. El objetivo es reforzar tu verdadera identidad y darte cuenta de que es valiosa. Destina tiempo a eso una vez a la semana, o incluso una vez al día. Lo importante es que dediques tiempo a ti mismo sin las distracciones de la vida cotidiana. Sintoniza con tus pensamientos. Conoce quién eres de verdad, y esto te conducirá a una mejor autoestima y mayor salud en el tercer centro emocional.

De los archivos clínicos: Estudio de caso de salud digestiva

Cuando conocí a Ken, de 27 años, él ya tenía una exitosa tienda de botas vaqueras y vivía a lo grande, en todo el sentido de la palabra. Poseía una casa en Nashville y una granja en los suburbios. Le encantaba la emoción causada por gastar dinero, comer, beber, fumar, conducir autos deportivos y perseguir mujeres. Para mantener su extravagante estilo de vida y lograr la admiración de las muchas mujeres con quienes convivía, trabajaba día y noche, empujado por copiosas cantidades de cafeína. Su lema era *Nada mejor que el exceso*.

Este estilo de vida le funcionó muchos años, pero cuando vino a verme ya le costaba demasiado trabajo sostenerlo. Batallaba para poder pagar sus cuentas, todo le estresaba y provocaba ansiedad, y al parecer su estómago estaba igualmente inquieto. El estrés de tratar de mantenerse a flote en términos económicos se traducía en una acidez constante, que él intentaba controlar con antiácidos diarios. Pero en vez de moderar su extravagante estilo de vida, Ken hacía todo lo posible por conservarlo, gastando un dinero que no tenía.

Fue así como terminó en la sala de urgencias, con diagnósticos de reflujo, gastritis y una pequeña, aunque sangrante, úlcera estomacal.

Cuando hablamos con él, Ken no podía entender por qué todos esos antiácidos que tomaba no calmaban el ardor en su estómago. Para alcanzar la salud digestiva y comprender por qué los antiácidos no eran la salvación de su tracto gastrointestinal, primero tenía que entender la relación entre su esófago, su estómago y la producción normal de ácidos.

Cuando ingerimos alimentos, éstos entran en nuestro esófago, que los deposita en el estómago, donde comienzan a ser descompuestos por enzimas gástricas, una de las cuales es ácido. Entre el esófago y el estómago hay una puerta unidireccional para que estas enzimas ácidas no suban o *refluyan* al esófago y la boca, donde causarían ardor y erosiones. Pero esta puerta puede debilitarse, y por lo tanto no cerrar del todo para impedir el reflujo. Si esto ocurre con frecuencia, el diagnóstico podría ser justamente reflujo gastroesofágico. Éste era el primer problema de Ken.

El segundo era su úlcera estomacal. A la manera de un equipo de futbol americano, los problemas de estómago implican un equilibrio entre la ofensiva (los elementos que descomponen el alimento, como ácidos y otras enzimas estomacales) y la defensiva (los elementos que protegen las paredes estomacales). Cuando nos duele el estómago, casi todos pensamos en reducir la acidez con antiácidos, no en proteger la mucosa, niveles de bicarbonato, suministro de sangre, mediadores inflamatorios de la prostaglandina y niveles apropiados de bacterias de las paredes estomacales, todo lo cual defiende de úlceras al aparato digestivo.

Para reducir las complicaciones digestivas de Ken, le aconsejamos hacer varios cambios en su vida. Debía comer menos, bajar 10 kilos y abandonar su uniforme estándar de pantalones vaqueros ajustados, los cuales presionaban su abdomen y comprimían sus intestinos y el esfínter esofágico inferior. También tenía que dejar de fumar. Además, alteramos su dieta, para que no incluyera alimentos que aumentaran la base ácida de su estómago. Le recomendamos que dejara de consumir chocolate, jitomate, bebidas cafeinadas, alimentos grasosos y cítricos, cebolla, pimienta y alcohol, al menos por un tiempo. Una vez que sanara de su úlcera, podría tomar una copa al día. También le propusimos un programa alimenticio, y le pedimos inclinar su cama de tal manera que los efectos de su acidez estomacal no repercutieran en su esófago. Su programa implicaba no comer nada desde tres horas antes de acostarse. Esto le daría tiempo suficiente para digerir, y significaría que estaría erguido durante este proceso; tenderse en la cama facilita que el ácido suba hacia la garganta. Por eso mismo, también le recomendamos dormir con la cabecera de su cama elevada o con el torso sobre almohadas.

Los sencillos cambios que sugerimos a Ken le ayudarían a volver a poner su vida en orden, pero él decidió actuar más drásticamente. Empezó a tomar antibióticos para bajar los corrosivos niveles bacteriales de *Helicobacter pylori* en su estómago. Luego se le dio una selección de tres tipos de terapia médica: antiácidos (*Melox, Mylanta, Rolaids* y *Tums*), los cuales neutralizan la acidez estomacal; bloqueadores de H2 (*Axid, Pepcid, Tagamet* y *Zantac*), que reducen la producción de ácidos, e inhibidores de la bomba de protones

(*Nexium, Prevacid, Prilosec* y *Zegered*), que bloquean la producción de ácidos y restablecen la pared del esófago. Todas estas medicinas tienen efectos secundarios. Por ejemplo, el uso prolongado de inhibidores de la bomba de protones en personas mayores de 50 años puede asociarse con fracturas de cadera, muñecas y columna vertebral.

Para ayudar a estabilizar su cuerpo y prevenir tantos efectos secundarios como fuera posible, recomendamos a Ken considerar, aparte de su atención médica, un enfoque médico integrador de su tratamiento.

Le sugerí consultar a un acupunturista y herbalista chino para saber cuál de las combinaciones comunes de hierbas recomendadas para problemas digestivos sería mejor para su caso: *Shu Gan Wan, Aquilaria, Saussurea, Sai Men An* o *Xiao Yao Wan*.

En la categoría de los cambios de conducta, le recomendamos dedicar un poco de tiempo a examinar sinceramente su vida. Para hacer esto, se tomó las ya descritas vacaciones de dinero y arreglo, y registró por escrito las sensaciones que le producían. La meta era reducir sus niveles de ansiedad y cambiar su lema por el de *Puedo triunfar sin excesos*, y aplicarlo al trabajo, al tabaquismo y al consumo de alimentos y bebidas. Le propusimos también que hiciera ejercicios aeróbicos 30 minutos al día para liberar su energía excedente, lo mismo que masajes semanales, aromaterapia y lecciones de imágenes guiadas para relajarse y desestresar sus músculos. Esta relajación terminaría por reflejarse en todo su aparato digestivo.

Ken debía trabajar con afirmaciones para cambiar sus pensamientos de fondo. Utilizó afirmaciones para la salud estomacal general (*Digiero la vida con facilidad*); problemas estomacales generales (*La vida me acepta. Asimilo lo nuevo en todo momento, cada día. Todo está bien*); y ansiedad (*Me amo y apruebo y confío en el proceso de la vida. Estoy a salvo*).

Los numerosos cambios que ayudamos a Ken a implementar en su vida lo llevaron a una recuperación plena; su aparato digestivo y su vida siguieron un curso mucho más saludable.

Complicaciones de peso e imagen física

Las personas con problemas de peso e imagen física se inclinan a dar y hacer de más y son a menudo demasiado generosas. A primera vista, todas éstas son cualidades positivas. Pero como en el caso de quienes sufren otros problemas de salud del tercer centro emocional, las personas con dificultades de peso suelen ser víctimas del miedo y la baja autoestima. Consumen toda su energía en los demás y les queda poco para sí mismas; definen su identidad por lo mucho que hacen por otros.

El aumento y la baja de peso pueden ser signos de un problema de salud de fondo como desequilibrio de la tiroides u hormonal, pero también es causa de otros males como enfermedades cardiacas. Así que, en primer término, trata los problemas físicos detonados por el exceso o la falta de peso, o por ciertos trastornos de imagen física, como anorexia y bulimia. Una vez que resuelvas esas graves afecciones, podrás enfrentar las dificultades emocionales que contribuyen a tus complicaciones de peso.

De nuevo todo se reduce al equilibrio. No estoy sugiriendo que dejes de hacer buenas obras o de ayudar a los demás, o que te vuelvas ególatra. La cuestión es examinar *por qué* das todo por otros mientras tus necesidades quedan insatisfechas. Luego podrás cambiar las conductas y pensamientos negativos que contribuyen a tus problemas de salud escuchando lo que tu cuerpo te dice e incorporando afirmaciones en tu vida.

La teoría de las afirmaciones de Louise Hay muestra que el peso es reflejo de nuestro concepto de nosotros mismos. Así, por ejemplo, tener sobrepeso o demasiado apetito es consecuencia de una baja autoestima y de eludir tus sentimientos. De acuerdo con Louise, las grasas en general son un escudo de protección creado por personas sumamente sensibles que creen necesitar cuidados especiales. Para empezar a quitar este escudo y fomentar la pérdida de peso, la afirmación es *Estoy en paz con mis sentimientos. Me siento seguro en mi situación actual. Creo mi propia seguridad. Me amo y apruebo.*

La anorexia tiene que ver con miedo extremo y odio a uno mismo. La afirmación para iniciar el proceso de valorarte es *Me amo y apruebo. Estoy protegida. La vida es segura y jubilosa.* En la mujer la bulimia se asocia con llenar y purgar, y tiene como causa el odio a sí misma, la desesperanza y el temor; la afirmación sanadora es *Soy amada, nutrida y apoyada por la Vida. Es seguro para mí estar viva.*

Las afirmaciones de Louise variarán dependiendo del patrón mental y la parte del cuerpo que experimenta enfermedad. Por ejemplo, el exceso de peso en el área del abdomen se asocia con enojo por falta de alimento, mientras que el sobrepeso en los muslos tiene que ver con enojo en la infancia, posiblemente contra el padre. (Para afirmaciones más específicas recomendadas por Louise, consulta el capítulo 11.)

Erradicar viejos patrones mentales negativos es un paso particularmente importante para personas con problemas de peso. La baja autoestima puede derivar en un exceso de pensamientos autodestructivos. Cambia estos pensamientos por pensamientos positivos con una afirmación favorable a la autoestima como *Amo con sabiduría. Cuido y apoyo a los demás tanto como me cuido y apoyo a mí mismo.*

Si eres un amigo caritativo, bueno y generoso, ¡bien por ti! Pero recuerda ser igualmente atento contigo mismo. No es egoísta prestar atención a tus necesidades, apariencia y felicidad, de hecho, esa es la única manera de ser un amigo, pareja o padre de verdad. Si no te cuidas, llegará un momento en que ya no te quedará nada que dar.

Entonces, lo primero que debes hacer es examinar por qué sigues velando por los demás, a expensas tuyas. ¿Crees que solo vales algo si los demás te necesitan? ¿Recuerdas cuál fue la relación o situación que dio origen a esa idea? Intenta llevar un diario sobre esto. Ve si puedes aclarar por qué te sientes así.

Debes trabajar contra esa falsa creencia, y la mejor manera de hacerlo es darte unas vacaciones de responsabilidad. Dedica un día al mes, o unas horas a la semana, a no hacer nada por nadie. Emplea ese rato a concentrarte exclusivamente en ti. Toma un curso sobre algo o busca un pasatiempo de tu agrado. Cuida tu autoestima, date cuenta de que posees un valor innato y que no puedes juzgarte únicamente por lo que haces por los demás. Si no cambias tu mentalidad actual, tu cuerpo te hará saber que tiene una sensación de privación y emergerán complicaciones de peso.

De los archivos clínicos: Estudio de caso de complicaciones de peso

Isadora, de 28 años, era confiable y veloz para ofrecer voluntariamente su tiempo en el trabajo o a favor de una causa valiosa. Como muchas otras personas con problemas de peso, estaba más que dispuesta —emocionada, en realidad— a ayudar a los demás. Me dijo que eso le daba propósito y dirección a su vida. Pero pese a sus muchas buenas obras, su autoestima era tan baja que apenas si podía mirarse al espejo.

Isadora tenía dos hermanas que trabajaban como cantantes profesionales, y sus apariciones eran muy importantes para ellas. Isadora las peinaba y maquillaba. Le daba mucho orgullo lo elegantes y hermosas que las hacía ver para sus presentaciones, y decía que no le importaba ser la hermana que «no cantaba»; el éxito de ellas le bastaba. Al ver a Isadora, jamás habrías sospechado que era peinadora y maquillista.

Apostaba por la comodidad, no por la moda; cubría su despeinado cabello con una gorra y usualmente no se molestaba en maquillarse. Cuando la conocí tenía, además, 35 kilos de sobrepeso, y admitía haber dejado el ejercicio y cualquier otro intento de superación personal.

Cuando se trabaja con alguien afectado por un problema de aumento de peso, es importante conocer las causas medicinales, nutricionales, ambientales y hormonales que lo originan en cada caso. Luego se elabora un plan para transformar esas causas y ayudar a la persona a bajar de peso.

El aumento de peso puede proceder de varios factores:

- Medicinas: Uno de los efectos secundarios de algunos medicamentos comunes es el aumento de peso. Esta lista incluye anticonceptivos orales (la píldora); esteroides; viejos antidepresivos tricíclicos como *Elavil*; algunos antidepresivos recientes como *Paxil, Zoloft* y *Zyprexa*; el estabilizador anímico *Depakote*; la medicina contra la diabetes *Diabinese,* y antiácidos como *Nexium* y *Prevacid.* Aunque no todos estos medicamentos necesariamente causan aumento de peso, se sabe que pueden hacerlo.
- Nutrición: Una de las causas más comunes de la obesidad son simplemente los hábitos alimenticios. Qué y cuándo come la gente tiene un efecto inmenso en la cantidad de peso que sube.
- Medio ambiente: Esto toma en cuenta aspectos como la frecuencia con que realizas movimientos durante el día y de quiénes te rodeas. Este factor puede desempeñar un papel importante en tu peso.
- Hormonas: Si estás muy estresado, vas a subir de peso por más ejercicio que hagas y por más que limites tu dieta. La tristeza, la depresión y la ansiedad hacen aumentar las cifras de la báscula, pero el enojo es la emoción más sobresaliente en este sentido. Estar constantemente eno-

jado y frustrado causa que tus glándulas suprarrenales produzcan la hormona cortisol, la cual provoca a su vez que el páncreas produzca insulina, y *voilà!*

Cuando comenzamos a explorar la situación particular de Isadora, vimos que regularmente tomaba tres medicinas con efectos secundarios conocidos por aumentar de peso. Tomaba la píldora, y a menudo también *Nexium* y *Prevacid* para aliviar molestias estomacales y de reflujo. En cuanto a sus hábitos alimenticios, descubrimos que seguía un plan de comida muy peculiar. No hacía ninguna comida regular durante el día, sino que consumía muchos bocadillos, poco saludables además. Su único alimento formal era una cena muy abundante a las 8 de la noche. Esta comida nunca estaba bien balanceada; Isadora simplemente se cargaba de carbohidratos más que cerciorarse de que su plato contuviera un buen surtido de cada grupo de alimentos. No sabía lo importante que es hacer coincidir el consumo de carbohidratos con proteínas en cada comida, para estabilizar el azúcar en la sangre y controlar el apetito.

Los factores ambientales que afectaban a Isadora incluían muy poco movimiento y un ambiente hostil en la oficina. Trabajaba en un segundo piso y nunca usaba las escaleras. Se sentaba a su escritorio todo el día, y las únicas pausas eran sus visitas al baño y quizá también al plato de dulces en el escritorio de la recepcionista. Además, su oficina estaba contigua a la sala de juntas, donde casi todos los días había pastas frescas y platillos horneados para consumo del personal y una máquina de refrescos gratis a disposición de Isadora.

Entre su peso fuera de control y su agitada vida laboral, Isadora también experimentaba mucho estrés, frustración y ansiedad. Le disgustaba su cuerpo, lo que le producía sensaciones de vergüenza y enojo. Desafortunadamente, estos sentimientos añadían más leña al fuego.

Para ayudarle a poner bajo control su problema y su vida, lo primero era cuidar el aumento de peso inducido por medicinas. Pedí a Isadora consultar con sus médicos una forma alternativa de anticoncepción que no causara sobrepeso. En el proceso descubrió que sus problemas estomacales eran resultado de ansiedad más que de reflujo de ácidos, así que podía eliminar poco a poco el consumo de *Nexium* y *Prevacid*. Para remplazar estos medicamentos y aliviar sus molestias estomacales producto de la ansiedad, su médico le recomendó toronjil. Ella nos dijo que el resultado fue casi inmediato.

Después tratamos los factores ambientales que la afectaban. Pidió a la recepcionista quitar el plato de dulces —y ponerlo en un lugar menos visible— para ya no sentirse tentada a comerlos. Se puso además una pulsera de hule que llevaba grabadas las palabras PESO SALUDABLE en letras negras, para recordar que debía evitar comer y tomar refrescos en la oficina. Cuando le daban ganas de hacerlo, jalaba y soltaba la pulsera para darse un golpecito reanimante. Esto le ayudaba a redirigir sus sentimientos y le recordaba su meta de bajar de peso. En cuanto al aumento de su movilidad, no solo comenzó a usar las escaleras de la oficina, también entró a un club de acondicionamiento físico para mujeres, y se puso a hacer ejercicios aeróbicos durante 30 minutos cinco veces a la semana.

Con el objetivo de incrementar el poder sanador de su tratamiento, utilizaba afirmaciones para ocuparse de los patrones mentales de fondo que la llevaban a aferrarse a su grasa. Así, empleaba las afirmaciones contra la alimentación compulsiva (*Estoy protegida por el Amor Divino. Siempre estoy a salvo. Estoy dispuesta a crecer y asumir la responsabilidad por mi vida. Perdono a los demás, y ahora creo mi propia vida como quiero. Estoy fuera de peligro*); y la obesidad (*Estoy en paz con mis sentimientos. Me siento segura donde estoy. Creo mi propia seguridad. Me amo y apruebo*).

Por último, aunque no en importancia, recomendamos a Isadora que visitara a un nutriólogo para idear comidas sanas, deliciosas y fáciles de preparar como parte de un plan alimentario elaborado en común. Para que su nuevo régimen alimenticio fuera más divertido, invitó a sus hermanas a aprender con ella, a fin de apoyarse unas a otras para conseguir un estilo de vida más sano. Una nueva sensación de proximidad se desarrolló entre Isadora y sus hermanas, ausente cuando ella había actuado más como su empleada que como familiar. Y esta proximidad elevó la autoestima de Isadora y le facilitó persistir en su nuevo régimen alimenticio.

Este cambio de atención —de los demás a sí misma— ayudó a Isadora a reconocer su valía. Empezó a hacer cada vez más cosas para cuidar de sí misma. Incluso implementó las vacaciones de responsabilidad que le recomendamos. Con su nueva visión del mundo y la ayuda que obtenía de las personas que la rodeaban, logró bajar mucho de peso y sentirse más sana y feliz por ello.

Glándulas suprarrenales y páncreas

Las personas con problemas de glándulas suprarrenales, de páncreas, o de azúcar en la sangre se sienten abrumadas por sus emociones y llegan a perder su identidad por estar constantemente al servicio de los demás. Estas personas suelen sentirse mejor en su vida espiritual interna que en su vida externa de peso, apariencia y trabajo. La espiritualidad se convierte en la salida que emplean para aumentar su valía y amor propio; así es literalmente como se definen. A causa de esa tendencia, estos individuos permiten que su apariencia física se desordene y su salud digestiva se desplome, lo que conduce a problemas de azúcar en la sangre y fatiga. Para ellos, la espiritualidad es el universo; avanzar en su carrera o cuidar su apariencia o bienestar en la tierra no forma parte de su conjunto de habilidades.

Si tú eres una de las millones de personas que sufren síntomas de problemas de glándulas suprarrenales y azúcar en la sangre, el primer paso es actuar médicamente. Pero como en muchas afecciones centradas en las emociones, es probable que la medicina solo sea efectiva para atacar problemas agudos; las complicaciones crónicas precisan de un enfoque curativo más sutil. Debes aumentar tu sensación de autoestima y controlar tu responsabilidad para con los demás.

Si tu mente te dice que no eres capaz o digno y obtienes pocos logros o te saboteas a ti mismo, estos son los pensamientos y conductas negativos que causan un trastorno en la producción de cortisol, preludio de muchas afecciones de las glándulas suprarrenales, como el mal de Cushing. En contraste, el mal de Addison, que consiste en la incapacidad de producir suficiente cortisol, se relaciona con una desnutrición emocional severa. Sin embargo, ambos proceden de la misma mentalidad negativa. La teoría de las afirmaciones de Louise muestra cómo cambiar los pensamientos y conductas asociados con problemas generales de las glándulas suprarrenales con la afirmación *Me amo y apruebo. Me siento seguro cuidando de mí mismo.*

Las afecciones pancreáticas, que incluyen la pancreatitis (inflamación del páncreas) y el cáncer de páncreas, casi siempre derivan de sentimientos de aflicción. Si tienes severos problemas de azúcar en la sangre como diabetes, quizá lidias con la decepción de ambiciosas metas no alcanzadas o sientes mucha tristeza de lo que pudo haber sido y no fue. En este caso, la afirmación es *Este momento está lleno de dicha. Decido experimentar la dulzura de hoy.*

Ya sea que la complicación consista en problemas de cortisol por mal funcionamiento de las glándulas suprarrenales o desequilibrios de azúcar en la sangre a causa de que el páncreas produce niveles inapropiados de insulina, la intuición de tu cuerpo te avisará que debes reevaluar lo que haces. Si no atiendes estas advertencias, prolongados problemas de cortisol e insulina darán origen a otras afecciones, como colesterol alto, presión arterial alta, afecciones cardiacas, aumento de peso, dolor crónico, diabetes, fallas renales y derrame cerebral.

Cambiar los patrones mentales negativos es la clave para erradicar sentimientos dolorosos y destructivos, pero transformar patrones de toda la vida es un proceso, un trayecto que implica tiempo, dedicación y paciencia. Busca cierto equilibrio entre tu ser espiritual y físico. Puedes tener parte de tu cabeza en las nubes espirituales, pero al mismo tiempo empieza a cuidar tu apariencia física en la tierra. Comencemos con tu peso y baja autoestima. Sabemos que tienes una gran estima espiritual, pero también debes amarte a ti mismo y a tu cuerpo. Estamos aquí para decirte que es totalmente posible atender tus necesidades sin ser egocéntrico. Así que date tiempo para consentirte. Que te hagan un *manicure*. Que te peinen. Lee un libro. Sal de compras. Intenta hacer cosas que te ayuden a entrar en posesión de tu ser físico. Trata de hacer ejercicio, bailar o practicar yoga; cualquiera de estas actividades te obligará a volver a poner los pies sobre la tierra.

Aunque es importante prestar atención a las necesidades de los demás, no exageres, aun si quisieras hacerlo. Ayudar a los demás te hace sentir bien, pero también te agota, así que intenta limitar el tiempo que dedicas a prestar ayuda. Si eres voluntario en varias organizaciones, reduce las horas que dedicas a eso; podrías llevarlo a cabo solamente una vez a la semana. De esta manera seguirás experimentando la dicha de ayudar, pero también dispondrás de tiempo para cuidar de ti. Todas estas acciones mejorarán tu concepto de ti mismo y te ayudarán a mantener una sana concentración espiritual.

Como ya dije, tienes un valor innato en la tierra y en el cielo. Eres digno de amor y valioso, y debes recordártelo todos los días a través de las afirmaciones y el cuidado de tu salud física. Una afirmación de salud general es *Mi realización y satisfacción emocional iluminan a todos los que me rodean.*

De los archivos clínicos: Estudio de caso de glándulas suprarrenales y páncreas

De adolescente, Lorinda, ahora de 57 años, descubrió las religiones orientales y quedó fascinada por ellas. Leyó acerca del budismo, zen y taoísmo, y estudió a los místicos cristianos. Desde muy temprana edad era capaz de sentir lo *Divino*, y esto le daba entusiasmo y paz.

Lorinda ingresó a la universidad y se graduó tanto en teología como en biología. Finalmente se casó con un físico famoso y tuvieron cuatro hijos.

Lorinda era lista e instruida, y a lo largo de las décadas de su matrimonio se volvió un recurso valioso para su esposo; le ayudó a escribir varios libros. Su vida conyugal y familiar con sus hijos era feliz y satisfactoria, hasta cierto punto, porque ella había sacrificado sus ambiciones y el aspecto intelectual de su existencia, y ahora que había perdido contacto con su individualidad, sentía mucha ansiedad y temor. Esto no era sano, y su cuerpo le avisó pronto que había llegado la hora de cambiar. Lorinda empezó a sentir que su cuerpo se abandonaba a la fatiga. Caminaba despacio, hablaba despacio, pensaba despacio y estaba cansada de sentirse pesada. Sencillamente ocurrió que sus niveles de cortisol e insulina estaban totalmente desbalanceados.

Las glándulas suprarrenales y el páncreas —los órganos que controlan la producción de cortisol e insulina— son un misterio para la mayoría de la gente. Todos tenemos dos glándulas suprarrenales. Piensa en ellas como un par de naranjas, la pulpa interior produce epinefrina, sustancia estimulante como la cafeína que se libera cuando necesitas arranques de energía de corto plazo; la capa exterior, la piel, produce una serie de hormonas a partir de tu grasa para disponer de energía a largo plazo. La más conocida de éstas es el cortisol. Sin embargo, las glándulas suprarrenales también producen otras hormonas, como progesterona, DHEA, testosterona y estrógeno, a partir de la grasa.

Si te sientes repentinamente ansioso, bajo amenaza o furioso por algo, tu cerebro, vía la glándula pituitaria, ordena a las glándulas suprarrenales aumentar la producción de epinefrina, cortisol y otras hormonas para poner tu cuerpo en alerta. Una vez que la amenaza desaparece y te *enfrías*, esas glándulas dejan de incrementar la producción de hormonas. Sin embargo, si tu mente cavila sobre tu ansiedad y tales hechos amenazantes con pensamientos como «Esto no tiene remedio», «Mi vida es un desastre», «¡Las cosas deberían ser de otra manera!» y «¡Esto es injusto!», las glándulas suprarrenales continuarán sobreproduciendo cortisol y estrógeno. Esto hace que el páncreas secrete más insulina, lo que genera síntomas de lo que se conoce comúnmente como *agotamiento de las glándulas suprarrenales*.

El agotamiento de las glándulas suprarrenales es complicado porque no siempre resulta claro si tienes mucho o poco cortisol. Sin embargo, tus síntomas y pruebas de sangre y orina revelarán la dirección del desequilibrio suprarrenal. Saber esto es muy importante, porque si medicas la afección equivocada no sentirás alivio y, de hecho, los síntomas podrían agravarse.

En el caso de Lorinda, la enviamos con un endocrinólogo que inspeccionara sus síntomas. Los síntomas del cortisol bajo incluyen debilidad vaga, decoloración de la pigmentación cerca de la boca y otras mucosas, náusea y vómito, diarrea, azúcar baja en la sangre y baja presión. Estos síntomas son sutiles.

El exceso de cortisol resulta en aumento de peso en el abdomen y la cara, presión alta, niveles erráticos de azúcar en la sangre, crecimiento anómalo del cabello, acné, depresión e irritabilidad, adelgazamiento de los huesos, debilidad muscular y menstruación irregular.

Tras una visita a su médico, Lorinda volvió con el reporte completo. El doctor había explorado todos los síntomas posibles y determinados por los que ella producía demasiado cortisol. Lorinda medía 1.60 metros y pesaba 80 kilos, la mayor parte de los cuales se acumulaban en su abdomen. Tenía cabello ralo en la corona del cuero cabelludo y un poco de vello en el labio superior y el mentón. Su presión arterial era de 140/85 y su azúcar en la sangre de 130, niveles ambos ligeramente elevados. También tenía acné en hombros, espalda y cara.

Luego de determinar que sus síntomas resultaban de un exceso de cortisol, su médico quiso hacer una prueba para verificar que no tuviera síndrome de Cushing, afección de las glándulas suprarrenales. Por fortuna, los resultados de las pruebas de sangre y de la prueba de inhibición con dexametasona fueron normales.

Por último, Lorinda fue a ver a un endocrinólogo, quien hizo más pruebas de anormalidades de las enzimas suprarrenales, todas las cuales dieron resultados normales. De cualquier modo, ella lidiaba con un exceso de fatiga causada por las glándulas suprarrenales.

¿La solución? Debía perder grasas para que sus glándulas suprarrenales tuvieran menos elementos con los cuales hacer cortisol y las demás hormonas que elevaban su azúcar en la sangre, presión arterial y crecimiento de cabello.

A fin de darle la energía que desesperadamente necesitaba para hacer cambios en su vida, comenzamos con cromo. Este no solo le daría energía, sino que también regularía su azúcar en la sangre. Asimismo, Lorinda empezó a tomar extracto de té verde, excelente fuente de energía, y un multivitamínico farmacéutico con ácido fólico, ácido pantoténico, vitamina C, hierro, magnesio, potasio y cinc, ya que toda insuficiencia vitamínica puede causar fatiga.

Luego tuvimos que ocuparnos de su ansiedad. Como no tomaba serotonina, le pedí que preguntara a su médico si estaba bien añadir 5HTP a su régimen de suplementos. Este suplemento natural de serotonina se emplea para calmar la ansiedad, la cual podía ser un factor contribuyente a la sobreproducción de cortisol. Sin embargo, también tenía que hablar con un orientador para identificar las fuentes de su ansiedad.

Nuestra última recomendación médica integradora fue que visitara a un acupunturista y herbalista chino. De varias hierbas —tragacanto, regaliz, ginseng siberiano, *Cordyceps sinensis*, extracto de *Rhodiola*, extracto de banaba, avena silvestre y esquisandra— se dice que son útiles en el manejo de desequilibrios de producción de hormonas de las glándulas suprarrenales. Un profesional hábil le ayudaría a deducir la mejor combinación por usar.

Aunque Lorinda debía bajar de peso, su problema no necesariamente se reducía a desnutrición. Comía mal a veces, pero esto solía deberse a sus responsabilidades para con su familia y amigos; no lo hacía por sistema. Así, en vez de dirigirla a una dieta alimenticia, le propuse una variante de la dieta de responsabilidades descrita en la sección sobre el peso. No debía pasar un día entero sin ayudar a la gente, sino racionar sus esfuerzos por los demás. Siempre había puesto primero la carrera de su esposo, así que decidimos instituir un sistema para su propio desarrollo profesional. Por cada hora que dedicara al trabajo de él, emplearía otro tanto a su propia carrera. Lorinda hizo una mueca cuando le hablé de esta dieta, pero la cumplió de todas formas.

También aprendió *tai chi* y *qigong* para manejar su energía antes que invertirla en proyectos de otros.

Y por último, para cambiar los patrones mentales de fondo que quizá contribuían a su enfermedad, Lorinda trabajó con afirmaciones para problemas suprarrenales (*Me amo y aprue-*

bo. *Me siento segura al cuidar de mí misma)*; fatiga *(Soy una optimista de la vida y estoy llena de energía y entusiasmo)*; y salud del páncreas *(Mi vida es dulce)*.

El esfuerzo de Lorinda por curar sus glándulas suprarrenales le inspiró seguridad en sí misma. Gracias a ello, pudo hallar consuelo no solo en la espiritualidad, sino también en el ámbito terrenal.

Adicciones

Los individuos propensos a adicciones —¿acaso no todos lo somos hasta cierto punto?— tienen un intenso deseo de alimentar su concepto de sí. Quieren satisfacción personal y creativa, paz y claridad, pero a menudo carecen de la disciplina necesaria para seguir una dieta y un régimen de ejercicio, o incluso un plan de trabajo. Están tan controlados por el anhelo de algo que les da placer —comida, alcohol, compras con tarjeta de crédito— que se les dificulta hallar tiempo o interés para cuidar de sí mismos, o en algunos casos de los demás. La receta para la conducta adictiva es propia de cada quien. La búsqueda de autoestima y satisfacción puede ser efusiva, pero también agotadora y frustrante. Y el estrés y la ansiedad que resultan de saber que evitas niveles sanos de responsabilidad pueden ser abrumadores. Con frecuencia recurrimos a cosas que nos hacen sentir bien —alcohol, medicinas, sexo, juego, comida— para lidiar con estas fuertes emociones.

¿Cuál es la prescripción para abatir las adicciones? Tu capacidad para renunciar a una conducta adictiva y ahorrarte daños irreversibles de salud depende de que modifiques los pensamientos y conductas asociados con la adicción. Un buen punto de partida es hacer uso de tratamientos de eficacia comprobada para las adicciones, como los programas de 12 pasos y otros planes de recuperación. Lo siguiente es echar un buen vistazo a lo que tu cuerpo te dice sobre la relación entre tu conducta y tu salud. Una vez que identifiques cuál es tu conflicto y qué emociones lo causan, podrás comenzar a incorporar afirmaciones en tu vida diaria.

La teoría de las afirmaciones de Louise Hay indica que las adicciones se originan en el temor y la baja autoestima. Invariablemente, los sujetos con personalidad adictiva se pasan la vida huyendo de sí mismos y no siendo capaces de amarse. Una buena afirmación para las adicciones en general es *Descubro ahora lo maravilloso que soy. Decido amarme y disfrutarme.* El alcoholismo en particular se asocia con culpa, insuficiencia y autorrechazo. Para contrarrestar estas emociones negativas y convertir el odio hacia uno mismo en amor propio, Louise recomienda la afirmación *Vivo en el ahora. Cada momento es nuevo. Decido admitir mi valor. Me amo y apruebo.*

En un momento u otro, la mayoría de la gente ha alimentado artificialmente su autoestima a través de conductas adictivas o emociones medicadas que no podía manejar. Sabemos que cuando la vida se vuelve demasiado confusa, la gente tiene más probabilidades de escapar hacia las adicciones, porque la realidad le resulta demasiado penosa. Las personas pueden desarrollar adicciones a cosas muy específicas, como alcohol, cigarros, eBay o Facebook, videojuegos o sexo. Todas las adicciones —ya sea a una droga o alimento o a una conducta como el juego— liberan opioides que alivian el dolor físico y emocional. Sin embargo, la sustancia se agota finalmente o la conducta ya no brinda un escape y la realidad regresa, junto con el dolor.

Lo más importante que puedes hacer si tienes problemas con adicciones es reconocer que los tienes. Sé que esto parece simplista, pero admitirlo sienta las bases para todo lo demás. Si no sabes si tienes un problema, pregúntaselo a un buen amigo o a un miembro de tu familia. Luego, con su ayuda, hazte las siguientes interrogantes: ¿eres incapaz de controlar lo mucho que bebes, comes, juegas o tienes sexo? ¿Te sientes culpable de tu conducta? ¿Eres incapaz de detenerte aun frente a graves problemas de salud? ¿Estas conductas afectan tu trabajo o vida familiar? ¿Otros miembros de tu familia han luchado con esa misma adicción? ¿Te han dicho que debes parar? ¿Pones pretextos o tratas de ocultar lo que haces? Si respondes que sí a dos o más de estas preguntas, es momento de dar marcha atrás y examinar seriamente tu adicción.

Y recuerda: combatir una adicción es difícil. Recurre a la orientación no solo de un profesional que te ayude a entrar en contacto con tu fortaleza y tus emociones, sino también de tus amigos y familia. Busca ayuda ahora mismo. Hay grupos de apoyo para casi todas las adicciones existentes. Busca a personas que se identifiquen con tu problema, porque ellas podrán aumentar tu valor y ofrecer consejos que quizá no se te habrían ocurrido. Entre la ayuda de un orientador profesional, tu familia y tus amigos, y cualquier grupo de apoyo, será posible detener tu adicción. Estas personas son importantes en tu curación porque pueden ser esenciales para tu capacidad de llegar al otro extremo de la adicción con un sólido concepto de ti mismo.

También hay cosas que puedes hacer solo para tratar los sentimientos de desesperación que tu adicción contribuye a evitar. Intenta adoptar una práctica de meditación. Sentarte en silencio —así sea solo un minuto— te ayudará a conocer mejor tus pensamientos y emociones. Tus pensamientos van y vienen, son fugaces y pueden cambiar; son solo actitudes grabadas en tu cerebro, no son la realidad. Al crear una nueva manera de examinar tus pensamientos, puedes volverlos más tolerables, e incluso transformarlos en actitudes más sanas utilizando afirmaciones.

Piensa también en llevar un diario. A veces el simple hecho de poner en palabras tus pensamientos te ayuda a verlos bajo una nueva luz.

Lo importante de todas estas acciones es que adquieras más seguridad en ti mismo. Aprende de tu fortaleza interior. Todos estamos hechos para sobrevivir y prosperar en este planeta. Tú posees tanto poder como tu vecino para hacerlo, solo tienes que aferrarte a ello y hacer que funcione.

De los archivos clínicos: Estudio de caso de adicciones

Jenny, de 49 años, siempre fue sensible y nerviosa. Cuando era niña, su padre era un hombre de negocios y viajaba con frecuencia. Jenny solía sentirse sola. Recurría entonces a la comida, que se convirtió en su compañera fiel. Su otra pasión era el ballet, pero cuando solicitó su ingreso a una academia le dijeron que era demasiado robusta para una carrera seria en esa disciplina. Aunque siguió bailando, batallaba con su peso, y era muy común que se lastimara. Luego de una grave lesión de rodilla, su doctor le prescribió *Oxycodone* para el dolor y *Xanax* para la ansiedad asociada. Sin embargo, ya habiendo sanado de su lesión, siguió tomando *Xanax*, *Oxycodone* y otras medicinas para manejar su ansiedad y sus temores. Al final, dejó por completo el ballet.

Jenny se casó por fin y su vida mejoró; se sentía más feliz, y más capaz de dejar de tomar sus medicinas. Pero al nacer su segundo hijo, su depresión y ansiedad regresaron, y recurrió una vez más a los medicamentos para lidiar con su estrés. Pronto desarrolló síntomas que diferentes profesionales diagnosticaron como enfermedades diversas, de fatiga crónica a síndrome de intestinos irritables y trastorno de déficit de atención, todo lo cual la llevó a tratar estos nuevos problemas con medicinas, en dosis crecientes. Llegado este momento, un doctor, reconociendo un problema, se negó a seguirle dando recetas y le dijo que tenía que hacer frente a su problema de adicción.

La adicción a drogas, comida, sexo, juego, o en el caso de Jenny a medicamentos, sirve para encubrir emociones que no

podemos manejar, trátese de tristeza, ansiedad, enojo, la pérdida de un amor, aburrimiento o baja autoestima... la lista
es interminable. Las adicciones también bloquean mensajes
intuitivos que no queremos oír. Las sustancias que ingerimos
llenan un vacío espiritual, *un vacío sin nombre* que ni siquiera
sabemos que existe.

Pero la adicción no es un simple uso de sustancias. Es un
uso dominante que ha producido problemas en el trabajo,
la escuela, el hogar u otras relaciones. Hace que lleguemos
tarde, nos ausentemos o seamos despedidos por descuidar
nuestras responsabilidades para con todos, incluidos nosotros mismos. A veces la adicción puede intensificarse al grado
de volverse físicamente riesgosa, resultando en accidentes o
cosas peores. Pero pese a estas consecuencias adversas, somos incapaces de poner fin a nuestra conducta compulsiva.

Jenny tomaba *Oxycodone* y *Xanax* para poder dormir, aliviar su ansiedad y manejar el dolor crónico de sus viejas lesiones en pies y columna debidas al ballet. Así el asunto, lo
primero que hicimos fue tratar de identificar si alguna de sus
«nuevas enfermedades» —fatiga, malestar intestinal y trastorno de déficit de atención— derivaba del consumo de medicinas.

Los efectos secundarios del *Oxycodone* incluyen mareo, fatiga, mala concentración, deterioro de la memoria y estreñimiento, entre otros. *Xanax* y otras benzodiazepinas también
causan problemas de atención y memoria. Cuando sugerí a
Jenny que las pastillas que tomaba para el sueño, la ansiedad
y el dolor podían ser la causa de sus nuevos problemas de
salud, me dijo que aunque así fuera, valía la pena. No creía
poder controlar sus dolores sin *Oxycodone*, y se puso muy a la
defensiva al respecto, preguntándome cómo era posible que
yo «no entendiera». Cuando se calmó, me dijo que estaba pasando por una grave crisis. Ya había perdido su licencia de
manejo por conducir mal, y su esposo había amenazado con

el divorcio porque su consumo de medicinas afectaba ya su matrimonio y vida familiar.

Le dije que no estaba sola y que no había nada de qué avergonzarse, pues los problemas de adicción a los opioides iban en aumento en todo el mundo. Morfina, codeína, *Dilaudid*, *Demerol*, heroína y *Oxycodone* son todos ellos opioides que afectan al receptor *opioide*, el mismo del cerebro/cuerpo relacionado con el estado de ánimo, la autoestima, la realización espiritual, el dolor y el sueño. Si consumes esas sustancias, ya sea recetadas por un médico u obtenidas en la calle, tu tolerancia aumenta rápidamente, lo cual quiere decir que necesitarás cada vez mayores cantidades de ellas para sentir el efecto deseado. *Xanax, Ativan, Valium* y *Klonopin* afectan a un receptor distinto, el receptor GABA, el mismo afectado por el alcohol. Estas medicinas son tan poderosas que sencillamente no puedes dejar de tomarlas, ya que la abstención súbita podría causar ataques y muerte.

Le dije a Jenny que necesitaba apoyo para abandonar el *Oxycodone* y el *Xanax*. Además de ir a rehabilitación para ayudar a su cuerpo a dejar poco a poco esos medicamentos, aprendería nuevas habilidades para manejar su ansiedad, sueño y antiguas lesiones de ejercicio físico.

Aunque tenía muchas reservas, un mes después entró a una unidad de recuperación para tratar su adicción a las medicinas. Los doctores le quitaron muy lentamente los medicamentos que tomaba, tras lo cual le recetaron clonidina, sustancia no adictiva para tratar su pulso acelerado. En reuniones de equipo con su esposo, se le ofreció una variedad de programas para impedir que volviera a tomar *Oxycodone* cuando se le diese de alta.

Un equipo de tratamiento evaluó su columna y sus pies y diagnosticó artritis, causada por sus años dedicados al ballet. Para atacar esto, Jenny decidió ser agresiva y consumir altas dosis de vitamina C, extracto de semillas de uva y sulfato de glucosamina. Estos suplementos, junto con una sesión semanal de yoga y tratamientos de acupuntura y rodamiento de cuerpo Yamuna, le permitieron hacer uso de sus poderes naturales de sanación. Si las cosas se ponían mal, en cualquier momento podía consumir metadona, levometadil (LAAM), naltrexona o buprenorfina, aunque bajo la estricta supervisión de su equipo de tratamiento.

En la unidad de rehabilitación, Jenny participó en un programa llamado terapia de conducta dialéctica (TCD), ajustado a personas con problemas de abuso de sustancias. La TCD es una forma de entrenamiento de la atención que le enseñó a regular su ansiedad. Trabajó con un psiquiatra calificado en la ciencia de combinar medicina farmacéutica con medicinas complementarias. Así, junto con pasionaria, toronjil y 5HTP, se le recetó *Zoloft* y *Remeron*.

Por último, se le pidió elaborar un plan de largo plazo con un orientador vocacional. Se percató entonces de que gran parte de su consumo de medicamentos, dolor, ansiedad e insomnio procedía de una falta de dirección tras la interrupción de su carrera en el ballet. Su orientador le ayudó a identificar alternativas que le permitieran seguir involucrada en lo que siempre le gustó, entre éstas la posibilidad de poner una escuela de danza para niñas.

Además de la ayuda para conocerse y fortalecer su seguridad en sí misma, Jenny trabajó sola para tratar las emociones que contribuían a su adicción. Usó afirmaciones para la ansiedad (*Me amo y apruebo y confío en el proceso de la vida. Me siento a salvo*); depresión (*Voy ahora más allá de los temores y limitaciones de otras personas. Creo mi vida*); pánico (*Soy capaz y fuerte. Puedo manejar todas las situaciones de mi vida. Sé qué hacer. Estoy a salvo y libre*); y adicción (*Descubro ahora lo maravillosa que soy. Decido amarme y disfrutarme*).

Juntar todos estos tratamientos para elaborar un sólido plan integrado ayudó a Jenny a encontrarse a sí misma. Pudo enfrentar entonces la incertidumbre y el dolor en su vida y curar su adicción.

Todo está bien en el tercer centro emocional

El tercer centro emocional cubre un amplio espectro de problemas de salud, como afecciones digestivas leves o graves, dificultades de azúcar en la sangre y complicaciones de peso y adicciones. Pero en el corazón de todos estos problemas hay una falta de autoestima y la incapacidad de equilibrar las necesidades interiores con las responsabilidades externas. Cuando te sientes bien y tienes una autoestima sana, puedes crear una salud duradera en el tercer centro emocional. Busca los mensajes que tu cuerpo te envía sobre lo sano que eres emocional y físicamente. Identifica los factores de estrés que contribuyen a tu desequilibrio. Tu cuerpo te lo dirá si escuchas y haces caso a sus advertencias.

Una vez que modifiques las conductas y patrones mentales negativos que se interponen en tu camino, y aprendas a definirte no por tu familia, trabajo o lo que haces por los demás, sino por lo que eres, hallarás salud. Conoce tus debilidades, pero no te detengas en ellas ni les huyas. Alimenta tu autoestima y date cuenta de que posees una bondad innata. Resiste todo pensamiento negativo sobre quién eres con la afirmación *Estoy a la altura de las circunstancias; sin necesidad de hacer de más para demostrar mi valor.*

Ámate y todo estará bien.

7. Dulce emoción

El cuarto centro emocional: corazón, pulmones y senos

El cuarto centro emocional tiene que ver con equilibrar tus necesidades con las de tu pareja. Si no puedes hacer esto, tu cuerpo te lo hará saber generando problemas de salud relacionados con tu corazón, pecho o pulmones, como colesterol alto, presión arterial alta, infarto, quistes, mastitis o hasta cáncer, pulmonía, asma, tos o dificultad para respirar. El secreto para dominar la salud de tu cuarto centro emocional es aprender a expresar tus necesidades y emociones al mismo tiempo que tomas en consideración las necesidades y emociones de los demás. Es una cuestión de toma y daca.

Igual que en los demás centros emocionales, la parte afectada de tu cuerpo dependerá de qué conducta o patrón mental negativo causa el desequilibrio en tu forma de lidiar con las emociones de una relación. Quienes no están en contacto con sus emociones tienden a presentar problemas cardiacos; las personas abrumadas por sus emociones pueden experimentar dificultades pulmonares, y las que solo expresan el lado positivo de sus emociones desarrollan problemas de pecho. Seremos más específicos después, al ocuparnos de cada parte del cuerpo. Sin embargo, en términos generales, las conductas y los pensamientos negativos asociados con el cuarto centro emocional tienden a proceder de la ansiedad, irritabilidad, depresión y conflictos emocionales de largo plazo. Los individuos con problemas de salud en el cuarto centro emocional temen a la vida y no se sienten dignos de llevar una buena existencia; tienen una aparente falta de felicidad.

También tienden a sobreproteger a los demás y a poner las emociones ajenas antes que las propias.

Si tú tienes problemas de corazón, pecho o pulmones, tu cuerpo te está diciendo que debes examinar cómo mantienes tu salud emocional mientras cuidas la de una relación. Los signos pueden no ser tan severos como un infarto o cáncer de mama; podrían ser tan sutiles como sensibilidad en el pecho, presión arterial ligeramente alta o tensión pulmonar.

Tomar nota de estos leves cambios en tu salud es el primer paso. Como siempre, busca ayuda médica en caso de un problema serio de salud, pero también cerciórate de examinar los aspectos emocionales de esos problemas. Tu meta debe ser transformar tus conductas y pensamientos para hallar un equilibrio razonable entre el esfuerzo que haces por ayudar a los demás y la energía que inviertes en ti mismo.

Teoría de las afirmaciones y ciencia del cuarto centro emocional

La teoría de las afirmaciones de Louise explora las sutiles diferencias emocionales detrás de la salud de los órganos del cuarto centro emocional. La salud en estas áreas depende de tu capacidad para expresar plenamente todas tus emociones y desarrollar la capacidad para experimentar enojo, decepción y ansiedad, las llamadas emociones negativas, sin sentirte abrumado por ellas. Solo entonces será posible superar verdaderamente el enojo, y hallar la manera de perdonar, amar y experimentar alegría de nuevo. Conocer, sentir y expresar todas tus emociones, ya sea amor y alegría o temor y enojo, es bueno para tu salud. Estas emociones te mantienen en permanente movimiento en la vida y, como dice Louise, esto contribuye a que tu sangre siga fluyendo por tu corazón y vasos sanguíneos. De hecho, la palabra *emoción* procede de la palabra latina que significa *mover*.

La meta última es usar afirmaciones para transformar pensamientos y conductas negativos en positivos e influir realmente en el cambio físico, como reducir la presión arterial y el colesterol, aliviar los síntomas del asma o equilibrar los niveles de hormonas que aumentan el riesgo de quistes en los senos y otros problemas de pecho.

El corazón representa el centro de la dicha y la seguridad, de manera que los problemas cardiacos y la presión alta se asocian con añejos conflictos emocionales y falta de alegría. Por lo tanto, la salud del corazón en general, y más específicamente en términos de enfermedades relacionadas con la presión y el colesterol altos, depende de tu capacidad para hallar alegría en la vida y expresarla en términos emocionales. La resistencia y negación a ver lo que está frente a ti se asocia con la arteriosclerosis, enfermedad en la que las arterias se angostan y endurecen, impidiendo la circulación. Quitar toda dicha al corazón en favor del dinero o prestigio se relaciona con infartos. Si vemos los problemas respiratorios o pulmonares a través del prisma de la teoría de las afirmaciones de Louise, advertiremos que si tienes dificultades para respirar es que temes o te niegas a aceptar plenamente la vida. Por último, la tendencia a sobreproteger a los demás, poner primero las emociones de tu pareja y no cuidar de ti, se vincula con problemas de senos, incluidos quistes, sensibilidad y protuberancias.

¿Qué nos dice la ciencia sobre la relación mente-cuerpo entre conductas y pensamientos negativos y el cuarto centro emocional? ¿La ciencia médica da sustento o no a que las afirmaciones pueden contribuir a la salud de nuestro corazón, pecho y pulmones?

¡Claro que sí! Al transformar nuestra ansiedad, frustración, depresión y *dolor de corazón* por la pérdida de un amor, las afirmaciones pueden mejorar la salud de nuestro corazón, pulmones y pecho.[1] De hecho, un estudio tras otro han demostrado la relación entre la forma en que se expresan las emociones y las enfermedades de los órganos del cuarto centro emocional.

Con solo examinar las afecciones cardiacas, podemos ver un ejemplo de esto en el modo como hombres y mujeres experimentan infartos. Las mujeres en general sufren enfermedades cardiacas de manera distinta a los hombres. Cuando tienen un infarto, los hombres presentan un patrón de síntomas muy distintivo: el clásico dolor del lado izquierdo del pecho, que llega hasta la mandíbula y el brazo izquierdo. Las mujeres no. Cuando sufren un infarto, no tienen un patrón estereotipado de síntomas. Pueden sentir un súbito malestar estomacal bajo el tórax, acompañado de ansiedad tanto como de muchos otros síntomas.[2]

La ciencia ha demostrado que existe un vínculo entre el cerebro y el corazón, de modo que quizás esta diferencia en la manifestación de infartos entre hombres y mujeres se asocia con su composición cerebral. Con esto en mente, podemos examinar los diferentes estilos de infarto y ver que reflejan la manera en que las emociones se manejan en el cerebro. El cerebro de las mujeres está estructurado para el uso constante de información procedente tanto de los hechos como de las emociones, mientras que los hombres tienden a eliminar las emociones y usar principalmente el área lógica del cerebro. Dado que el cerebro de las mujeres suele estar más integrado, ellas pueden poner fácilmente sus emociones en palabras, y por lo tanto no temen participar en una conversación sobre temas difíciles. Los hombres no, y en consecuencia es probable que estas emociones sean eliminadas en reacciones físicas o fisiológicas.[3] Quizá los infartos explosivos de los hombres se deben a que las emociones finalmente tienen que salir de alguna manera; se abren camino de un modo más abrupto y expuesto. No lo sé… aunque tampoco la ciencia lo sabe. Sin embargo, en lo que se refiere a los infartos, parece que el corazón de los hombres tiende a bullir, mientras que el de las mujeres arde a fuego lento; todo indica que las emociones y los síntomas del infarto están en relación entre sí.

Hay otras vinculaciones importantes entre infarto y emociones expuestas por la ciencia. Por ejemplo, las personas con dificultad para manejar una pérdida importante, como la muerte de un ser querido, tienen más probabilidad de morir de infarto y otras afecciones en el primer año de su predicamento. A menudo vemos también infartos inmediatamente después del retiro o por una carrera universitaria truncada.[4] Las sensaciones de desesperanza y fracaso causadas por estas dos pérdidas pueden ser muy intensas y afectar la salud de tu corazón.[5] De hecho, en un estudio se demostró que tienen el mismo riesgo de provocar dolencias cardiacas que fumar una cajetilla de cigarros al día. No uno o dos cigarros, ¡una cajetilla entera![6]

Otros estudios han enlazado las enfermedades y ataques cardiacos con los rasgos de personalidad de los individuos considerados Tipo A, quienes tienden a beneficiarse de ser agresivos y abiertamente competitivos. Para mantener esta forma de ser, su cuerpo requiere un suministro constante de hormonas de estrés, lo que aumenta la presión arterial y obstruye las arterias.[7] Sin embargo, podemos modificar nuestros pensamientos e influir positivamente en la salud de nuestro corazón. Por ejemplo, en cierto estudio se siguió a un grupo de hombres, todos ellos Tipo A, que habían sufrido infarto. Aquellos a quienes se orientó sobre cómo cambiar sus pensamientos y conducta, especialmente acerca de sus añejos problemas emocionales relacionados con expresar y superar su hostilidad y enojo, presentaron menor recurrencia de problemas cardiacos que los que no recibieron esta orientación.[8]

Los científicos han descubierto además que las emociones reprimidas —en especial ansiedad, depresión y enojo— desempeñan un papel importante en la generación de hipertensión, el endurecimiento de los vasos sanguíneos. Así pues,

¿cuál es el efecto dominó que lleva de la depresión a la hipertensión? La depresión hace que el cerebro libere norepinefrina, la cual estresa a las glándulas suprarrenales. Esto causa a su vez que estas últimas liberen demasiado cortisol, lo que inicia una cascada de sustancias inflamatorias, incluidas citoquinas. Las citoquinas provocan que el oxígeno se convierta en radicales libres, lo que endurece todo el colesterol en la sangre y solidifica las arterias, provocando que se obstruyan y haciendo que la presión arterial suba al nivel de la hipertensión. Así que ahí lo tienes: en el efecto dominó de la depresión a la hipertensión, las emociones pasan del cerebro al corazón. Y esto sencillamente demuestra que obstaculizar las emociones puede causar bloqueos en la circulación de la sangre. Una reacción inflamatoria similar se ve en personas que lidian con la frustración crónica.[9]

La conexión entre emoción reprimida y salud de los vasos sanguíneos quedó demostrada igualmente en numerosos estudios que examinaron el síndrome de cardiomiopatía del estrés, también conocido como *síndrome del corazón roto*. Esta afección puede deberse a diversos factores de estrés emocional como congoja (tras la muerte de un ser querido, por ejemplo), temor, enojo extremo y sorpresa. Los estudios revelaron que los pacientes que ocultan su enojo, dejándolo sin expresar, experimentan un índice más alto de endurecimiento de los vasos sanguíneos, lo que aumenta la presión arterial y reduce la circulación sanguínea al corazón.[10]

En general, la ciencia confirma el argumento de que las emociones reprimidas, en especial ansiedad, depresión y enojo, influyen en los problemas de presión arterial.[11]

La misma conexión entre expresión de emociones y salud se observa en nuestros pulmones.[12] En un estudio se enseñó a personas con asma a dominar su inteligencia emocional, o practicar la terapia de toma de conciencia, y vieron mejorar sus síntomas respiratorios. En el curso de esa investigación se les enseñó a nombrar la emoción que experimentaban; indicar qué escenario la había precipitado, y elegir una respuesta sana y balanceada para calmar esa emoción. Esta práctica de actuar con *inteligencia emocional* redujo su tendencia a ataques de asma bronquial y mejoró su calidad de vida.[13]

Las investigaciones científicas han demostrado de igual forma que la salud emocional afecta la salud de los senos. Precisamente, existe una relación entre sobreproteger a los demás, incapacidad de expresar enojo y riesgo de cáncer de mama. De hecho, las mujeres que dependen de la crianza de hijos como fuente de autoestima e identidad femenina están en mayor riesgo de presentar cáncer de mama.[14]

Quizá las mujeres con complicaciones en los senos (y yo soy una de ellas) creen cuidar a los demás al contener sus emociones. Pero en realidad el martirio no ayuda a nadie, y es malo para tus senos. Una prolongada expresión insana de enojo, depresión y ansiedad perturba los niveles normales de cortisol, una hormona del estrés, lo que puede deteriorar la capacidad inmunológica del cuerpo para prevenir el cáncer.[15] Un estudio indicó que 75 por ciento de las mujeres con cáncer de mama tendían a ser abnegadas y a proteger a otros más que a sí mismas.[16] Por lo que toca a la recuperación del cáncer de mama, está demostrado que recibir apoyo y afecto es tan importante como el amor y la protección que das a los demás.[17]

Entonces, ahora que comprendemos la ciencia detrás de la teoría de las afirmaciones del cuarto centro emocional, ¿cómo curamos en la práctica estas enfermedades?

Afecciones cardiacas

Las personas con problemas de salud asociados con el corazón —sea dolor de pecho, palpitaciones, alta presión arterial, desmayos o arterias obstruidas— tienen dificultad para expresar sus emociones. Poseen un amplio registro de emociones contenidas a la espera únicamente de estallar, cosa que ocurre de vez en cuando, en arranques desmedidos y apasionados de enojo o frustración o en un repliegue súbito, inexplicado e inesperado. Las oscilaciones entre ausencia de emoción y pasión feroz dificultan a estas personas relacionarse con quienes las rodean, y a veces se convierten en solitarias en vez de hacer frente a la ansiedad que las relaciones traen consigo.

Los síntomas ligados con el corazón —aun los que parecen benignos— pueden ser serios, así que ve al médico si experimentas cualquier signo de que la salud de tu corazón podría estar en riesgo. Pero también es importante adoptar un enfoque de largo plazo de la salud y modificar tus conductas y patrones mentales.

Escucha los mensajes que tu cuerpo te envía sobre las emociones subyacentes en tus problemas de salud, y luego haz un esfuerzo por cambiar tu mentalidad mediante afirmaciones. Por ejemplo, las dificultades cardiacas en general provienen de añejos conflictos emocionales que han endurecido el corazón y bloqueado la felicidad y la dicha; así pues, debemos abrir nuestro corazón y dejar entrar la alegría en él. Una buena afirmación habitual para contrarrestar los sentimientos negativos es *Dicha, dicha, dicha. Permito amorosamente que la dicha fluya por mi mente, cuerpo y experiencia.* El endurecimiento de las arterias, o arteriosclerosis, procede de una intención resistente, estrechez de miras y una negativa a ver lo bueno de la vida. Si tienes estos problemas, ayúdate con la afirmación *Estoy totalmente abierto a la vida y la alegría. Decido ver con amor.* Las preocupaciones debidas al colesterol tienen que ver con el miedo o la incapacidad de aceptar la felicidad. Para abrir los canales atascados de la dicha en relación con el colesterol, utiliza la afirmación *Decido amar la vida. Mis canales de la dicha están completamente abiertos. Me siento seguro al recibir.* Para reducir antiguos e irresueltos problemas emocionales asociados con la presión alta, recurre a la afirmación *Me libero felizmente del pasado. Estoy en paz.* Estos son algunos de los problemas cardiacos más comunes. Para afirmaciones más específicas recomendadas por Louise, consulta tu padecimiento en la tabla del capítulo 11.

Lo más importante que debes hacer para proteger la salud de tu corazón es estar más en contacto con tus emociones y aprender a expresarlas en formas que te permitan superarlas. Cerciórate de prestar atención a tus sentimientos, aunque sin juzgarlos. Intenta precisar qué provocó la emoción. Al poner a prueba tus habilidades analíticas y diseccionar tus sentimientos para determinar su origen y carácter, conectas el hemisferio izquierdo de tu cerebro, experto en resolver problemas; con el derecho, el de las emociones. Aprenderás así a expresar las emociones difíciles: primero para ti, luego para quienes te rodean. Prestar atención a tus emociones también te ayudará a seguir tus progresos. Si continúas teniendo problemas para manejar tus sentimientos por los demás, podrías advertir una sensación de repugnancia o irritación en ciertas situaciones. Es importante que trabajes poco a poco en ellas, para no abrumarte ni tener que retraerte o explotar.

Quizá también debas trabajar en ponerte en contacto con tus emociones mediante prácticas como meditar o llevar un diario. Ya existen incluso fuentes en internet que dan listas de palabras relativas a los sentimientos. Revisa esas listas y familiarízate con ellas. El solo hecho de poder reconocer y definir las palabras que emplean quienes te rodean, te ayudará a incrementar tu vocabulario emocional.

Una vez que seas capaz de expresarte, te será más fácil cultivar relaciones. Y esto es importante. Haz todo lo posible por no llevar una vida solitaria, intenta planear varias actividades a lo largo de la semana que te obliguen a interactuar con la gente. Quizá podrías usar parte de ese tiempo para interactuar con adolescentes en un puesto como voluntario;

estos chicos tratan de desarrollar sus habilidades de interacción, igual que tú; aprenderás mucho observando sus éxitos y fracasos.

Si aprendes a identificar tus emociones y a expresarlas hábilmente en forma sana o constructiva, reducirás tu tendencia a problemas cardiacos. De lo contrario, tu frustración, enojo y tristeza —e incluso amor— hervirán y se convertirán en colesterol y presión altos y en afecciones cardiovasculares.

De los archivos clínicos: Estudio de caso de afecciones cardiacas

Paul tiene 47 años, es ingeniero en computación y se sentía muy a gusto en casa, con su familia, y en su cubículo de trabajo. Pero si se le pedía salirse de su zona de confort para asistir a un coctel u otro evento social, se ponía ansioso y se volvía introvertido. Sus talentos naturales lo dirigían a una vida que requería poca interacción humana; aun estando en casa con su familia, pasaba buena parte de la noche frente a la computadora.

Las cosas iban bien hasta que sus hijos crecieron y dejaron el hogar. En ese momento, su pareja empezó a buscar más contacto emocional. Pero Paul era incapaz de reaccionar, y se volvió más aprensivo y retraído que de costumbre. Pronto su presión arterial se disparó, comenzó a tener palpitaciones y dolor de pecho y se le diagnosticó un coágulo en una arteria coronaria, situada en el corazón.

A fin de ayudarle a elaborar un plan de largo plazo para curar su corazón y vasos sanguíneos, primero le ayudamos a saber cómo es un sistema circulatorio sano.

El corazón es un músculo que envía sangre oxigenada a través de las arterias a todos los tejidos del cuerpo. Si las arterias se obstruyen de colesterol y se vuelven rígidas y duras mediante la arteriosclerosis, se desarrolla hipertensión, o presión alta.

Entre la vasta red de arterias del cuerpo están las corona-rias, las arterias del corazón mismo. Si estas arterias se obs-truyen a causa de altos niveles de colesterol y arteriosclerosis, el corazón no recibe suficiente oxígeno, y esto causa dolor o angina de pecho. Si la obstrucción de las coronarias es muy amplia, el músculo cardiaco se inmoviliza en un proceso lla-mado infarto al miocardio.

El primer problema de Paul era la arteriosclerosis, pero también tenía una afección en las coronarias, obstrucción de una de ellas, y el dolor de pecho que experimentaba era an-gina. Paul tuvo suerte de que no le diera un infarto. Decidió entonces someterse a una cateterización cardiaca de emer-gencia para quitar 90 por ciento del bloqueo de su coronaria, sin embargo, se dio cuenta de que si no cambiaba de estilo de vida, otras arterias se obstruirían pronto. Por fortuna para él, muchas soluciones para la arteriosclerosis —reducir niveles de colesterol e intentar disminuir la rigidez de las paredes de las arterias— tratan también dolencias de las coronarias.

Pero, ¿y sus palpitaciones? A Paul se le diagnosticó taqui-cardia ventricular, afección del ritmo cardiaco. El lado dere-cho del corazón aloja una intrincada serie de fibras nerviosas, llamadas nódulo senoauricular (SA) y fibras de Purkinje, que controlan el ritmo cardiaco. Si las cercanas coronarias se obs-truyen, el ritmo cardiaco se perturba y se convierte en arrit-mia, como la taquicardia o fibrilación. Aquí la solución no era meramente destapar arterias, sino reparar el sistema nervioso dañado que había producido un ritmo anormal.

Para eliminar las palpitaciones, Paul tuvo que emplear tanto cambios de estilo de vida como medicina. El cardiólogo de Paul lo sometió a un estricto régimen de corto plazo que incluía nitroglicerina sublingual (solo si experimentaba dolor de pecho), aspirina para bebé, el bloqueador de canales de calcio *Verapamil*, un bloqueador beta y *Lipitor* para reducir el colesterol. También se le advirtió no usar medicinas para la impotencia como *Viagra*, ya que pueden causar latidos rápidos o irregulares.

Pero ésta fue solo la medicación, Paul además debía cambiar sus insanos hábitos de estilo de vida si quería evitar enfermedades, e incluso la cirugía de *bypass* de las coronarias. Así que lo primero que hicimos fue tratar su ansiedad. Trabajó con un orientador en la elaboración de una resuelta campaña para aliviar sus temores y abandonar su mecanismo de defensa: el tabaquismo. Paul usaba el cigarro para calmar sus «nervios». El programa que estableció con su orientador incluía el consumo a corto plazo de la medicina *Klonopin*, y la práctica a largo plazo de ejercicios de toma de conciencia y terapia conductual cognitiva, para reducir su ansiedad y presión arterial y dejar de fumar.

También era importante que bajara de peso. Como ya sabes, los problemas de grasa y colesterol van de la mano, entonces trabajamos con él para fijar una rutina de ejercicios que le fuera posible mantener. Bajó casi 10 kilos andando en una bicicleta estacionaria entre 20 y 30 minutos diarios.

Asimismo, fue a ver a un nutriólogo, quien le recetó un multivitamínico y antioxidante farmacéutico que incluía ácido fólico; vitaminas B6, B12 y C; calcio, cromo, cobre, cinc, selenio y alfa-tocotrienol. Es importante trabajar con un profesional calificado al elaborar estos planes de suplementos, porque él puede modificar recomendaciones dependiendo de tu caso particular, incluidas las medicinas que ya tomas. Para su presión arterial, Paul consumía stevia, espino, diente de león y licopeno, tras consultar a su médico.

Un suplemento muy importante entre los que se le recetaron —además de los ya enlistados— fue la coenzima Q10. Este suplemento fue crítico porque Paul estaba tomando la estatina *Lipitor*. Aunque las estatinas reducen el riesgo de afecciones cardiacas, también disminuyen los niveles de la coenzima Q10. Esta sustancia, producida por el cuerpo en forma natural, es esencial para el funcionamiento básico de todas las células, así que es crítico reabastecerla.

Si el cardiólogo de Paul decidía que los efectos adversos del *Lipitor* eran demasiado graves, podía dirigir a su paciente a un curso más natural. El arroz de levadura roja es un suplemento nutricional alternativo que da resultados similares a algunas de las principales estatinas. De hecho, el *Lovastatin* —otra medicina muy popular— se sintetiza a partir de arroz de levadura roja. El carotenoide astaxantina, oxidante presente en microalgas, salmón, trucha y camarón, también tiene efectos semejantes a las estatinas en el colesterol.

Paul comenzó a tomar además DHA para estabilizar las membranas de sus arterias tanto como su estado de ánimo. Tomaba acetil-L-carnitina para proteger lo mismo su corazón que su cerebro. Por último, consumía ginseng siberiano para mejorar la salud de su corazón y aliviar la depresión. Con autorización de su médico, visitaba también a un acupunturista y herbalista chino, quien lo inició en algunos remedios de hierbas para el colesterol y la presión arterial. Entre estas hierbas estaban *Eucommiae, Ramulus, Scutellaria* (escutelaria) y *Prunella*.

Paul consideró de igual manera un tratamiento de oxígeno hiperbárico, ya que la prolongada lesión de los vasos sanguíneos por estrés e hipertensión se beneficia de este tratamiento, aunque al final optó por no seguirlo, debido a los problemas logísticos de traslado a una clínica donde se administrara.

Al tiempo que trataba sus padecimientos físicos, Paul se empeñó asimismo en modificar las conductas y creencias de fondo que contribuían quizás a su mala salud. Trabajó con las afirmaciones para la salud general del corazón (*Mi corazón late al ritmo del amor*); problemas cardiacos (*Dicha, dicha, dicha. Permito felizmente que la dicha fluya por mi mente, cuerpo y experiencia*); salud de las arterias (*Estoy lleno de alegría. Fluye por mí en cada latido de mi corazón*); y ansiedad (*Me amo y apruebo y confío en el proceso de la vida. Estoy a salvo).* También aprendió sobre sus emociones, estudiando las listas de palabras de sentimientos, y practicó —al principio lentamente— la expresión de sus necesidades a sus allegados. Si alguna vez se sentía abrumado por una emoción, podía hacer pausa y examinar lo que pasaba, no huir ni explotar.

Al cambiar sus pensamientos y acciones, Paul pudo procurarse un futuro sano y feliz que incluía a otras personas. Aprendió a expresar sus emociones y a escuchar las de quienes estaban a su alrededor.

Afecciones pulmonares

Los individuos con dificultades relacionadas con los pulmones o la respiración, como bronquitis, pulmonía, flujo nasal, tos, asma o fiebre del heno, tienen complicaciones para participar plenamente de la vida porque intentan respirar a través de una densa nube de emociones. Su porosidad emocional y sensibilidad son tan grandes que pueden pasar del punto más alto al más bajo en un instante, y sus emociones se ven afectadas por todo lo que les rodea. Justo al contrario de las personas con problemas cardiacos, quienes tienen problemas pulmonares pueden sumergirse *demasiado*, saturarse demasiado de sus emociones. Esto les dificulta funcionar en sociedad y relacionarse sin sentirse abrumados.

¿Cómo superar los resfriados, la tos y los estornudos? Primero, como en todos los problemas físicos agudos, aborda tus inquietudes médicas con un doctor o una enfermera. Pero como siempre, no olvides prestar atención a los mensajes sutiles que tu cuerpo te envía acerca de qué tan sano estás.

Los problemas respiratorios indican que debes examinar tu capacidad para manejar tus emociones en tu interacción diaria con las personas que amas y aprecias. Si eres muy poroso a las emociones de los demás —enojo, irritabilidad, tristeza—, serás propenso a ataques de asma, resfriados, gripa y otros problemas respiratorios.

Para completar la composición mente-cuerpo de los problemas pulmonares, debemos vencer los patrones mentales negativos que han dictado nuestras acciones durante tanto tiempo. Las afirmaciones de Louise para las afecciones pulmonares en general abordan cuestiones que tienen que ver con el temor a participar y vivir la vida al máximo. Una buena afirmación para combatir resfriados y gripa es *Me siento seguro. Amo mi vida.* Toser expresa un deseo de gritar al mundo: *¡Véanme! ¡Escúchenme!* En cuanto al ruido repetitivo de una tos, Louise recomienda la afirmación sanadora *Soy percibido y apreciado en las formas más positivas. Soy amado.*

Los problemas pulmonares —como pulmonía, enfisema y obstrucción crónica— tienen que ver con la depresión, el pesar y el miedo asociado con no vivir plenamente o no sentirse digno de la vida, así que para contrarrestar esto utiliza la afirmación *Tengo la capacidad de aceptar la plenitud de la vida. Vivo felizmente la vida al máximo.* Las enfermedades pulmonares son demasiado comunes entre quienes tenemos emociones intensas que no sabemos cómo manejar. En el caso del enfisema, no solo hay miedo a aceptar la vida, sino que además no se respira bien en absoluto. Las personas implicadas deben intentar decir en voz alta: *Es mi derecho vivir plena y libremente. Amo la vida. Me amo y aprecio. La vida me ama. Estoy seguro.* La pulmonía tiene que ver con sentirse desesperado, cansado de la vida, y tener heridas emocionales a las que no se permite sanar. Para volver a empezar y curar viejas heridas, trata de repetir: *Acepto libremente las ideas divinas, llenas del aliento y la inteligencia de la Vida. Éste es un nuevo momento.*

El asma se liga con la incapacidad de respirar por sentirse asfixiado o reprimido. Si tienes asma y te sientes asfixiado, intenta meditar en las palabras *Estoy seguro ahora por hacerme cargo de mi vida. Decido ser libre.* Para más afirmaciones recomendadas por Louise, consulta tu padecimiento específico en el capítulo 11.

Tus conductas y pensamientos negativos empezarán a cambiar conforme te acostumbres a esta nueva manera de pensar y adquieras experiencia en el uso de las afirmaciones. Éste es un momento crítico, así que no flaquees. Tardaste años en desarrollar tus viejos hábitos, y pasará un poco de tiempo antes de que puedas librarte de ellos, pero te prometemos que lo harás.

Las personas con problemas pulmonares deben aprender a controlar sus emociones, a no sentirse abrumadas por éstas y a no permitir que las de los demás les afecten tanto. Aunque puede parecer contraintuitivo, una manera de hacer esto es generar una relación diferente con tus emociones, sintonizar con ellas de otra forma. Prácticas como la meditación pueden enseñarte a serenar tu mente, a crear una relación más estable con tus sentimientos y a reestructurar tu cerebro para que aprendas a controlar tus emociones y a no reaccionar de modo tan extremo a su presencia.

Otra práctica que puede ayudar a regular los efectos de tus emociones drásticas es crear una estructura de *tiempo fuera*. Examina tus pasados estallidos emocionales e intenta determinar por qué sucedieron. ¿Qué los detonó? ¿Cómo sentiste que se acercaban? ¿Cuál fue el clímax? Si eres capaz de identificar tus detonadores y la reacción de tu cuerpo a estos, aprenderás a reconocer un golpe emocional al momento, y no dejar que ocurra. Esto no sucede al principio en forma natural, pero pasará. Una vez que reconozcas las señales del agobio en tu cuerpo, podrás reaccionar de manera más constructiva. Podrás darte un *tiempo fuera*, sea que esto signifique abandonar físicamente una situación candente o alejarte en forma mental para dejar que tus emociones se apacigüen. Al hacer de la toma de conciencia y de patrones mentales positivos parte de tu rutina diaria, te verás alejarte de tus emociones cada vez con menor frecuencia.

Estas acciones y afirmaciones te ayudarán a avanzar a una vida más equilibrada en lo emocional. Si quieres tener pulmones sanos, debes aprender a expresar tus sentimientos de modo más tranquilo y controlado. Es posible mantener la serenidad y el control y aun así estar emocionado, ser el alma de la fiesta. Aprende a equilibrar tus emociones con las necesidades de las personas más importantes en tu vida y verás mejorar tu salud en el cuarto centro emocional.

De los archivos clínicos: Estudio de caso de afecciones pulmonares

Mi paciente Mary, de 60 años, se describe como un «tornado de emociones humanas». Siempre ha sido muy delgada, y su ánimo cambia dependiendo del estado de su relación sentimental, cuánto dinero tiene en su cuenta bancaria y hasta el clima. Mary asegura que puede estar riendo en un momento dado y llorar al siguiente.

Apasionada en las buenas y emocionalmente volátil en las malas, ella nunca hace nada a medias, y esto incluye la hondura con que siente todas y cada una de sus emociones. Sus cambios de ánimo son extenuantes para sus amigos, porque nunca saben qué esperar de su conducta; siempre parece haber un nuevo drama. Mary inició una terapia para saber por qué tenía tan poco control sobre sus emociones. Un terapeuta la diagnosticó como bipolar II (forma menos maniaca del trastorno bipolar), y otros, víctima del trastorno de personalidad límite; pero ninguno de estos diagnósticos, ni sus tratamientos, le ayudaron a entablar relaciones estables o conservar un empleo.

Mary había sufrido asma desde la pubertad y notó que su humor se agravaba cuando tenía que tomar esteroides para tratar los episodios más severos de malestar respiratorio. Al final de su adolescencia, sin embargo, y aunque sabía que no era bueno para sus pulmones, adoptó el cigarro, porque parecía ser lo único que suavizaba sus cambios de ánimo. Después de una ruptura particularmente dolorosa, comenzó a fumar más que de costumbre. Una noche no pudo dejar de toser y acabó en la sala de urgencias. El médico que la trató le advirtió que debía dejar de fumar; estaba en las etapas iniciales del enfisema o del padecimiento llamado EPOC (enfermedad pulmonar obstructiva crónica).

Mary tenía dos problemas médicos, su ánimo y sus pulmones; debía tratar su mal humor para poder crear salud pulmonar. Así que fue ahí donde empezamos.

Ella quería saber el nombre de su problema anímico. ¿Era depresión aguda? ¿Bipolar II? ¿Trastorno de personalidad límite? La psiquiatría moderna ha hecho mucho por aliviar nuestros sufrimientos emocionales, pero a diferencia de otras especialidades médicas, no cuenta con análisis de sangre, tomografías, resonancias magnéticas u otras pruebas objetivas para ofrecer al enfermo un diagnóstico definitivo. Siendo así, un psiquiatra, psicólogo, enfermera profesional u otro cuidador examinará los síntomas y signos del paciente e intentará asociarlos con una afección enlistada en el *DSM-V*, la guía de diagnóstico psiquiátrico. Esto significa que no existen datos de laboratorio para sostener o rebatir un diagnóstico.

Dicho esto, y dado que Mary había recibido tres diagnósticos diferentes de tres psiquiatras distintos, lo importante para ella era tratar su ánimo en la forma adecuada.

Finalmente se sometió a terapia con un equipo psiquiátrico que adoptó este enfoque y restó importancia al diagnóstico. La principal preocupación era armar un plan con claras metas de tratamiento. Con la ayuda de su orientador, Mary hizo una lista de sus síntomas emocionales. He aquí lo que descubrió:

- Tenía episodios de ánimo inestable todos los días.
- Sus humores variaban dependiendo de lo que ocurrie-

ra a su alrededor, así fuese un mal día, mucho tráfico o un jefe refunfuñón (lo que se conoce como inestabilidad afectiva).

- Tenía problemas de comer en exceso, dormir en exceso, fatiga, baja autoestima, mala concentración y desesperación (llamada depresión leve o distimia).
- Experimentaba momentos impulsivos, que incluían episodios de «ira incontrolable»; por ejemplo, un par de veces que ardió en cólera, golpeó a su pareja.
- Descubrió que la mayoría de los antidepresivos no tenía efecto alguno en sus síntomas.
- Experimentaba momentos en que, después de que alguien la dejaba abruptamente, ella quería quitarse la vida, aunque esos malos sentimientos pasaban pronto (ideas suicidas transitorias).

El equipo de tratamiento de Mary la inscribió de inmediato en un curso de entrenamiento en habilidades emocionales llamado terapia conductual dialéctica (TCD). Basada en el budismo tibetano y la toma de conciencia, la TCD le enseñó técnicas para estabilizar su ánimo y regular sus actividades diarias a fin de reducir su tendencia a comer y dormir en exceso. Mary aprendió también a transformar su cólera y manejar sus ideas suicidas transitorias a través del análisis de cadena de crisis. En este proceso, aprendió a dividir una crisis aparentemente abrumadora en partes comprensibles, a identificar las emociones asociadas con cada parte y a serenarse en cada paso. Tomaba clases dos horas a la semana y una sesión de asesoría personal de una hora para conocer estos eficaces métodos.

Para acompañar su entrenamiento de habilidades emocionales, un psiquiatra le recetó montos mínimos de medicinas para estabilizar su ánimo. Tomaba *Topamax*, un estabilizador anímico, y el antidepresivo *Wellbutrin XL*, que también aliviaba su fatiga y problemas de concentración.

Entonces comenzamos a ocuparnos de sus afecciones pulmonares.

En el caso del asma, las áreas de la tráquea y bronquiales se vuelven muy irritables por varias razones: alergias, efectos secundarios de medicinas, estado de ánimo, ansiedad y, claro, el humo del cigarro. Cuando los estornudos, dificultad para respirar y tos de Mary empezaron a afectarle, ella aprendió (como tantas otras personas) a sacar el clásico inhalador con el estimulante *Albuterol* o *Ventolin*. Una bocanada de alivio. Pero cuando ese alivio temporal desapareció, los doctores reviraron con un inhalador que contenía tanto el estimulante como un esteroide que apaga la alergia/fuego autoinmune en la base de la reacción asmática. Mary probó varios inhaladores mejorados —*Advair, Pulmicort* y *Flovent*—, pero a veces ni siquiera estos eran suficientes.

Junto a su cama tenía un dispositivo parecido a un inhalador de acción prolongada llamado nebulizador, que introducía mejor el medicamento en su árbol respiratorio. En momentos particularmente difíciles, tomaba esteroides orales para apagar el fuego alérgico de su cuerpo; pero, como supo pronto, estas medicinas tienen efectos secundarios como mal humor, irritabilidad, osteoporosis y aumento de peso. Poco después empezó a hablar de inhibidores de leucotrieno, como *Singulair*, para aliviar su asma, destruyendo una parte más de su sistema inmunológico. Aunque todas estas medicinas tienen efectos secundarios, le salvaban la vida, porque ella no tenía entonces otras opciones.

Sin embargo, cuando Mary usó la toma de conciencia y las afirmaciones, además de sus medicinas, pudo calmar su ansiedad y dejar de fumar, lo que remedió en alto grado su asma y sus problemas pulmonares.

Siguió con chequeos mensuales —y después anuales— con su especialista en pulmones. También visitaba a un acupunturista y herbalista chino, quien le ayudó a regular su problema respiratorio con varias combinaciones de hierbas, que incluían extracto de *respiryn*, píldoras de *Crocody Smooth Tea*, *Andrographis* y el remedio *Bronchial Care*.

Aun después de concluido el curso formal de TCD, Mary mantuvo su práctica de toma de conciencia. También utilizó las afirmaciones para salud pulmonar general (*Acepto la vida en perfecto equilibrio*); problemas pulmonares (*Tengo capacidad de aceptar la plenitud de la vida. Vivo felizmente la vida al máximo*); enfisema (*Es mi derecho vivir plena y libremente. Amo la vida. Me amo*); afecciones respiratorias (*Me siento segura. Amo mi vida*); obstrucción crónica (*Tengo la capacidad de aceptar la plenitud de la vida. Vivo felizmente la vida al máximo*); y problemas respiratorios (*Es mi derecho vivir plena y libremente. Soy digna de amor. Decido ahora vivir plenamente la vida para sanar por completo*).

Mary cambió su estilo de vida, trató su ansiedad y enfrentó sus creencias negativas para crearse una vida sin la aflicción de problemas respiratorios.

Problemas del pecho

Las mujeres —y los hombres— con complicaciones de pecho como quistes, protuberancias, inflamación (mastitis) y hasta cáncer, acostumbran cuidar y proteger a los demás al punto de resultar agobiadores. Estas personas se sienten mucho mejor resolviendo problemas ajenos y calmando el dolor de los demás que manejando los suyos propios. Esconden sus emociones para poder mantener relaciones estables a toda costa. En casos extremos, nunca reclamarán, jamás rezongarán, nunca se quejarán. Son aparentemente felices en todo momento.

Si eres protector por naturaleza, te es difícil no cuidar a quienes lo necesitan. No estoy diciendo que dejes de ser como eres: un ser humano amoroso, afectuoso y comprometido. Pero tienes que examinar por qué eres un protector compulsivo de los demás y te preocupas tan poco por ti. También podrías examinar cómo proteger y hallar formas un poco menos impositivas de cuidar a quienes amas. ¿Cuál es entonces la prescripción para dar un poco de más equilibrio a tu vida?

Como siempre, si presentas alguna manifestación aguda como una protuberancia o dolor en el pecho —y en especial si tienes una parienta cercana que haya padecido cáncer de mama—, ve a un doctor de inmediato. Pero también debes concentrarte en la salud de tus senos a largo plazo, lo que significa modificar los patrones mentales y conductas que estresan tu cuerpo.

Pasemos directamente al sistema de afirmaciones de Louise. Los senos tienen que ver con la maternidad y la nutrición; pero la nutrición tiene que seguir dos vías: tanto dentro como fuera. Una buena afirmación general para que recuerdes buscar un equilibrio en esta área es *Tomo y doy nutrición en perfecto equilibrio*. Específicamente, los problemas de senos se ligan con una negativa a cuidar de ti misma, porque pones primero a los demás. Para contrarrestar este desequilibrio en tu manera de cuidar, repite la afirmación *Soy importante. Cuento. Ahora me cuido y protejo con amor y alegría. Concedo a los demás la libertad de ser como son. Todos estamos protegidos y somos libres*.

Alcanzar el equilibrio en el cuarto centro emocional consiste en parte en dar voz a sentimientos que han permanecido bajo la superficie. Tal vez no tengas ningún problema para aceptar los altibajos emocionales de otra persona, pero no puedes ocuparte de tus propias emociones negativas, como temor, tristeza, decepción, depresión, enojo o desesperación. ¿Cómo aprender a expresar estas emociones? La clave es empezar poco a poco. Ahora que sabes que expresar tus emociones —buenas y malas— puede salvar tu vida, comienza, a partir de este momento, a atravesar tu pared de estoicismo emocional. Y la mejor manera de hacerlo es doble: evalúa tus sentimientos por quienes exhiben su ser menos feliz de vez en cuando, y busca una *partera* emocional.

El primero de estos pasos es una constatación difícil para muchas personas. Evaluar lo que sientes por los demás te ayudará a entender mejor la realidad de las relaciones. La gente no te aprecia porque estés feliz siempre; te aprecia por ser como eres. Y acepta que eres humano. Cuando tus amigos se desilusionan, tú quieres ayudarlos. Tal vez ellos quieran hacer lo mismo por ti. Y cuando se molestan, toleras y hasta comprendes sus arrebatos. ¿Realmente está mal suponer que te corresponderán cuando exhibas enojo o frustración? Tus amigos no se alejarán de ti por no estar alegre siempre. De hecho, abrir y dar expresión a toda la gama de tus emociones contribuirá a relaciones más profundas y sólidas.

En cuanto a la *partera* emocional, lo que entiendo por ello es alguien —un amigo, un terapeuta— que te ofrezca condiciones seguras mientras aprendes a expresar tu negatividad. Hazle saber a esa persona que estás trabajando en esto, y pídele que te ayude a hacerte responsable de lo que sientes. Si aprendes a hablar de tu tristeza, enojo y decepciones en este entorno, te sentirás mucho más a gusto al usar este lenguaje en el mundo en general.

Y recuerda: expresar emociones negativas no significa que cultives una actitud negativa. No te volverás una vieja refunfuñona si expones quejas legítimas a quienes te rodean.

Intenta entonces incorporar esta afirmación sana en tu vida: *Expreso todas mis emociones abierta, voluntaria y diestramente*. Da voz a tus emociones y experimentarás mejor salud en el cuarto centro emocional.

De los archivos clínicos: Estudio de caso de problemas de senos

Nina, de 33 años, era la mamá de todo aquel que necesitara una. Siempre podía contarse con que daría de comer a visitantes inesperados o prepararía un postre delicioso cuando llegara un amigo en un momento difícil. No solo protegía a sus allegados, también ofrecía voluntariamente su tiempo para ayudar a los pobres, orientar a mujeres y niños necesitados y enseñar inglés a inmigrantes recientes. Nina era optimista y positiva aun cuando enfrentara situaciones difíciles o desalentadoras.

Mucho antes de las redes sociales, ella ya se las arreglaba para estar en contacto con amigos de todas las fases de su vida. Además, estaba casada y tenía cuatro hijos. La gente se maravillaba de que hiciera tales malabares con todos los aspectos de su vida, sin esfuerzo aparente. Pero de pronto, en un examen físico de rutina, su doctor detectó una protuberancia en uno de sus senos, y diagnosticó un fibroma benigno.

Un fibroma no es cáncer de mama. Sencillamente, ciertas áreas del seno tienen tejido conjuntivo más denso. Muchos no lo consideran una enfermedad en absoluto, pero aun así Nina se preocupó. Su madre había muerto de cáncer de mama, y quiso que nosotros le ayudáramos a tener pechos más saludables.

Lo primero que hicimos fue recomendarle el libro de nuestra gran amiga y colega Christiane Northrup *Women's Bodies, Women's Wisdom* (Cuerpo femenino, sabiduría de mujer), que dedica una sección completa a los senos saludables. Sin embargo, también quisimos ofrecerle un programa ajustado a su caso particular.

Lo primero que analizamos fue su tendencia a cuidar de todos los que la rodeaban. La protuberancia en su seno era un signo de que su vida estaba desbalanceada. Su cuerpo intuitivo le decía que era hora de que dejara de comprometerse de más con todos y todo. Su estilo de vida solía provocar estrés de las glándulas suprarrenales y un desequilibrio de hormonas inclinado al predominio de estrógeno. Este estado hormonal fomenta la multiplicación excesiva de células, incluidas las cancerosas.

Nina también debía estructurar su dieta para generar el menor estrógeno posible. Tenía que minimizar el monto de grasas animales que consumía, ya que esto se relaciona con la capacidad del cuerpo para producir más estrógeno. Adoptó entonces una dieta alta en fibras para ayudar a su cuerpo a excretar estrógeno mediante el movimiento intestinal. Y comía mucho más brócoli, coles de Bruselas y vegetales de hoja verde, los que, mediante el Indol-3-Carbinol, cambian la forma en que el cuerpo metaboliza el estrógeno.

Su dieta también debía apuntar a la pérdida de grasas excesivas, así que, además de los cambios alimentarios en torno al estrógeno, le instruimos consumir proteínas saludables (como mariscos, pollo y productos lácteos bajos en grasas) en cada comida. También debió establecer un patrón alimenticio que incluyera un desayuno y una comida sustanciosos, y una cena minúscula sin carbohidratos. Y limitamos su consumo de alcohol a una copa al día.

En esfuerzos adicionales para bajar de peso, ayudamos a Nina a identificar actividades aeróbicas que pudiera realizar 30 minutos diarios cinco o seis veces a la semana. Ella decidió alternar la máquina elíptica y la bici estacionaria en el gimnasio con paseos al lago cerca de su casa.

Le recomendamos asimismo tomar los antioxidantes selenio y coenzima Q10 para promover el sano funcionamiento de las células, a fin de prevenir el cáncer de mama.

Nina también debió tratar decididamente su depresión y aprender a expresar el lado negativo de sus sentimientos. Inició un diario y buscó un terapeuta para trabajar en su congoja. Pronto pidió a su mejor amiga que fuera su *partera* emocional adicional.

Para corregir el desequilibrio en su atención a los demás y a sí misma, usó las afirmaciones para la salud del pecho (*Recibo y doy nutrición en perfecto equilibrio*); problemas de los senos (*Soy importante. Cuento. Ahora me cuido y protejo con amor y alegría. Concedo a los demás la libertad de ser como son. Todos estamos protegidos y somos libres*); y depresión (*Rebaso ahora los temores y limitaciones de otras personas. Creo mi vida*).

Tras cambiar su estilo de vida y sus pensamientos, Nina logró bajar 10 kilos, y está en camino de cuidar de sí y de los demás al tiempo que expresa todas sus emociones, no solo las agradables.

Todo está bien en el cuarto centro emocional

En lo que atañe a crear corazones, pechos y pulmones más sanos, reconoce que el hombre y la mujer no pueden depender únicamente de la medicina o de suplementos nutricionales y herbales. Claro que es importante que trates médicamente tus problemas agudos de salud bajo la supervisión de un doctor. Pero para una salud de más largo plazo en el área del cuarto centro emocional, te recomendamos dirigir tu atención a lo bien que equilibras tus necesidades con las de quienes te rodean.

Eres emocionalmente fuerte. Todo está bien.

8. Algo de qué hablar

El quinto centro emocional: boca, cuello y tiroides

La salud del quinto centro emocional indica lo bien que te comunicas en tu vida. Si batallas para comunicarte —ya sea que la dificultad consista en no escuchar a los demás o no expresarte eficazmente—, es probable que tengas complicaciones de salud en las áreas de la boca, cuello y tiroides. La clave para la salud en el quinto centro emocional es hallar un equilibrio en la forma como te comunicas en tus interacciones diarias.

Recuerda: la comunicación es una calle de dos sentidos. Escuchar y hablar deben ocurrir por igual. La comunicación eficaz consiste en oír y ser oído. Tienes que ser capaz de explicarte, pero también de aceptar los conocimientos y las opiniones de los demás para, en consecuencia, poder transformar tus actos.

El área de tu cuerpo afectada por malas habilidades de comunicación depende de los patrones mentales y conductas que dan origen a la dolencia. Son tres los problemas de comunicación que por lo general causan enfermedades en este centro emocional. Las afecciones de la boca —la cual incluye dientes, mandíbula y encías— aquejan a personas con dificultades para expresarse y lidiar con sus decepciones personales. Los problemas de cuello tienden a presentarse en individuos que —pese a sus habilidades perfectas de comunicación— se vuelven inflexibles y experimentan frustración cuando son incapaces de controlar el resultado de una circunstancia. Y por último, las personas con complicaciones de tiroides son frecuentemente muy intuitivas, pero incapaces de expresar lo que ven, debido a su obstinación por preservar la paz o ganarse la aprobación de la gente. En el curso de este capítulo analizaremos los detalles de cada tendencia conforme pasemos por las diversas partes del cuerpo. Solo ten en mente que si tienes complicaciones de tiroides, mandíbula, cuello, garganta y boca, tu cuerpo te está diciendo que debes examinar tus habilidades de comunicación.

Teoría de las afirmaciones y ciencia del quinto centro emocional

De acuerdo con la teoría de las afirmaciones de Louise Hay, la salud de cuello, mandíbula, tiroides y boca depende de poseer una voz propia. Los problemas de garganta, en especial, tienen que ver con la incapacidad de hablar claro y la sensación de una creatividad sofocada, mientras que un absceso peritonsilar (infección de la garganta que se desarrolla cerca de las amígdalas) se relaciona con una firme creencia en que no puedes hablar por ti mismo ni pedir lo que necesitas. Tener un *nudo en la garganta* se asocia con temor a expresarse.

Bajando al cuello, las afecciones de la espina cervical se vinculan con ser inflexible en tus opiniones y tener una mente cerrada. Negarse a ver el punto de vista del otro también puede sentar las bases para cuello rígido y otros problemas de la espina cervical.

De acuerdo con la teoría de las afirmaciones, las afecciones de tiroides tienden a ocurrir cuando personas humilladas no logran hacer lo que desean. No ser capaz de hacer valer tu voluntad puede volverte susceptible a hipotiroidismo. Los individuos que se sienten irremediablemente asfixiados tienen mayor riesgo a sufrir este padecimiento.

¿Qué dice la ciencia médica de la conexión mente-cuerpo en el trasfondo de las afecciones del quinto centro emocional, como problemas de cuello, tiroides y boca?

La tiroides, una de las glándulas endocrinas más grandes del cuerpo, es exquisitamente reactiva a todas tus hormonas y se ve drásticamente afectada por tu capacidad para comunicarte.[1]

Las mujeres están mucho más expuestas que los hombres a problemas de tiroides, en especial después de la menopausia.[2] Estudios realizados para entender por qué es así, apuntan a la diferencia en la biología entre los géneros. Puesto que los problemas de tiroides por lo regular aparecen hacia la pubertad —cuando nuestro cuerpo es invadido por nuevos niveles de testosterona, estrógeno y progesterona—, y de nueva cuenta cuando las hormonas de las mujeres están en su punto más bajo, alrededor de la menopausia, los científicos han propuesto que la diferencia en hormonas se correlaciona con la función de la tiroides.[3]

Sin embargo, las hormonas no pueden explicar por sí solas los diferentes índices de problemas de tiroides entre los géneros. En términos generales, los hombres tienen mayores niveles de testosterona, lo que quizá los predispone biológica y socialmente a mayores niveles de asertividad, sobre todo cuando se trata de tomar la palabra.[4] La sobreasertividad o la incapacidad de hablar eficazmente por ti mismo incrementan tu posibilidad de padecimientos de tiroides.[5] Antes de llegar a la menopausia, las mujeres tienen mayores niveles de estrógeno y progesterona. Pero también hay otros factores en juego. Esos niveles hormonales, combinados con un tipo de cerebro que mezcla constantemente la emoción con el lenguaje, producen una tendencia a la autorreflexión. Las mujeres que aún no llegan a la menopausia tienden de modo innato a ser menos agresivas e impulsivas en su comunicación, lo que significa que es más probable que no digan lo que piensan, en un intento por preservar sus relaciones y lazos familiares. Este estilo de comunicación por lo general resuelve una situación tensa, pero no necesariamente satisface las necesidades personales de la mujer implicada, lo cual puede conducir a problemas de tiroides a temprana edad.[6]

Los estilos de comunicación de las mujeres —y su incidencia de problemas de tiroides— cambian en alto grado después de la menopausia. De hecho, el número de mujeres posmenopáusicas con problemas de tiroides es mayor que el número de hombres o mujeres jóvenes con ese padecimiento. Cuando las mujeres llegan a la menopausia, la proporción de estrógeno, progesterona y testosterona cambia, reduciéndose los dos primeros y aumentando la última. En ese momento, las mujeres se vuelven más impulsivas y menos reflexivas, y este nuevo estilo de comunicación puede causar dificultades en sus relaciones y su familia. Su incidencia de problemas de tiroides se incrementa entonces. Así pues, las mujeres están biológicamente predispuestas a afirmarse reaccionando, moviéndose y expresándose en una medida mayor después de la menopausia.[7] Así sea cuestión de no decir lo que debes o de expresar ineficazmente tus deseos, la incapacidad para comunicarte de manera satisfactoria causa problemas de tiroides. Si no logras afirmarte con efectividad y te sientes irremediablemente asfixiada o te la pasas discutiendo, estás en mayor riesgo de presentar problemas de tiroides.

Otros estudios han vinculado la personalidad sumisa y la incapacidad de hablar por uno mismo con enfermedades de tiroides. Concretamente, las personas con una historia de trauma y que suelen batallar con la dinámica del poder en sus relaciones tienden a presentar complicaciones de tiroides. Su pasado las condiciona a ser sumisas, quejumbrosas e incapaces de afirmarse; *no tienen voz* en su vida y carecen de impulso a la independencia y la autosuficiencia.[8]

Pasando a la garganta, aquí vemos de nuevo una correlación entre comunicación y salud. Sentir un nudo en la garganta cuando no sabes qué decir se debe a una contracción en los músculos del cuello. En estados extremos, la ansiedad y el temor han dañado los músculos tensores del cuello que cierran la garganta, lo que produce una sensación de asfixia. Esto ocurre más frecuentemente en personas introvertidas, ansiosas o que reprimen la comunicación.[9]

También la salud de tu boca y mandíbula se relaciona con una capacidad sana para comunicarte y exponer tus necesidades. Se ha demostrado que esta capacidad —y la de buscar maneras de manejar los factores de estrés en la vida— puede reducir el riesgo de enfermedades periodontales. Los individuos con padecimientos en las encías tienen niveles anormales de cortisol y endorfina beta, la huella bioquímica del estrés en sus cuerpos.[10]

Entonces, si te empeñas en comunicarte mejor —en hablar tanto como en escuchar—, disfrutarás de una mejor salud en el quinto centro emocional.

Complicaciones de la boca

Las personas propensas a deficiencias de salud en el área de la boca —como caries, escorbuto o padecimientos similares, entre ellos dolor de mandíbula o de la articulación temporo-mandibular (AT)— tienen dificultades con muchas facetas de la comunicación. Experimentan problemas porque no hablan de sus desilusiones emocionales ni las resuelven. En sitios donde se sienten a gusto, hablarán, pero no expondrán lo que les inquieta en sus relaciones íntimas. Estas conversaciones reveladoras les avergüenzan o hieren su orgullo. Si se hallan en una situación incómoda o que no les inspira pasión, pueden distanciarse y guardar silencio, y a menudo apartarse. Todos los problemas de la boca se asocian con no ser capaz de comunicar eficazmente tus necesidades y desilusiones personales.

Si sufres dolencias relacionadas con la boca y la mandíbula, es importante que veas a un médico o profesional dental, pero también debes atender los procesos mentales y las conductas que te han llevado a esas complicaciones. Debes escuchar los mensajes intuitivos que tu cuerpo te manda, o tus enfermedades de fondo retornarán.

La salud de la boca tiene que ver con la comunicación, la aceptación de nuevas ideas y la nutrición. Pero la comunicación puede bloquearse si estás enojado. Al estar enfadado o resentido tienes menos probabilidades de abrirte al punto de vista de los demás o a tomar decisiones, y podrías desarrollar complicaciones dentales. Da marcha atrás a esa vacilación y procúrate dientes fuertes y sanos usando la afirmación *Tomo decisiones con base en la verdad, y sé que en mi vida solo ocurre lo correcto*. Los problemas de mandíbula o de mandíbula apretada (en la AT) tienen que ver con el deseo de controlar o con la negación a expresar tus sentimientos. En lo relativo al enojo, rencor y dolor en el origen de los problemas de mandíbula y AT, la afirmación sanadora es *Estoy dispuesto a cambiar los patrones en mí que crearon esta afección. Me amo y apruebo. Estoy fuera de peligro*. Las personas con caries tienden a darse por vencidas fácilmente y deben probar la afirmación *Lleno mis decisiones de amor y compasión. Mis nuevas decisiones me sostienen y fortalecen. Tengo nuevas ideas y las pongo en acción. Me siento seguro con mis decisiones nuevas*. Los individuos que precisan de una endodoncia a causa de afecciones dentales sienten que sus creencias más arraigadas se están viniendo abajo, ya no pueden morder nada, han dejado de confiar en la vida; su nuevo patrón mental debe ser *Establezco cimientos firmes para mí y mi vida. Decido que mis creencias me apoyen por completo. Confío en mí mismo. Todo está bien*.

Una vez que has orientado tu cuerpo físico y mente emocional hacia el camino de la salud, incorpora cambios de conducta en tu vida. Es importante que aprendas a hablar de las cosas que te preocupan y de las que son entrañables a tu corazón; no dejes de lado estas conversaciones.

Éste es otro caso en el que sería bueno trabajar con un orientador o una *partera* emocional para disponer de un espacio seguro donde expresar tus emociones. Aunque esto te hará sentir raro al principio, es bueno que adoptes un estilo sano de comunicación.

También es útil que la gente aprenda a identificar sus emociones. Busca fuentes de consulta —impresas o en internet— que te abran los ojos a las minucias del lenguaje emocional. Saber con precisión qué significan estos términos relacionados con los sentimientos puede contribuir a que te sientas más a gusto al hablar de ellos.

Por último, es importante que resistas el impulso a callar frente al mundo. Proponte establecer relaciones profundas con algunas personas, en las que logres expresar todos los aspectos de tu personalidad. Si aprendes a equilibrar tus habilidades de comunicación en las relaciones, generarás una boca y mandíbula más sanas.

De los archivos clínicos: Estudio de caso de problemas de boca

Cuando Sierra vino a vernos, tenía 61 años y mucho dolor, al grado de sostener una bolsa de hielo contra su mejilla. Al parecer, amigas preocupadas le insistieron en que fuera a ver a un dentista cuando ella se presentó en la iglesia con la mejilla inflamada. Sierra admitió que había ignorado el dolor por «unos cuantos» meses. El dentista le diagnosticó osteomielitis, infección de los huesos causada por un severo descuido dental: tenía ocho dientes cariados y cuatro infectados.

Ella nos contó que era una de esas raras personas con una infancia y una vida maravillosas. Sus padres, hermana y hermanos habían sido afectuosos y comprensivos, lo mismo que su esposo e hijos. Su vida había sido todo lo que ella hubiera podido pedir, hasta que su esposo murió. Todos sus hijos y nietos se habían mudado, y estaban tan ocupados que rara vez le llamaban o escribían. Sierra «no quería ser una carga» para ellos, así que no los visitaba mucho, porque «ahora tienen su propia vida». Por primera vez en su existencia, se sentía sola y perdida. Se sumergió entonces en actividades de su iglesia, que le ayudaron por un tiempo. Pero prefería quedarse sola en su casa.

La pista reveladora en el caso de Sierra era que sus hijos nunca le llamaban ni escribían. Sin su esposo ni sus hijos tenía un vacío de comunicación en la vida. Insatisfecha con su nueva condición de viuda, no sabía cómo integrarse a la vida de las familias de sus hijos, y tampoco cómo encajar en una vida sin su marido. Como nadie daba el primer paso, ella no se sentía querida, sino relegada. Sentía que su dignidad, orgullo y respeto por sí misma se verían lesionados si tomaba la iniciativa, llamaba a sus hijos y preguntaba si podía visitarlos. Así, su dignidad, orgullo, pesar y una fuerte dosis de resentimiento, mal humor y desilusión habían cuajado en una infección bucal.

Para procurar salud a Sierra —y contribuir a desmitificar sus problemas dentales—, comenzamos por ayudarle a comprender cómo es una boca sana. Todos tenemos 32 dientes, 70 por ciento de cada uno de los cuales es hueso. El núcleo de dentina de cada pieza, que tiene sensación nerviosa, está cubierto de esmalte, el material más duro del cuerpo. Ese núcleo remata en una raíz dental ligada con el hueso del maxilar. Es justo en el área de la raíz donde nervios y vasos sanguíneos unen el diente con el cuerpo.

El resto de la boca consta de las encías, la lengua y las glándulas salivales. Las encías siempre están cubiertas de bacterias, pero el sistema inmunológico de nuestro cuerpo impide que se multipliquen y provoquen una inflamación llamada gingivitis.

La gingivitis fue el primer problema de Sierra que decidimos abordar. Su severo descuido dental había hecho que las bacterias se multiplicaran en exceso y produjeran placa, ácido que erosiona el esmalte de los dientes y provoca que las encías se inflamen y decrezcan. Esto expuso todavía a más bacterias las raíces de sus dientes y su mandíbula. Esta acumulación bacterial era lo que le había producido dolor, caries, abscesos y osteomielitis.

Aparte de su descuido, pedimos a Sierra corregir otros hábitos que aumentaban su riesgo de problemas dentales. Ella nos contó que se la pasaba comiendo bocadillos todo el día y sorbiendo bebidas azucaradas. También tenía ERGE (Enfermedad por Reflujo Gastroesofágico), y atravesó por un periodo de bulimia cuando aún era una veinteañera, lo que había puesto a sus dientes en contacto con los ácidos gástricos cuando comía y se purgaba.

De acuerdo con todo esto, giramos instrucciones a Sierra. Ella hizo primero una cita con un dentista de su confianza para elaborar un plan de largo alcance que reparara su boca, mandíbula y dientes. Una decisión importante que tuvo que enfrentar entonces fue si colocarse implantes dentales o dentaduras.

Prefirió los implantes, así que se puso a trabajar con un dentista alternativo en el fortalecimiento del sistema inmunológico de su boca para soportar mejor las prótesis. El plan nutricional dental empezó con coenzima Q10, aceite de lavanda, caléndula, uva de Oregon y un antioxidante farmacéutico. También se le dio una crema de echinacea para las encías, a fin de reducir su inflamación, irritación y cantidad de bacterias. Como sus problemas dentales también producían mal aliento, ella añadió perejil a sus comidas como refrescante natural y empezó a usar un enjuague bucal antiséptico hecho en casa, con 1 cucharadita de romero seco, 1 cucharadita de menta seca y 1 cucharadita de semillas de hinojo en 2 ½ tazas de agua hervida durante 15 a 20 minutos, tras de lo cual se cuela todo para retirar hierbas y especias.

Pedimos asimismo a Sierra que se hiciera una prueba de densidad ósea. La disminución de densidad ósea provoca que el maxilar pierda dientes, y que los restantes se aflojen y queden más expuestos a bacterias. Esta prueba reveló que lo que en realidad tenía Sierra era osteoporosis, lo cual explicaba, nos dijo, que hubiera perdido cinco centímetros de estatura y un molar en los cinco años previos.

Para fortalecer sus huesos —y reforzar su maxilar—, Sierra fue a ver a un acupunturista y herbalista chino a fin de que, en colaboración con su médico, diseñaran un plan de salud para sus huesos. Ambos la sometieron a una combinación de suplementos que incluían calcio, magnesio, vitamina D, DHA y un multivitamínico de calidad.

Sierra nunca había asociado su bulimia y ERGE con su deterioro dental, pero sabía que comer bocadillos todo el día formaba parte de su problema. Aunque intentaba consumir tentempiés saludables —llevaba pasas orgánicas y frutas secas en su bolsa—, esto no contribuía a su salud dental. Cualquier refrigerio constante puede ser malo para tus dientes. Aparte, ella también era adicta a *Tic Tacs* y otras pastillas para el aliento, que consumía para remediar su mal olor.

Sierra se puso en manos de un nutriólogo integrador para hacer un plan contra sus problemas alimenticios tanto emocionales como físicos. En vez de consumir bocadillos a lo largo del día, el nutriólogo la exhortó a hacer un esfuerzo consciente por comer cada tres horas y enjuagarse la boca con agua después de hacerlo. Con un terapeuta conductual cognitivo, ella aprendió además a identificar su rencor por los cambios ocurridos en su vida tras la muerte de su esposo. Esto le permitió superar la sensación de que su orgullo saldría herido si daba el primer paso en la relación con su familia. Buscó a sus hijos y nietos, los visitó y los invitó a hacer lo propio en la casa familiar. También comenzó a socializar con viejas amigas, y a salir a tomar café y realizar otras actividades con amistades nuevas.

Por último, se esmeró en modificar los pensamientos de fondo que contribuían quizás a sus problemas bucales y dentales. Usó las afirmaciones para problemas de mandíbula (*Estoy dispuesta a cambiar los patrones en mí que crearon esta afección. Me amo y apruebo. Estoy fuera de peligro*); inflamación general (*Mis pensamientos son pacíficos, serenos y centrados*); afecciones con *itis* (*Estoy dispuesta a cambiar todos mis patrones de críticas. Me amo y apruebo*); salud general de huesos (*Estoy bien estructurada y balanceada*); deformidad de huesos (*Respiro plenamente la vida. Me relajo y confío en el flujo y proceso de la vida*); caries (*Lleno mis decisiones de amor y compasión. Mis nuevas decisiones me sostienen y fortalecen. Tengo nuevas ideas y las pongo en acción. Estoy a salvo con mis decisiones nuevas*); y osteomielitis (*Estoy en paz y confío en el proceso de la vida. Me siento segura y protegida*).

Los nuevos hábitos alimenticios de Sierra, así como sus medicinas, modificaciones de conducta y afirmaciones, le ayudaron a vencer el dolor y la inflamación en su boca mientras establecía relaciones sanas y duraderas.

Problemas de cuello

El dolor, la artritis y rigidez de cuello llegan a presentarse en personas con magníficas habilidades de comunicación, tanto para escuchar como para hablar. Sin embargo, tratando de ver ambos lados de cada situación, suelen resentirse cuando su capacidad para comunicarse claramente no funciona como esperaban. Cuando un conflicto no puede resolverse hablando o cuando algo marcha mal en su vida y no pueden controlarlo, tienden a obstinarse, aferrándose a su opinión y negándose a considerar otros puntos de vista. La frustración que conduce al fracaso de la comunicación puede producir dolor de cuello.

Si eres una de las millones de personas que sufren dolor, rigidez, artritis, traumatismo cervical, discos herniados y otros problemas de cuello, es probable que ya conozcas la enorme variedad de tratamientos al respecto, entre ellos cirugía, quiropráctica, acupuntura, tracción, yoga o analgésicos. Cualquiera o todos ellos pueden ofrecer alivio temporal, pero quizá no una cura permanente. ¿Cuál es entonces la prescripción para una mejor y más equilibrada comunicación y un alivio perdurable de los problemas de cuello?

Además de medicina y cambios de conducta, debes identificar y transformar los pensamientos negativos que detonan tus complicaciones de salud. En la teoría de las afirmaciones de Louise, el cuello y la espina cervical saludables representan flexibilidad y capacidad de ver ambos lados de una conversación. Pero infringe este concepto introduciendo una mentalidad inflexible o terca y tu salud se convertirá en malestar y aflicción; en este caso, cuello rígido o adolorido. En general, las personas con problemas de cuello tienden a no ser muy buenas en el aspecto de la escucha de la comunicación, pues se aferran a opiniones fijas y dejan fuera nuevas ideas. Tienden a ser obstinadas e inflexibles, y a no ver o comprender los puntos de vista de los demás. Una buena afirmación para contrarrestar la inflexibilidad y mente estrecha asociadas con problemas generales de cuello es *Doy la bienvenida a nuevas ideas y conceptos y me preparo para la digestión y la asimilación. Estoy en paz con la vida.* Aunque el tema general es la comunicación, tu afirmación variará dependiendo de la fuente de dolor y la emoción de fondo. Por ejemplo, un disco herniado en el cuello se asocia con la sensación de no ser apoyado por la vida, y también con ser indeciso y no poder comunicar con claridad tus pensamientos o necesidades. Para sanar, medita entonces en las palabras *La vida apoya todos mis pensamientos, así que me amo y apruebo y todo está bien.*

Al incorporar afirmaciones en tu vida diaria, comenzarás a percibir un cambio en tu manera de pensar.

Una vez que tu cuello sane, deberán ocurrir cambios fundamentales para mantener el equilibrio mientras avanzas. Aprender a aceptar tus limitaciones emocionales en una discusión es clave para aliviar tus problemas de cuello. Posees una habilidad impresionante para escuchar intuitivamente, comprender y elaborar argumentos lógicos. Sin embargo, debes aceptar dónde termina tu capacidad intelectual para razonar y comunicarte. Cuando topes con conflictos que no puedes resolver, no impongas obstinadamente tu opinión, con lo que no haces sino agudizar la frustración de las circunstancias. Recuerda en cambio que hay múltiples respuestas a cada problema. Date cuenta de que tu papel es apenas una parte de la solución. Hallar el equilibrio entre lo que puedes controlar y lo que no, y saber cuándo es momento de distanciarse de un conflicto te llevará a una mejor salud en el quinto centro emocional.

Prácticas importantes para quienes padecen complicaciones de cuello son la meditación y la toma de conciencia. La meditación puede ayudarte a estar más en contacto con tus emociones, mientras que tomar conciencia de tus circunstancias te ayudará a comprender cómo te afectan esas emociones en un momento dado. Una vez que puedas identificar las sensaciones y emociones que indican que tu estilo de comunicación pasa de diplomático a dictador, podrás tomar la decisión deliberada de escuchar de manera más atenta. De igual forma, podrás hacer un esfuerzo por mantener una mente abierta. Así, cuando experimentes un conflicto difícil, podrás salirle al paso con una nueva perspectiva y una sensación de paz. Es importante comprender que los individuos pueden discrepar en un punto de vista y aun así estar en armonía, paz y amor entre sí. ¡Qué concepto!

Podemos crearnos muchos problemas con nuestras actitudes; la obstinación, la inflexibilidad y tratar de hacer cambiar a los demás contra su voluntad, contribuyen a nuestros problemas de cuello.

De los archivos clínicos: Estudio de caso de problemas de cuello

Raelynn, de 52 años, era famosa en su familia por su capacidad para resolver desacuerdos a satisfacción de las partes. Cada vez que en las noticias se hacía mención a una importante controversia legal, la familia aseguraba en broma que Raelynn la ganaría sin dificultad. Así se tratara de una querella familiar o una desavenencia de trabajo, Raelynn era realmente una negociadora magistral, capaz de ver ambos lados de una discusión; aunque asimismo podía ser testaruda y voluntariosa, como un perro con hueso, sin ceder, pero también sin escuchar. En esas ocasiones se volvía agresiva, colérica y ahuyentaba a la gente de su lado.

Raelynn había sido en esencia una persona ejemplar, crio sola a sus dos hijos al mismo tiempo que trabajaba como enfermera profesional. Creía en el poder del pensamiento positivo e instruía a sus hijos tanto como a sus pacientes en que nada es imposible si te concentras en ello. Sus hijos, sin embargo, no salieron adelante, ambos terminaron teniendo problemas con la ley a temprana edad, y Raelynn se desvivía por ayudarles.

Mientras sus hijos, ya adultos, seguían enfrentando dificultades, ella empezó a sentir un dolor agudo e intenso en el cuello, junto con debilidad, entumecimiento y hormigueo en algunos de sus dedos.

Para ayudarle a procurar un cuello más sano, necesitábamos que supiera cómo es un cuello saludable. Nuestra columna consta de una serie de huesos —vértebras— apilados uno sobre otro y separados por almohadillas amortiguadoras llamadas discos. Las vértebras y los discos son cruciales para proteger la médula espinal y los nervios, los cuales corren desde el cerebro hasta cada uno de los miembros móviles del cuerpo.

Los repentinos síntomas de Raelynn la asustaron, incluso sus médicos estaban preocupados. Cuando los problemas de cuello se agravan rápidamente, como en este caso, los neurólogos sospechan que un disco (o algo más serio aún) está comprimiendo los nervios o la médula espinal. Aunque Raelynn quería esperar a que «pasara el dolor», nosotros le recomendamos seguir la sugerencia de su neurólogo de hacerse una resonancia magnética para saber qué pasaba en su cuello.

En su situación había dos posibilidades. La primera era que tuviese una inflamación de disco, caso en que el disco amortiguador se deforma levemente, aunque dejando espacio todavía para que la médula espinal se mueva. Esta lesión poco severa podía tratarse con analgésicos disponibles sin receta médica, como aspirina o *Advil*. También era posible implementar acupuntura, *qigong* y rodamiento de cuerpo Yamuna para fortalecer sus músculos arriba y abajo del cuello a fin de prevenir síntomas.

La otra posibilidad era un disco herniado, el que terminó siendo su verdadero problema. La resonancia magnética reveló un prolapso en el disco cervical de la vértebra C7. Mostró asimismo que ese disco comprimía la médula, apretándola contra las vértebras. A los médicos les preocupó que esto derivara en una lesión neurológica.

Dada la rápida progresión de los síntomas de Raelynn y el hecho de que el disco lesionado comprimía la médula, su equipo médico decidió que la cirugía era la mejor opción. Raelynn eligió un equipo de neurocirujanos de su confianza, y nosotros nos ocupamos de que conociera y simpatizara con el anestesiólogo antes de la operación.

Para prepararse para la cirugía, sugerimos a Raelynn recurrir a prácticas de imágenes. Se sabe que las visualizaciones e imágenes calman y relajan a los pacientes y promueven la recuperación de tejidos durante y después de operaciones. Nosotros le ayudamos a visualizar con precisión qué haría el cirujano en su cuello estando en el quirófano, con el objetivo de que ella pudiera *asistirlo* pese a que estuviera anestesiada. Antes de tenderse en la mesa de operaciones, Raelynn ya sabía que los neurocirujanos se introducirían en su cuello por el frente, *descomprimirían* o retirarían parte del hueso vertebral, extraerían el disco y lo remplazarían por una *jaula* prostética de metal para fortalecer el cuello.

Tras la operación, le sorprendió descubrir que su dolor había desaparecido por completo. Pero quería mantener sano su cuello. El ejercicio es parte importante de la rehabilitación, aunque ella no podría hacerlo durante varios meses. Le sugerimos que cuando por fin pudiera volver al gimnasio, en vez de correr usara una entrenadora elíptica. La entrenadora de arco *Cybex* está especialmente diseñada para impedir la posición de inclinación al frente que lesiona el cuello. También le recomendamos adquirir calzado de calidad resistente a golpes. Los zapatos *Nike Shox*, *Asics*, *Gel-Kinsei* u otros con soporte similar contribuirían a poner acolchonamiento bajo sus pies, y por tanto bajo su columna.

Aunque no padecía un trastorno de personalidad, Raelynn compró el libro *Skills Training Manual for Treating Borderline Personality Disorder* (Manual de entrenamiento de habilidades para tratar el trastorno de personalidad límite), de Marsha Linehan, para practicar el ejercicio de comunicación llamado DEAR MAN. Este ejercicio de toma de conciencia-asertividad te enseña a decir algo en el volumen correcto y con las palabras e inflexiones indicadas para maximizar los resultados positivos. Gracias a esto, ella aprendió cuándo y cómo decir algo a sus hijos, pacientes o seres queridos, y cuándo dejar fluir las cosas. También intentó meditar a diario para estar más en sintonía con sus sentimientos. Con estas habilidades podría identificar su frustración al calor de una discusión, y quizá contenerse y no ser tan obstinada. Por último, aprendió *qigong* para aliviar su estrés.

También se puso a trabajar con las afirmaciones para la salud general del cuello (*Estoy en paz con la vida*); problemas de cuello (*Veo todos los lados de una cuestión con flexibilidad y soltura. Hay infinitas maneras de hacer y ver las cosas. Me siento protegida y fuera de peligro*); afecciones degenerativas de los discos (*Estoy dispuesta a aprender a amarme. Permito que mi amor me sostenga. Estoy aprendiendo a confiar en la vida y a aceptar su abundancia. Es seguro para mí confiar*); dolor en general (*Me libero felizmente del pasado. Ellos son libres y yo también. Todo está bien ahora en mi corazón*); y salud general de las articulaciones (*Fluyo fácilmente con el cambio. Mi vida es objeto de orientación Divina, y siempre sigo la mejor dirección*).

Al igual que en todos los demás aspectos de su vida, Raelynn conservó una perspectiva positiva y se empeñó en superar los patrones mentales y las conductas que le habían causado problemas de cuello. Pronto estaba de regreso en el juego de la existencia, con una mejor perspectiva de la vida y la comunicación.

Problemas de tiroides

Los individuos con problemas de tiroides acostumbran ser tan porosos e intuitivos que captan lo que debe ocurrir en la vida de los demás para que mejoren. Por desgracia, sus soluciones casi nunca satisfacen, debido a que es común que no sepan cómo decir lo que saben de tal manera que sea socialmente aceptable. A menudo intentan expresarse de modo indirecto, insinuando lo que desean o mostrándose ambiguos, en afán de evitar conflictos. Sin embargo, si una situación se agrava o su frustración se intensifica, se molestan tanto que ahuyentan a la gente de su lado y no pueden escucharla. En cualquiera de estos casos, el estilo de comunicación de una persona propensa a enfermedades de tiroides no es efectivo.

Los problemas de tiroides —ya sea hipertiroidismo, como el mal de Graves, o hipotiroidismo, como el mal de Hashimoto— con frecuencia están regidos por dos centros emocionales. Como este patrón de comunicación es habitual en familias y grupos de amigos que no son confiables, los centros emocionales primero y quinto suelen verse afectados por igual. El primer centro emocional está implicado en este caso porque en ciertos tipos de complicaciones de tiroides puede haber un componente inmunológico; de modo que es útil analizar tu sistema inmunológico al momento de considerar la curación de la tiroides. Sin embargo, en este capítulo solo nos ocuparemos de los efectos de tu estilo de comunicación en la tiroides.

Como en el caso de todas las complicaciones de salud que hemos analizado, la clave aquí es identificar los patrones mentales y conductuales que detonan la enfermedad, y transformarlos en patrones positivos y sanadores. Por ejemplo, los problemas de tiroides en general tienen que ver con la comunicación, pero también con la humillación, la sensación de que nunca logras hacer lo que deseas o de que constantemente te preguntas cuándo llegará tu turno. Así pues, si tienes dificultad para equilibrar cuánto hablas con cuánto escuchas, es decir, para tomar turnos en una conversación, o si eres demasiado pasivo cuando surgen desacuerdos, tendrás mayor riesgo de afecciones de la tiroides. Modifica la forma como te comunicas usando la afirmación *Dejo atrás antiguas limitaciones y ahora me permito expresarme libre y creativamente.* La afirmación que uses dependerá de los diferentes patrones mentales y conductas subyacentes en tu problema de tiroides. Entonces, si tienes hipertiroidismo (exceso de tiroides), tal vez te enoja verte excluido de conversaciones; para moderar ese enojo y recordarte que estás integrado al diálogo, repite: *Estoy en el centro de la vida, y me apruebo y apruebo lo que veo*. Por su parte, el hipotiroidismo (insuficiencia de tiroides) se asocia con darse por vencido y sentirse irremediablemente sofocado; si éste es tu caso, tu afirmación sanadora es: *Creo una vida nueva con reglas nuevas que me sostienen por completo*.

La meta es buscar el equilibrio en tu vida, sobre todo en tu forma de comunicarte. Hay momentos en la vida que tiene sentido ocupar un asiento trasero y dejar que otros lleven la batuta. A veces es prudente guardar tus opiniones para ti mismo. Sin embargo, con el paso del tiempo esta falta de asertividad puede ser dañina para tu salud, relaciones y seguridad financiera. Debes aprender a defender lo que piensas, y a pensar con oportunidad, incluso si se trata de decidir únicamente dónde ir a cenar. Debes aprender cuándo no decir nada y cuándo decirlo todo, o algo intermedio. Es complicado.

Evidentemente, adoptar este nuevo estilo de comunicación no será fácil. Si has callado durante años, es mejor que empieces a expresar tus opiniones poco a poco, y en lugares seguros. Por ejemplo, aun con algo tan simple como decir *no* cuando pides una Coca y el empleado te contesta: «Es Pepsi, ¿está bien?», puedes darte una probadita de externar a la gente lo que piensas. También es bueno tener amigos comprensivos; pide a tus mejores amigos que te ayuden a tomar decisiones firmes, que te pregunten cuál es tu *verdadera* opinión cuando inicialmente dices que no te importa qué decisión se tome.

Las personas que te rodean deben apoyarte en la búsqueda de tu voz. Dedica menos tiempo a pensar en cómo reaccionarán y más a discutir ideas, pero ten cuidado de no llegar demasiado lejos en la dirección contraria, a nadie le gusta que abusen de él. Recuerda que en la comunicación —como en casi todo lo demás—, el equilibrio es la clave.

De los archivos clínicos: Estudio de caso de problemas de tiroides

Ralph, de 38 años, se hallaba en preparación por su suegro, Sam, para hacerse cargo de la empresa familiar. Sam había pensado retirarse pronto, pero tuvo que posponer sus planes a causa de la crisis económica.

Ralph llevaba años dirigiendo la compañía junto con Sam, pero no era un socio en igualdad de condiciones. Cuando no estaba de acuerdo con las decisiones de Sam, no tenía autoridad para desconocerlo, aunque ni siquiera lo intentaba.

Tras años de reprimir sus opiniones, la salud de Ralph empezó a resentirse. Estaba agotado y deprimido; se le entumían las extremidades, subió de peso y estaba estreñido. Cuando lo conocimos, se le había diagnosticado el mal de Hashimoto, la causa más común de hipotiroidismo. Ralph vino a vernos porque no se sentía muy bien, pese a que tomaba religiosamente sus medicinas.

Para disponerlo a una curación completa, lo primero que hicimos fue enseñarle todo sobre su tiroides. La glándula tiroides produce las hormonas tiroxina (T4) y triyodotironina (T3), las cuales contribuyen a regular el ritmo metabólico básico. También favorecen la función celular de músculos, incluidos los de las extremidades, paredes del aparato digestivo y corazón. Además, estas hormonas de la tiroides contribuyen al funcionamiento del cerebro, los riñones y el aparato reproductor.

De esta manera, si los niveles de esas hormonas se reducen, como en el caso del hipotiroidismo de Hashimoto, el metabolismo es lento, y los músculos débiles. Fatiga, letargo, aumento de peso, escalofríos, cabello y piel resecos y, en las mujeres, irregularidades menstruales llegan a ser signos de un problema de tiroides. En el caso del hipotiroidismo, la debilidad muscular se manifiesta en estreñimiento, extremidades rígidas y con calambres, movimientos lentos y engrosamiento de la voz.

El hipotiroidismo de Hashimoto es provocado por una enfermedad autoinmune, así que lo primero que hicimos fue pedir a Ralph que verificara con su médico si no tenía ningun otro padecimiento autoinmune que debiera tratarse junto con el hipotiroidismo. Estas otras enfermedades incluyen cosas como el mal de Sjogrens (resequedad crónica de los ojos), lupus, artritis reumatoide, sarcoidosis, escleroderma y diabetes mellitus tipo 1. Por fortuna, Ralph no tenía ninguna de estas afecciones, entonces podíamos concentrarnos en su problema de tiroides.

Después el médico examinó todas las posibles causas físicas de sus bajos niveles de hormonas de la tiroides, entre ellas el consumo de medicinas como litio, tamoxifeno, remplazo de testosterona, interferón alfa o grandes dosis de esteroides o estrógeno. Otra causa podía ser una afección de la pituitaria o el hipotálamo. Pero Ralph no tomaba ninguna de esas sustancias ni padecía de la pituitaria ni el hipotálamo, así que su doctor examinó las medicinas que tomaba para remediar su problema de tiroides, a ver si daban una pista, y la dieron.

Ralph solo estaba reponiendo la hormona T4. Algunos individuos responden satisfactoriamente a esta versión de suplemento, pero otros necesitan ambas hormonas. Más potente que la T4, se dice que la T3 es más fácil de usar por el cerebro. Ralph comenzó a tomar entonces suplementos tanto de T4 como de T3.

Dado que la T3 tarda en regular el funcionamiento de la serotonina en el cerebro, sugerimos a Ralph preguntar a su médico si podía tomar suplementos para aumentar sus niveles de serotonina. Fue así como empezó a consumir 5HTP. Si esto no le ofrecía alivio suficiente, podíamos probar con *SAMe*.

Ralph tuvo que atacar después las complicaciones autoinmunes que habían dado origen al mal de Hashimoto. Su hipotiroidismo se debía a que su sistema inmunológico había producido anticuerpos inflamatorios contra su glándula tiroides. Esto pudo ser detonado por varias cosas, pero las causas más comunes son virus o alergias a alimentos, sin embargo, él nos dijo que no soportaría dietas restrictivas, así que no quiso someterse a pruebas de alergia.

Le pedimos a Ralph que consultara a un acupunturista y herbalista chino para obtener apoyo adicional en la curación tanto de su sistema inmunológico como de su tiroides anómala. Comenzó tomando algas marinas, *Radix polygoni multiflori, Fructus jujubae* y *Pinelliae*, todo lo cual alivió su estreñimiento, retención de líquidos, fatiga y debilidad.

Finalmente, lo enviamos con un orientador que le enseñara a ser más asertivo y expresar su opinión, sobre todo en situaciones importantes de negocios. Ralph también pidió ayuda a su mejor amigo, quien se tomó muy en serio su tarea poniéndolo en situaciones en que debía decir lo que pensaba.

Ralph se puso a trabajar de igual forma con las afirmaciones para la salud general de la tiroides *(Dejo atrás antiguas limitaciones y ahora me permito expresarme libre y creativamente)*; hipotiroidismo *(Creo una vida nueva con reglas nuevas que me sostienen por completo)*; y depresión *(Rebaso ahora los temores y limitaciones de otras personas. Creo mi vida)*. También le pedimos que usara afirmaciones para algunos síntomas derivados de su problema de tiroides: fatiga *(Soy un optimista de la vida y estoy lleno de energía y entusiasmo)*; entumecimiento *(Comparto mis sentimientos y mi amor. Respondo al amor en todos)*; y sobrepeso *(Estoy en paz con mis sentimientos. Estoy a salvo donde me encuentro. Creo mi propia seguridad. Me amo y apruebo)*.

Con un poco de entrenamiento y cierta orientación de su equipo de salud, Ralph aprendió cuándo hablar claro y cuándo contenerse. Volvió a poner en orden su salud y su vida, e incluso empezó a hablar más en el trabajo, lo que convenció a su suegro de que quizá ya era hora de retirarse.

Todo está bien en el quinto centro emocional

Cuentas con el poder para crear un cuello, una tiroides y una boca sanos usando medicina, intuición y afirmaciones. Si tienes dificultades con la asertividad —ya sea porque eres demasiado agresivo o demasiado pasivo—, tal vez sufres complicaciones de salud en estas áreas. Al escuchar a tu cuerpo y transformar tus pensamientos y conductas, aprenderás a perfeccionar tus habilidades de comunicación, sanar tu organismo y modificar al mismo tiempo la manera como abordas tus relaciones con los demás.

Aprende a hablar con tu familia, hijos, madre, padre y jefe para darte a entender. Si tienes problemas de comunicación, es importante que los identifiques, para que sepas cómo resolverlos y conservar tu salud en el quinto centro emocional.

El mundo te escucha. Todo está bien.

9. Ya veo

El sexto centro emocional: cerebro, ojos y oídos

El sexto centro emocional es el centro del cerebro, los ojos y los oídos. Y la salud de este centro depende de lo bien que aceptes información procedente de todos los ámbitos —tanto terrenales como místicos—, y uses tal información en tu vida. Es decir, depende de lo flexible que sea tu mentalidad y de que puedas aprender de perspectivas diferentes a las tuyas. Para generar salud en tu sexto centro emocional, debes ser capaz de adaptarte a los vientos del cambio, pasando en ciertas situaciones de una posición recalcitrante y concentrada a una mentalidad más libre y exploradora. Con los años, este equilibrio te permitirá crecer y cambiar fijándote en lo que sucede ante ti en vez de aferrarte a formas del pasado en un afán inútil de hacer retroceder el tiempo.

Las cuestiones de salud relacionadas con el sexto centro emocional van de afecciones del cerebro, ojos y oídos a temas más amplios de problemas de aprendizaje y desarrollo. Como en el caso de los demás centros emocionales, en relación con una parte del cuerpo, la enfermedad suele ser causada por ciertos pensamientos y patrones de conducta. Sin embargo, al analizar los temas generales, pensamientos y conductas no aparecerán como causa, sino como un factor que exacerba ciertas tendencias, trátese de trastorno de déficit de atención o dislexia. Seremos más específicos al ocuparnos de partes del cuerpo y complicaciones concretas en este capítulo.

Las personas con dificultades de salud en el sexto centro emocional tienen un desequilibrio en su forma de ver el mundo y aprender de él. Algunas se aferran al ámbito terrenal, sin relación con el vasto universo, mientras que otras se vinculan por completo al ámbito místico, sin apoyo en el plano terrenal. Hallar la manera de equilibrar las aportaciones de estos dos aspectos en los altibajos de la vida contribuirá a la salud del sexto centro emocional.

Teoría de las afirmaciones y ciencia del sexto centro emocional

Según la teoría de las afirmaciones de Louise Hay, la salud del sexto centro emocional —cerebro, ojos y oídos— implica la capacidad de ser receptivo a información y la flexibilidad para pensar y razonar soluciones a problemas.

El cerebro es como una computadora que recibe información, la procesa y ejecuta después la función apropiada. La información viaja de todas partes del cuerpo al cerebro y de éste al cuerpo; sin embargo, el cerebro puede verse marginado de esta labor por componentes emocionales como miedo, enojo e inflexibilidad. Por ejemplo, una persona con mal de Parkinson puede caer víctima del temor y un intenso deseo de controlarlo todo y a todos.

Los ojos y oídos son los conductos con los cuales percibes el mundo, y la salud de cada una de estas áreas tiene que ver con el desagrado por la información que recibes. Por ejemplo, todas las complicaciones de los ojos se relacionan con miedo o enojo por la situación en que te encuentras. Los niños con afecciones oculares quizás intentan no ver lo que ocurre en su familia, mientras que los adultos con cataratas tal vez temen lo que el futuro les puede deparar.

Veamos entonces qué dice la ciencia médica sobre la conexión mente-cuerpo en el trasfondo de las enfermedades del sexto centro emocional.

Una vasta bibliografía propone que su estilo de personalidad puede predisponer a ciertos individuos al mal de Ménière u otras afecciones del oído. Tener una personalidad Tipo A expone más a esta afección. Se ha demostrado que la personalidad Tipo A solo oye 20 por ciento de lo que se le dice en una discusión de pareja.[1] Pese a aparentar ser tranquilos y mantener el control, los pacientes con Ménière suelen tener problemas de por vida con el mundo exterior: tienden a experimentar ansiedad, fobias, depresión y pérdida de control.[2] En esencia, quienes desarrollan este mal tienen más probabilidades de ser incapaces de manejar la incertidumbre del cambio.

Padecimientos oculares como blefaritis (diviesos), ojos resecos y glaucoma se han asociado desde hace miles de años con frustración emocional, enojo e irritabilidad, en la medicina china tradicional. Cabe señalar que hay estudios científicos que ahora también consideran los aspectos psicológicos de estas afecciones; en uno de estos, personas con molestias en los ojos dijeron «expulsar» activamente de esta manera sentimientos difíciles de tolerar de tan dolorosos.[3]

Los individuos con mal de Parkinson tienden a exhibir un patrón persistente de depresión, miedo, ansiedad y tendencia a controlar sus emociones y su entorno. Los estudios científicos sugieren que estos pacientes pueden haber nacido con bajo nivel de dopamina, causante de un estilo de personalidad contrario al riesgo y el cambio; también tienden a ser estoicos y observantes de la ley. Son ciudadanos confiables e industriosos y pertenecen a numerosas organizaciones. Es probable que les guste tomar el control.[4]

Ahora que conoces la ciencia detrás de las enfermedades en esta zona, ¿cuál es el paso siguiente para curar tus dolencias del sexto centro emocional?

El cerebro

Las personas con complicaciones relacionadas con el cerebro, como migraña u otros tipos de dolor de cabeza, insomnio, ataques, deficiencias de memoria, derrame cerebral, esclerosis múltiple y males de Alzheimer o Parkinson, intentan vivir con los pies bien puestos sobre la tierra. Quieren ser buenas en actividades donde se emplea tanto el creativo lado derecho del cerebro como el estructurado lado izquierdo; intentan dominar muchas áreas de la vida, de geometría a historia, pasando por pintura o música. Vivir así demasiado tiempo tiende a provocar crisis que obligan a ver el mundo desde otra perspectiva. Afectadas por un padecimiento cerebral, estas personas ya no pueden contar con las vías de aprendizaje que usaron siempre, y deben volcarse a fuentes adicionales de inteligencia y a la fe, información procedente de un ser superior.

Si presentas alguna de las afecciones cerebrales mencionadas, ve primero con un doctor, pues existen medicinas y terapias eficaces para curarlas. Sin embargo, la medicina moderna y los remedios alternativos tienen un límite. Una vez que pongas bajo control tus síntomas más agudos, da el paso siguiente en tu curación. Tu salud a largo plazo depende de que modifiques las conductas y pensamientos negativos que afectan la operación de tu cerebro y causan enfermedades, muy graves en algunos casos.

Conocer nuevas maneras de inteligencia y de experimentar el mundo a través de la fe puede reducir el riesgo de afecciones cerebrales, así como disminuir síntomas ya presentes. La mayoría de las personas a quienes se les diagnostican afecciones cerebrales siente mucho miedo y ansiedad. Las afirmaciones son *tan* importantes porque ayudan a remodelar el cerebro sin los patrones mentales que agravan tu padecimiento, te ayudan a adquirir nuevas maneras de pensar y te dan fe en el universo; realmente llevan tu curación al siguiente nivel.

Reprogramar tu cerebro en busca de nuevas maneras de pensar y hallar fe en tus experiencias ayuda a desterrar pensamientos que podrían agravar tus dolencias. Por ejemplo, en la teoría de las afirmaciones los patrones mentales asociados con la epilepsia representan rechazo a la vida, peleas constantes y una sensación de persecución. Tú puedes abrirte a la vida y percibir el bien en ella con la afirmación *Decido ver la vida como eterna y jubilosa. Yo mismo soy eterno y jubiloso y estoy en paz.* El insomnio se asocia con sensaciones de miedo y culpa y de no confiar en el proceso de la vida. Si padeces insomnio en combinación con ansiedad, calma tus nervios y duerme mejor con la afirmación *Me desprendo felizmente de este día y me deslizo a un sueño pacífico, sabiendo que mañana todo saldrá bien.* La migraña, de igual forma, tiene que ver con resistirse a la vida y con el temor a ser presionado o controlado; puedes obtener alivio contra la migraña soltándote y repitiendo la afirmación *Me relajo en el flujo de la vida y dejo que ella me dé fácil y confortablemente todo lo que necesito. La vida es para mí.*

El mal de Alzheimer y otras formas de demencia senil se asocian con la negación a enfrentar el mundo tal como es, el aferramiento a antiguas maneras de pensar, el miedo a nuevas ideas y la sensación de impotencia y enojo. Si éste es tu caso, abre tu mente y corazón a nuevos modos de abordar la vida con la afirmación *Siempre hay una manera nueva y mejor en la que puedo experimentar la vida. Olvido y suelto el pasado. Acepto la dicha.* Si te preocupa envejecer y perder la memoria y te sientes estancado, libérate de esta mentalidad juzgadora con *Me amo y acepto en cada edad. Cada momento de la vida es perfecto.* El mal de Parkinson indica miedo e intenso deseo de controlarlo todo y a todos. Renuncia a este control excesivo meditando en la afirmación *Me relajo sabiendo que estoy fuera de peligro. La vida es para mí, y confío en el proceso de la vida.* La esclerosis múltiple se asocia con inflexibilidad y obstinación, una voluntad de hierro. Ablandemos entonces nuestra mente rígida con *Eligiendo pensamientos afectuosos y alegres, creo un mundo afectuoso y alegre. Estoy a salvo y libre.*

Éstas son algunas de las afecciones cerebrales más comunes. Para afirmaciones que Louise recomienda para otros padecimientos del cerebro, consulta tu complicación específica en el capítulo 11.

Si quieres alcanzar la mentalidad sana necesaria para curar complicaciones cerebrales del sexto centro emocional, debes introducir otras formas de inteligencia y espiritualidad en tu vida. Y cuando decimos espiritualidad no nos referimos a la religión. Aludimos en cambio a tu conexión con algo superior a ti. Estas complicaciones no se resolverán con estudio o lógica, sino a través de la meditación y la oración. Es importante que comprendas que hay un poder indefinible que une a todos los seres, tú incluido.

Debes enlazarte con lo divino si quieres sanar. Cómo hacerlo es una cuestión muy personal. Quizá debas reservar un rato para meditar cada mañana, o darte tiempo para entrar en contacto con la naturaleza, sin juzgar, pensar ni divagar, solo experimentando la belleza a tu alrededor.

Si eres capaz de equilibrar las aportaciones de lo divino y de una nueva inteligencia en el mundo terrenal, podrás vivir con salud en el sexto centro emocional.

De los archivos clínicos: Estudio de caso del cerebro

Vanessa, de 27 años, diseñadora web *free-lance*, tiene una memoria prodigiosa e intereses increíblemente amplios, que van del arte a la química. Aunque no dispuso de recursos suficientes para ser alumna universitaria de tiempo completo al terminar la preparatoria, estaba resuelta a seguir estudiando, así que tomó clases nocturnas en la universidad comunitaria de su localidad. Muy popular gracias a su mente brillante y animada conversación, era una invitada permanente a fiestas y cenas, y hacía amigos con facilidad.

Pese a su falta de educación formal, Vanessa desarrolló una próspera carrera como diseñadora independiente, ganaba bien y su trabajo era un reto a su creatividad. Años después, sin embargo, empezó a sentir que brazos y manos se le entumían y adormecían, estaba cansada todo el tiempo y tenía terribles dolores de cabeza. Creyendo que se trataba de una lesión de cuello por tanto tiempo que pasaba en la computadora, gastó cientos de dólares en dispositivos ergonómicos para su oficina, pero nada parecía dar resultado. Un día despertó viendo borroso y descubrió que se mareaba al querer pararse. Fue a ver a su doctor, quien la envió con un neurólogo. Para su sorpresa, éste le dijo que podía tener esclerosis múltiple (EM), la cual describió como «una afección neurológica progresiva que supone daños en fibras nerviosas del cerebro y la médula espinal». Aunque él quería hacer más pruebas, ella se asustó demasiado como para regresar.

Cuando Vanessa acudió a nosotros, lo primero que hicimos fue ayudarle a comprender que un diagnóstico de EM no es el fin del mundo. Con el tratamiento indicado, muchas personas pueden ponerse en remisión y vivir productiva, feliz y confortablemente. Pero, para citar al doctor Phil, *si no lo puedes nombrar, no lo puedes curar*, así que alentamos a Vanessa a buscar a un neurólogo de su confianza para saber qué pasaba en su sistema nervioso central, cerebro y médula espinal. Un mes después ella encontró a un médico que programó una resonancia magnética para buscar daños en el cerebro o la médula, una punción lumbar para determinar la presencia de proteínas específicas llamadas bandas oligoclonales y una prueba de potencial visual evocado (PVE) para medir la actividad eléctrica del cerebro. La resonancia magnética y la punción lumbar sugirieron que, en efecto, Vanessa tenía EM.

Pruebas de sangre adicionales confirmaron que sus síntomas no tenían otra causa, como mal de Lyme, derrame cerebral o sida.

Vanessa estableció entonces un variado equipo médico para analizar los pasos siguientes en su tratamiento contra la EM.

Para elaborar el programa de salud cerebral de Vanessa, primero le ayudamos a crear imágenes sobre cómo son un cerebro y sistema nervioso sanos. Nuestro sistema nervioso central, el cerebro y la médula espinal, son como una naranja en una vara. Parecido a la naranja, nuestro cerebro posee una capa externa dura y oscura de células que rodean un área interna más ligera de fibras nerviosas. La EM es una enfermedad autoinmune en la que los glóbulos blancos producen anticuerpos que atacan esa ligera área interna. Estas fibras nerviosas del cerebro, y otras que bajan por la médula espinal, sufren lesiones como manchas blancas, y por lo tanto no pueden transmitir señales entre el cerebro y el cuerpo en forma normal. Gracias a estos conocimientos, Vanessa pudo usar visualizaciones para ver sanar sus fibras nerviosas. Le ayudamos entonces a buscar versiones en audio de imágenes guiadas, como un CD dirigido especialmente a personas con EM. Este CD, *A Meditation to Help You with Multiple Sclerosis* (Meditación para ayudarte a enfrentar la esclerosis múltiple), fue elaborado por Belleruth Naparstek, una de las pioneras de las imágenes guiadas que ha demostrado los efectos benéficos de este tipo de tratamiento.

Segundo, remitimos a Vanessa con su neurólogo, quien le indicó las medicinas disponibles para tratarse. Los doctores emplean medicamentos contra la EM por tres razones: atacar los síntomas, prevenir una recaída y modificar el curso a largo plazo de la enfermedad.

Los síntomas de Vanessa eran entumecimiento, hormigueo e inestabilidad en manos y pies (esto se conoce en medicina como espasticidad y ataxia). También tenía fatiga, visión borrosa y fuertes dolores de cabeza. Sus médicos propusieron baclofeno, dantroleno y fisioterapia para los síntomas de las extremidades, y amantadina y otros estimulantes para la fatiga. Dada la naturaleza súbita de sus síntomas —los dolores de cabeza intermitentes y la vista borrosa—, su médico sugirió un tratamiento de esteroides. Otros doctores recomendaron interferón beta, acetato de glatiramer u otras sustancias para mitigar los efectos a largo plazo de su mal. Se dice que estas sustancias reducen la recaída en más de 30 a 60 por ciento, aunque pueden implicar efectos secundarios graves. Luego de mucho pensarlo, pues sus síntomas eran leves, Vanessa optó por un ciclo corto de tratamiento con esteroides. Quería evitar por lo pronto las demás medicinas, aunque se mantendría en contacto permanente con su neurólogo para monitorear sus síntomas.

Después consultó a un médico y nutriólogo integrador capaz de abordar su enfermedad desde un punto de vista sintomático y preventivo. Este especialista se propuso balancear su sistema inmunológico, el cual *atacaba* su cerebro y médula espinal. Ella empezó a tomar DHA, calcio, magnesio, cobre, selenio y un complejo B farmacéutico que incluía tiamina y vitaminas B6 y B12. Vanessa eliminó de su dieta las bebidas cafeinadas y todo líquido o alimento que contuviera aspartame o glutamato monosódico, ya que afectan a personas con EM. Se preguntó también si acaso una intolerancia al trigo agravaba sus síntomas, así que comenzó a excluir este cereal de su dieta.

Su escala siguiente fue un acupunturista y herbalista chino, quien se sirvió de ciertos puntos y hierbas para reducir la espasticidad de sus extremidades, así como sus dolores de cabeza y fatigas. Le sugirió tomar *Boswellia serrata*, capaz de disminuir el ataque autoinmune en el cerebro, y *Gingko biloba*, que antagoniza con la reacción inflamatoria en el cerebro en pacientes con EM. Vanessa también tomaba castaño de Indias, otra hierba con efectos antiinflamatorios y antiedemas (contra la hinchazón). Este especialista le recomendó incluso consumir temporalmente una dieta macrobiótica, para *restablecer* su irregular sistema inmunológico.

El último miembro del equipo de salud de Vanessa fue un herbalista tibetano que le ayudó a buscar una combinación herbal que conviniera a sus necesidades individuales. Se ha demostrado que estas mezclas incrementan la fuerza de los músculos, y algunos pacientes han exhibido mejoras en pruebas neurológicas.

Además de estos programas físicos, Vanessa se empeñó en cambiar patrones mentales con posibles efectos nocivos en su organismo, para ello aplicó afirmaciones para tratar tanto la esclerosis múltiple *(Eligiendo pensamientos afectuosos y alegres, creo un mundo afectuoso y alegre. Estoy a salvo y libre)* como los síntomas que producía: adormecimiento *(Comparto mis sentimientos y mi amor. Respondo al amor en todos)*; fatiga *(Soy una optimista de la vida y estoy llena de energía y entusiasmo)*; dolor de cabeza *(Me amo y apruebo. Me veo a mí misma y veo lo que hago con ojos de amor. Me siento segura)*; salud general de los ojos *(Veo con amor y alegría)*; y problemas oculares *(Creo ahora una vida que me gusta mirar)*.

Y desde luego, insistimos en que ella estableciera una relación con lo divino; al principio se mostró un poco renuente a esto, pero decidió hacer la prueba. Programó media hora cada mañana para sentarse a meditar en el bosque cerca de su casa.

Utilizando estos amplios esfuerzos de curación, Vanessa fue capaz de detener los síntomas de la EM y seguir viviendo en forma sana y productiva. Continuó siendo una diseñadora *free-lance* exitosa, lo mismo que el alma de las fiestas, pero ahora había algo más en ella: fe en el universo.

Problemas de aprendizaje y desarrollo

Aunque muchos clasifican los problemas de aprendizaje y desarrollo como afecciones cerebrales, nosotros los juzgamos de otro modo. Todos los seres humanos llegamos al mundo con el cerebro moldeado de cierta manera. Algunos tienden a funcionar con el espacial y emocional hemisferio derecho del cerebro, y otros con el lógico y estructurado hemisferio izquierdo. En relación con los problemas de aprendizaje, nos parece que quienes los sufren viven, aprenden y trabajan en entornos que desordenan su aprendizaje; luego de repetidos fracasos en la escuela y el trabajo, adquieren una mentalidad insana, creyendo que son tontos, perezosos y perdedores. Pero varias de las dificultades que experimentan se deben a que se apoyan por completo en uno de los extremos de la mente, ya sea el lado derecho o izquierdo del cerebro. Cada una de estas mentalidades tiene pros y contras. Por ejemplo, las personas más basadas en el hemisferio derecho acostumbran advertir el panorama general de una situación y verlo desde un ángulo nuevo y emocionante, pero se les dificulta lidiar con los detalles de una sociedad muy estructurada. Por su parte, las personas más basadas en el hemisferio izquierdo generalmente son brillantes en disciplinas detalladas como matemáticas y ciencias, pero no pueden manejar la parte emocional de la vida. Estas condiciones no son cuestión de mero predominio de un lado del cerebro sobre otro; más bien, tienen que ver con un desequilibrio extremo de inteligencia en una dirección sin capacidad de aprovechar las características del otro lado.

Existen terapias y, en algunos casos, medicinas para ayudar con los síntomas de los problemas de aprendizaje y desarrollo. Para crear una imagen completa de la salud en el sexto centro emocional, es necesario resolver las conductas cuyo origen se oculta en los patrones mentales que quizás exacerban aquellos problemas.

Cuando se examinan los trastornos de desarrollo y aprendizaje, se advierten casos extremos como dislexia, déficit de
atención, mal de Asperger y otros. Las personas con dislexia,
discapacidad de aprendizaje relacionada con el lenguaje,
por lo general desarrollan el hemisferio derecho más que el
izquierdo, lo cual hace que se les dificulte concentrarse en
los detalles del lenguaje. Quienes padecen mal de Asperger
(trastorno extendido del desarrollo) desarrollan el hemisferio izquierdo más que el derecho, y tienden a ser obsesivos,
orientarse a los detalles y poseer habilidades matemáticas su-
periores. Cada cerebro opera en forma ligeramente distinta,
con fortalezas y debilidades únicas. Sin embargo, los individuos con trastorno de déficit de atención, mal de Asperger
y dislexia presentan grandes diferencias de desarrollo en su
estructura cerebral. Por eso, la teoría de las afirmaciones de
Louise no trata estas complicaciones como trastornos ver-
daderos, ya que en la mayoría de nosotros están presentes
ciertos aspectos de dichas alteraciones. La clave es enseñar
a tu cerebro a funcionar de la mejor y más efectiva manera
posible. Una forma de hacer esto es identificar y modificar los
patrones mentales negativos que se interponen en tu camino
para la adquisición de todos tus dones intelectuales.

Para tratar los patrones mentales alojados en la raíz del
trastorno de déficit de atención, Louise sugiere la afirmación
*La vida me ama. Yo me amo tal como soy. Soy libre de crear una vida
dichosa que me brinde satisfacciones. Todo está bien en mi mundo.*
Sin embargo, también recomienda emplear otras afirmaciones que abordan algunos rasgos comunes a ese desorden; por
ejemplo, la hiperactividad asociada con el déficit de atención
suele acompañarse de patrones mentales que incluyen sentirse presionado y frenético. Entonces, si tú tiendes a la hiperactividad o falta de concentración, tal vez necesitas una
afirmación que te serene para librarte de ansiedades y preocupaciones. Una buena afirmación general es *Estoy a salvo. Todas*

las presiones se desvanecen. Valgo la pena. El tartamudeo, conducta asociable con la dislexia, quizá deriva de inseguridad y falta de expresión personal; si tartamudeas, serénate y recuérdate que posees la fortaleza y seguridad necesarias para articular tus necesidades con la afirmación *Soy libre de hablar por mí mismo. Ahora me siento seguro de mi expresión personal. Solo me comunico con amor.* El mal de Asperger habitualmente se asocia con la depresión, así que si lo padeces puedes usar la afirmación *Rebaso ahora los temores y limitaciones de otras personas. Creo mi vida.*

Al incorporar las afirmaciones de Louise a tu vida, comenzarás a mirar el cambio en las conductas y pensamientos pasados que te agobiaban. Te sentirás menos ansioso y titubeante, y más tranquilo y concentrado. Es natural que aún haya veces que recaigas en antiguos patrones, pues probablemente han estado contigo durante la mayor parte de tu vida, así que no esperes una curación inmediata. Reconoce los cambios que has logrado y fíjate en lo que debes seguir trabajando.

Como alguien que vive con una estructura cerebral extrema, tal vez precises de libertad para ocuparte de los temas que de veras te interesan. Cambios inesperados, reglas, tareas y requisitos quizá te ofusquen, pero una discapacidad de aprendizaje no significa que siempre vas a verte en dificultades o que serás infeliz en la vida. Las personas con problemas de atención y otras complicaciones de aprendizaje y desarrollo que responden a esta composición mente-cuerpo, se sorprenderán de cuánta energía han desperdiciado por ser dispersas y desorganizadas. Adoptar nuevos hábitos para estar al tanto de tus compromisos te dará tiempo de sobra para cultivar tu asombrosa creatividad. Es posible tener claro el panorama general y atender al mismo tiempo los detalles. Todo es cuestión de cambiar tu manera de pensar y actuar. Esfuérzate por alcanzar el equilibrio entre cultivar tu mente creativa y mantenerte en contacto con la realidad, eres un ser humano capaz y fuerte; sigue recordándotelo con la afirmación *Yo soy el operador de mi cerebro. Me amo tal como soy. Valgo la pena. Todo está bien.*

Además de afirmaciones, varios cambios conductuales ayudan a balancear el cerebro de la gente con complicaciones de desarrollo y aprendizaje. Para iniciar tu sanación emocional, empéñate en cubrir también el otro lado del cerebro. Por ejemplo, quienes estén orientados a los detalles y sean amantes de la estructura —es decir, basados en el hemisferio izquierdo—, deben hacer todo lo posible por incorporar más emoción y libre creatividad en su vida. Esto te inquietará, así que no lo hagas solo. Pide a alguien de tu confianza que te ayude a planear un día —o una hora— para que hagas simplemente lo que se te sugiera. Ignoras qué va a pasar, pero emprenderás el viaje sabiendo que alguien que piensa en tu bien creó una estructura para ti. Facilitar este tipo de espontaneidad te brindará una estructura segura, aunque no te lo parezca. También es importante que recurras a un terapeuta profesional, haz la prueba con uno conductual cognitivo o conductual dialéctico para identificar y manejar patrones mentales que te producen ansiedad y temor.

Si eres una persona libre y creativa del hemisferio derecho, debes hacer lo contrario. Intenta poco a poco dar cierta estructura a tu vida; no des todo en todo momento, porque terminarás agobiándote y arruinando tus esfuerzos. Una estrategia práctica por aplicar es la técnica de los dos pasos. Si te cuesta trabajo concentrarte para tomar una decisión o resolver un problema, avanza en etapas de dos pasos cada una. Toma pluma y papel y escribe dos cosas de la situación de las que estés absolutamente seguro. Piensa después en dos hechos más, y luego en otros dos. Si repites este proceso, acabarás identificando el núcleo del problema. Esta técnica te ayudará a concentrarte, aun si parece que tu cerebro está distraído.

Busca siempre a alguien que te ayude a organizarte, como un asesor educativo que te introduzca en algunos de los principios básicos de una vida más estructurada. También puede ayudarte a hallar herramientas que te sean útiles, ya sea una libreta organizadora, tarjetas u otro método para poner las cosas en orden. Si te sientes realmente audaz, intenta conseguir un empleo de medio tiempo o un puesto como becario donde puedas utilizar tus habilidades creativas, pero que también te exija cierta atención a los detalles.

De los archivos clínicos: Estudio de caso de trastornos de aprendizaje

Tara, ahora treintañera, creció en un hogar dirigido como una unidad militar: su padre era marino e insistía en la disciplina, la estructura y la concentración. Algunos de los hijos respondían bien a este estilo de paternidad, pero Tara no. Peor todavía, la escuela a la que asistía se hallaba en la base militar y también tenía una filosofía muy estricta, que implicaba el uso de la memorización y otros métodos tradicionales de aprendizaje. Tara se sentía perdida, no podía concentrarse, y tenía dificultades para terminar a tiempo sus tareas. Preocupados por su aprovechamiento, sus padres la llevaron con un psiquiatra, quien diagnosticó trastorno de déficit de atención y prescribió *Ritalin*.

La concentración de Tara mejoró un poco, pero el *Ritalin* no pudo resolver su problema primario: sencillamente, ella no reaccionaba a una educación convencional. Tan pronto como se hizo adulta, decidió mudarse a Nueva York para canalizar su considerable creatividad hacia una escuela de diseño y obtener un empleo en la industria de la moda. Sin embargo, casi de inmediato tuvo problemas para cubrir sus requisitos académicos. Aunque el diseño se le daba en forma natural, se le dificultaba presentar los exámenes requeridos y terminar sus proyectos, debido a su incapacidad para organizar y planear sus actividades. Así pues, se le puso en un periodo de prueba académica, pese a que sus profesores elogiaban sus diseños y su mente creativa y brillante. La falta de atención había arruinado sus estudios de chica, y parecía que esto volvía a pasarle de nuevo.

Tara comenzó por tratar de reprogramar sus pensamientos utilizando una afirmación contra el trastorno de déficit de atención (*La vida me ama. Yo me amo tal como soy. Soy libre de crear una vida dichosa que me brinde satisfacciones. Todo está bien en mi mundo*). Cuando vino a vernos, le recomendamos que también usara afirmaciones contra la ansiedad (*Me amo y me apruebo y confío en el proceso de la vida. Estoy a salvo*) y la hiperactividad (*Me siento protegida. Todas las presiones se desvanecen. Valgo la pena*).

Aunque había consultado a su médico y consideraba de nuevo el *Ritalin*, quería conocer todas las opciones disponibles que le ayudaran a aprender, así que lo primero que hicimos fue enseñarle cómo funciona el cerebro de personas capaces de concentrarse y prestar atención. Le dijimos que el hemisferio derecho se centra principalmente en formas, colores, emociones y temas generales; el izquierdo tiende a los detalles, las palabras y la lógica. Como seres humanos, existen además cuatro maneras en que podemos prestar atención:

- Atención concentrada: Somos capaces de ignorar distracciones y priorizar a qué prestar atención primero, después y al final.
- Atención dividida: Esto nos permite dispersar nuestra atención entre una serie de cosas en nuestro entorno.
- Atención sostenida: Este estado implica vigilancia y persistencia mental.
- Atención emocional e intuitiva: Este estilo dirige nuestra atención a elementos en los que nosotros, o un ser que-

rido, estamos inquietos, enamorados o en cualquier otra circunstancia de alta carga emocional.

La forma en que está modelado tu cerebro te hace más propenso a uno de estos estilos de atención, pero cambia con la edad. A los tres o cuatro años predomina en nosotros la atención emocional e intuitiva, así que nos concentramos en lo que deseamos, sea una barra de caramelo o una siesta. Al crecer, otros miembros de nuestra red de atención suben a bordo, y comenzamos a desarrollar nuestra capacidad para la atención concentrada, dividida, sostenida y emocional. Por ejemplo, cuando entramos a la preparatoria, la mayoría hemos aprendido a dividir nuestra atención entre lo que dice el maestro y lo que nuestro amor está haciendo en ese momento. También podemos bloquear la distracción de la música mientras nos concentramos en nuestra tarea. Digo la mayoría porque no todos desarrollamos estas habilidades, pero esto no significa que quienes no lo hacen no puedan aprender a utilizar cualquiera de los estilos de atención que todos poseemos. Todos y cada uno de nosotros tenemos fortalezas y debilidades que pueden ser tratadas con apoyo educativo, farmacéutico y nutricional.

Tara se sometió entonces a una muy completa evaluación neuropsicológica para determinar el estilo de atención, aprendizaje y memoria de su cerebro. Como cabía esperar en una artista, ella tenía un alto grado de atención para formas tridimensionales y otros elementos del hemisferio derecho, pero se distraía fácilmente cuando se trataba de detalles del hemisferio izquierdo. Podía perderse por completo al recibir instrucciones escritas u orales. De hecho, el déficit de desarrollo lingüístico de su hemisferio izquierdo fue originalmente diagnosticado como dislexia.

Cuando su neuropsicólogo le explicó su verdadero estilo cerebral, ¡ella se emocionó! De repente se dio cuenta de por qué le era tan difícil terminar a tiempo sus tareas de lectura. No era tonta, y el hecho de que su puntaje de IQ visoespacial del hemisferio derecho fuera superior o rebasara el punto más alto de la escala, indicaba que su cerebro había nacido para ser el de una artista. Solo necesitaba adecuar su estilo de aprendizaje para poder hacer las lecturas requeridas y prestar atención a detalles en sus clases a fin de concluir sus deberes.

Armada con una nueva seguridad en sí misma, Tara buscó un mentor; encontró un profesor de quien se sabía tuvo dislexia y trastorno de déficit de atención, y había sido capaz de avanzar por el laberinto educativo. Bajo su conducción, ella aprendió varias técnicas compensatorias, como *1)* el uso de un sistema calendárico codificado por colores para llevar su agenda; *2)* el empleo de un reloj sonoro programado para que cuando ella comenzara a empantanarse en un detalle, se le recordara que debía continuar para terminar su tarea; y *3)* la herramienta de diagrama de flujo para no perder de vista sus prioridades y su ritmo en más de una tarea.

Bajo orientación y apoyo médico, Tara elaboró un sistema para tomar el estimulante *Metadate*, similar al *Ritalin*, cuando se sentía presionada, y el menos potente *Wellbutrin* en caso contrario. Incluso trabajó con su doctor para darse unos meses de «vacaciones» de medicamentos. Sin embargo, nosotros le recomendamos suplementos diarios de acetil-L-carnitina, DHA y *Gingko biloba* para favorecer su concentración.

En el frente dietético, le recomendamos mantener al mínimo su consumo de cafeína, porque este estimulante podía complicar su problema de atención. Por último, le pedimos evaluar cuidadosamente su estado de ánimo después de tomar alcohol o fumar mariguana. Ella decidió al final alejarse de estas sustancias, porque desordenaban su mente.

Empleando estas tácticas, Tara terminó sus estudios de modas y hoy se gana la vida como diseñadora. Incluso ha vendido sus productos a varias tiendas departamentales de prestigio.

Ojos y oídos

Las personas con problemas de ojos y oídos tienen dificultades para balancear la lógica con la contemplación espiritual,
la oración y el misticismo. Ningún extremo —perderse en el
éter espiritual o sumergirse en materias terrenales— es bueno.
Pero cuando dedicas demasiado tiempo al éter espiritual, no
puedes tener los pies sobre la tierra para experimentar cuestiones terrenales como la cultura pop, la política y cualquier
otro tema que atrae la atención de la mayoría. En consecuencia, puedes retraerte y aislarte fácilmente de tus amigos, parejas o colegas.

Las afecciones de ojos y oídos son causadas por patrones
mentales y conductas que bloquean tu capacidad para ver y
oír lo que se te muestra o dice. Así que es importante cambiar
esos pensamientos y conductas. Louise tiene varias afirmaciones que te ayudarán a tratar el temor y ansiedad asociados
con problemas de ojos y oídos. Por ejemplo, las afecciones
oculares en general implican desagrado con lo que ves en la
vida. Para combatir esto, usa la afirmación *Veo con amor y alegría*. La miopía tiene que ver concretamente con miedo al futuro y no confiar en lo que tienes frente a ti. Si con frecuencia
te preocupa lo que el futuro puede depararte, recuérdate permanecer en el presente con la afirmación *Confío en el proceso
de la vida. Me siento seguro*. A la inversa, la hipermetropía es
temor al presente. Si tienes dificultades para ver lo que está
ante ti, abre los ojos con *Estoy a salvo aquí y ahora. Veo esto con
claridad*. Enfermedades de los ojos como cataratas, formación
de una nube en el cristalino del ojo, suponen no confiar en
la vida y ver un futuro sombrío y desconcertante. Prueba el
nuevo patrón mental *La vida es eterna y está llena de alegría.
Ansío cada momento. Estoy seguro. La vida me ama*. El glaucoma,
enfermedad del nervio óptico, implica una percepción distor-
sionada de la vida causada por una herida intensa y durade-

ra. Libérate de esa herida e inicia el proceso de sanación con *Veo con amor y aprecio*. Estos son algunos de los principales padecimientos de los ojos, pero consulta la tabla del capítulo 11 para buscar otras afirmaciones específicas al respecto.

Los oídos representan nuestra capacidad para escuchar, así que una pérdida o perturbación de la salud o función auditiva tiene que ver con no poder escuchar —o abrir plenamente la mente a— el mundo exterior. Los problemas de oído también se asocian con falta de confianza. Una buena afirmación general para sanar es *Aprendo ahora a confiar en mi ser superior. Me libero de todas las ideas ajenas a la voz del amor. Escucho con aprecio mi voz interior*. La sordera se vincula con aislamiento, obstinación y aquello que no quieres oír. Ábrete a nuevas ideas con la afirmación *Escucho lo Divino y me regocijo en todo lo que puedo oír. Soy uno con todo*. El dolor de oído se debe a no querer escuchar, en combinación con enojo y recuerdos perturbadores, como una discusión entre los padres. Libérate del enojo y caos en tu mente con *La armonía me rodea. Escucho con amor lo grato y bueno. Soy un centro de amor*. Complicaciones del oído medio como problemas de equilibrio y mareo (vértigo) son causadas por una mente inestable o dispersa. Si a menudo te distraes o confundes, centra tu mente con *Estoy profundamente centrado y lleno de paz en la vida. Me siento seguro por estar vivo y alegre*. Tinnitus, o zumbido en los oídos, ocurre en enfermedades como el mal de Ménière y se asocia con la obstinación y una negativa a escuchar tu voz interior. Recuérdate que tienes todas las respuestas dentro de ti con la afirmación *Confío en mi Ser Superior. Escucho atentamente mi voz interior. Me libero de todo lo que sea ajeno a la acción del amor*.

Haz estos cambios de conducta para conseguir un equilibrio entre un modo de vida terrenal y una vida espiritual, para lo que tendrás que hacer un esfuerzo consciente. Así que disfruta el mundo a tu alrededor: la comida, la naturaleza, la gente. Esmérate, puedes conseguirlo. La superficialidad tiene sus privilegios. No estoy diciendo que abandones totalmente el ámbito místico, sino que hagas algo que te permita relacionarte con quienes te rodean. Ve un poco de televisión; lee una novela de éxito; oye la radio o el podcast. Familiarízate un poco con lo que sucede en el mundo, como con los juegos de los Mets de Nueva York, por ejemplo...

Evita el impulso a apartarte. Armado con tu nuevo conocimiento del mundo, intenta hablar con la gente. Date uno o dos minutos en la cocina de la oficina para ofrecer tus opiniones sobre el episodio más reciente de *Dancing with the Stars* (Bailando con las estrellas). En realidad, trata de ver un programa del que todos hablan: no por el programa en sí, sino para poder participar en la conversación y convivencia social al día siguiente. Incluso da un salto en tus habilidades de interacción haciéndole plática a la cajera de la tienda; el clima siempre es un buen tema de conversación. ¡Y también los Mets!

Por último, realiza algunas actividades que impliquen una sensación física. Haz que te den un masaje, asiste al gimnasio o ve a bailar. Cualquier actividad física te pondrá en contacto con tu cuerpo, y te ubicará sobre la tierra, lo que finalmente volverá a unirte con lo divino.

De los archivos clínicos: Estudio de caso de ojos y oídos

Wanda, de 44 años, es una de las personas más sensibles que hayamos conocido, y una de las más espirituales. Cuando vino a vernos, ya llevaba más de una década teniendo visiones místicas. Se vio obligada a usar lentes desde muy temprana edad. En su adolescencia batalló con su peso, ansiedad e irritabilidad, así que se aisló en sus libros y se volvió cada vez más solitaria. Al terminar la preparatoria se hizo contadora, el trabajo perfecto para alguien que se esconde de la vida. Pero tras varios años de sumar columnas de números empezó a tener dificultades para ver y cometía errores como nunca antes. También comenzó a experimentar una distorsión ante luz intensa cuando manejaba de vuelta a casa en las noches. Suponiendo que necesitaba anteojos, hizo una cita con un especialista, quien de inmediato diagnosticó una catarata.

Nuestro primer paso para que Wanda viera mejor fue ayudarle a visualizar (valga la redundancia) cómo era un ojo sano. El globo ocular es una esfera en cuyo fondo hay nervios sensibles a la luz, llamados retina, y con un cristalino al frente. El cristalino está cubierto por una capa muy fina y delgada, llamada córnea.

En un ojo normal, el cristalino está limpio y transparente; cuando alguien desarrolla cataratas, aquél se vuelve borroso, al punto a veces de no dejar ver nada en absoluto. Esto fue lo que le pasó a Wanda.

El riesgo de cataratas puede aumentar por varias causas, como un golpe en los ojos, una enfermedad autoinmune del ojo (uveítis), diabetes, radiación o uso de esteroides. Para reducir su problema, y además prevenir una catarata en el otro ojo, debíamos saber si Wanda tenía alguno de esos posibles factores contribuyentes. Advertimos que tenía más de 20 kilos de sobrepeso, pero como había evitado a los médicos durante años, no sabía si padecía diabetes o no. A petición nuestra se hizo revisar el azúcar en la sangre, y se le diagnosticó diabetes tipo 2. Para ayudarla con esta parte del problema, su médico la sometió a una rigurosa dieta de restricción de carbohidratos. Buscamos con ella una modalidad de ejercicio aeróbico que pudiera practicar 30 minutos diarios. Wanda aceptó el plan de ejercicio al comprender que le permitiría mejorar su azúcar en la sangre, salud cardiaca y visión.

Wanda pensaba que la operación no resolvería su problema, pero el especialista le aseguró que 95 por ciento de los pacientes ve muy bien después del procedimiento. Dada esta información, ella optó por la cirugía.

Eso no fue todo. Quería impedir la formación de una catarata en su otro ojo. Le recomendamos que siguiera bajando de peso, pero también la mandamos con un acupunturista y herbalista chino, y con un nutriólogo para que combatieran la inflamación de su cuerpo, que aumentaba su riesgo de otra catarata. El acupunturista y herbalista chino le sugirió tomar *Huang Lian*, que contiene *coptidis, Bupleurean* y *scutellaria*.

El nutriólogo le dio un suplemento nutricional especialmente dirigido a producir un ojo sano. Contenía vitaminas E y A, DHA, vitamina C, riboflavina, cinc, selenio, cobre, cúrcuma, extracto de semillas de uva, luteína y glutatión. Wanda también tomaba antioxidantes, como ácido alfa lipoico, coenzima Q10, acetil-L-carnitina y quercetina. El nutriólogo le hizo saber además que la leche de vaca era contraindicada en su caso, así que ella comenzó a evitar los productos lácteos.

También se propuso modificar las conductas y pensamientos que pudieran contribuir a su padecimiento. Para no aislarse tanto, decidió ir al cine dos veces al mes para darse una idea de la cultura popular. Esto era algo que podía hacer sola y le daría temas de conversación con otras personas. También intentó iniciar charlas siempre que podía. Para modificar los pensamientos de fondo que quizás afectaban su vista, trabajó con afirmaciones para la salud general del ojo *(Veo con amor y alegría)*; problemas de la vista *(Creo ahora una vida que me gusta mirar)*; cataratas *(La vida es eterna y está llena de alegría. Ansío cada momento. Estoy seguro. La vida me ama)*; y ansiedad *(Me amo y apruebo, y confío en el proceso de la vida. Me siento a salvo)*.

Estos cambios le ayudaron a estar más en contacto con el mundo a su alrededor, antes que con el mundo arriba de ella; su visión mejoró. Bajó más de 10 kilos, su azúcar en la sangre se normalizó y su otro ojo se mantuvo libre de cataratas.

Todo está bien en el sexto centro emocional

Cuando las personas desarrollan problemas de cerebro, vista u oído, deben buscar, una vez más, el equilibrio. La salud del sexto centro emocional se reduce a ser capaz de aceptar información tanto del mundo que te rodea como de la esfera divina. Estas diferentes perspectivas te ayudarán a transitar suavemente por la vida, dándote una base completa de conocimientos con la cual abordar cada situación.

Tu cerebro y capacidad para ver y resolver problemas son únicos. No niegues tus talentos especiales; trata de crear un enfoque multifacético para adquirir conocimientos. Aprende a confiar y tener fe; adopta la meditación, oración o momentos de silencio, pero también preserva la lógica, estructura y creatividad del mundo terrenal.

Para facilitar un enfoque más atento de tu vida, prueba esta afirmación de Louise relacionada con el sexto centro emocional: *Cuando equilibro mi creatividad, intelecto y espiritualidad con disciplina y flexibilidad, siempre acierto.*

Tu corazón y tu mente están abiertos. Todo está bien.

10. Cambios

El séptimo centro emocional: afecciones crónicas
y degenerativas, y enfermedades que ponen
en peligro la vida

El séptimo centro emocional difiere un poco de los demás porque tiene que ver con problemas que se originan en otros centros emocionales pero que llegan al extremo. Por ejemplo, la salud del pecho es materia del cuarto centro emocional, pero el cáncer de mama, que pone en peligro la vida, pertenece tanto al cuarto como al séptimo centro emocional. Este mismo patrón se aplica a cualquier padecimiento que se vuelva crónico o mortal, desde problemas de peso hasta la salud del sistema inmunológico.

Alcanzar salud en el séptimo centro emocional implica vencer un perdurable patrón de sentimientos de desesperanza y desesperación. Supone encontrar al mismo tiempo un propósito en la vida y una conexión espiritual. Si te sientes impotente o crees haber perdido tu conexión con algo superior a ti —Dios u otra gran fuerza—, podrías verte sumido en los problemas del séptimo centro emocional. Una enfermedad que amenaza con una muerte pronta o una lenta degeneración podría ser un aviso de tu cuerpo de que debes reevaluar tu propósito en la vida, liberarte de rencores y resentimientos y acceder a un poder superior. Para vivir sanamente debes darte cuenta de que tu vida es guiada tanto por la gracia divina como por la decisión personal.

Las conductas y los pensamientos negativos que se asocian con enfermedades crónicas o degenerativas, así como con el cáncer, implican miedo, preocupación, desesperanza y sensación de no estar a la altura de las circunstancias. El proceso de identificar pensamientos y conductas que te enferman o que agravan tus síntomas no consiste en culparte a ti mismo; tú no causaste tu enfermedad. Todas las afecciones se deben en parte a factores como la dieta, el entorno y la genética, pero todas pueden ser agravadas o aliviadas también por tus emociones. En este sentido, la meta es convertir en sanadores a tus pensamientos y conductas, incorporando las afirmaciones de Louise y cambios de conducta en tu vida diaria. Esto te ayudará a alinear tu mente terrenal con tu poder superior para que puedas estar bien.

Teoría de las afirmaciones y ciencia del séptimo centro emocional

En lo tocante al séptimo centro emocional, la teoría de las afirmaciones de Louise explora las emociones detrás de enfermedades crónicas que ponen en riesgo la vida, como cáncer, esclerosis lateral amiotrófica (ELA, comúnmente llamada mal de Lou Gehrig) u otras afecciones degenerativas. Para Louise, estas enfermedades son una señal de estancamiento, ya sea en el trabajo, el matrimonio o la vida en general. Los patrones mentales del séptimo centro emocional asociados con el cáncer y con padecimientos crónicos o degenerativos, por lo general tienen que ver con la negación del éxito, y en última instancia con la renuencia a creer que vales la pena.

¿Qué dice la ciencia médica sobre la conexión mente-cuerpo de los problemas de salud del séptimo centro emocional, los cuales ponen en peligro la vida?

Existe un claro patrón histórico de emociones para personas con problemas de salud crónicos o enfermedades mortales.[1] Por ejemplo, los estudios demuestran que individuos con enfermedades degenerativas lidian a menudo con la depresión, la desesperanza y la ansiedad asociadas con la pérdida de alguien o algo central en su vida, que daba propósito y significado a su existencia. Aunque estas emociones pueden aumentar el riesgo de enfermedades crónicas en general, un estudio indicó que esos sentimientos se asocian directamente con la esclerosis múltiple. Perder una relación por causa de muerte o infidelidad, experimentar la muerte de un hijo o incluso saber que no puedes procrear son situaciones que precipitan la aparición de la esclerosis múltiple.[2]

La muerte de un ser querido u otra pérdida significativa casi siempre llevan a la gente a evaluar su propósito en la vida. Sin embargo, otro estudio señala que las personas que no pueden reconstituir su vida con un propósito y significado —hallar apoyo en nuevas relaciones o encontrar una vocación o llamado— tienen un pronóstico peor tras el diagnóstico de esclerosis múltiple.[3]

Los estudios han demostrado, asimismo, que el grado de progresión de una dolencia, o incluso de remisión de padecimientos neurodegenerativos como la ELA, puede verse influido por la forma en que manejamos el estrés y hallamos significado y propósito en las adversidades de la vida.[4] Un importante estudio de Evelyn McDonald sobre la ELA indica que individuos con un firme objetivo en la vida, con la certeza de que pueden hacer cambios en su existencia y un alto nivel de salud psicológica, viven cuatro años en promedio tras conocer su diagnóstico, contra un año para quienes carecen de un marco mental positivo.[5] Este estudio, publicado en los *Archives of Neurology* (Archivos de neurología), tuvo tal impacto en la comunidad médica que cambió la impresión sobre la ELA, antes unánimemente considerada como un pronóstico desalentador. Todo indica que puedes sanar tu cuerpo y cambiar tu vida de cara a una enfermedad degenerativa fatal.

Las personas que *contraen* padecimientos crónicos o mortales como esclerosis múltiple (EM), ELA y cáncer pueden sufrir una depresión profunda o ansia y enojo crónicos a causa de una experiencia traumática e irresuelta, como un divorcio conflictivo y prolongado, la muerte de un hijo y otras catástrofes.[6] Sin embargo, enfrentar estas emociones, sea que adopten la forma de ansiedad, tristeza o frustración, aun en un tratamiento de cáncer, puede hacer una gran diferencia en la obtención de un resultado óptimo. En un estudio sobre hombres antes y después de una cirugía de cáncer de próstata, se detectó una marcada diferencia entre el grupo de control que solo recibió terapia de apoyo, y el que practicó imágenes guiadas y otras técnicas para reducir el estrés. Este último grupo exhibió mejores parámetros del sistema inmunológico y se recuperó más rápido de la operación.[7] Lo anterior demuestra que si identificamos y procesamos el estrés, modificamos nuestros patrones de pensamiento negativos con afirmaciones, imágenes u otros medios, y utilizamos todas las opciones médicas a nuestra disposición, podemos sanar nuestro cuerpo y vivir con propósito y pasión.

Afecciones crónicas y degenerativas

Las personas propensas a afecciones crónicas o degenerativas como fibromialgia, mal de Lyme o ELA pretenden controlar su destino. Con frecuencia disponen de listas de metas —una carrera exitosa, mucho dinero, esbeltez o una vida familiar perfecta— que guían todas sus acciones. Sin embargo, es probable que no hayan tomado en cuenta la posibilidad de la intervención divina. Por desgracia, si te has pasado la vida considerando exclusivamente tus planes —sin margen para desviaciones—, el universo te jugará una mala pasada. Para vencer la corrosiva sensación de impotencia que suele acompañar a sucesos inesperados, es importante cultivar un sano equilibrio entre propósito terrenal e intervención celestial.

Si eres una de las millones de personas que sufren una grave enfermedad progresiva catalogada como incurable, quizá ya lo hayas probado todo: desde tratamientos médicos convencionales hasta terapias alternativas. Pero, ¿tu enfermedad parece agravarse al invertirle más dinero y recursos en remediarla? Tal vez debas probar una nueva ruta. De acuerdo con nuestra experiencia, la medicina es útil, pero no la única respuesta. Si puedes combinar medicina, afirmaciones e intuición para guiar cambios de conducta, es mucho más probable que veas modificaciones en tu salud y tu vida. Nada como una crisis de salud para ayudarte a hacer un balance de tu pasado, presente y futuro, y reevaluar tus prioridades.

Louise cree que en el eje del desequilibrio entre lo personal y lo espiritual hay una negación rotunda a modificar antiguas maneras de pensar: la imposibilidad de olvidar viejas heridas, resentimientos, patrones y creencias, y el hecho de no creer en uno mismo. Las enfermedades crónicas casi siempre tienen que ver con negarse a cambiar por miedo al futuro. Para fomentar tu capacidad de transformación pese a tus temores, usa la afirmación *Estoy dispuesto a cambiar y crecer. Creo ahora un futuro nuevo y confiable.* Al examinar algunas enfermedades degenerativas, advertimos un patrón similar de temor. Las personas con ELA por lo general son sumamente capaces, pero en el fondo creen ser un fraude; viven con el terror de pensar: «Si la gente supiera…» Están profundamente convencidas de no estar a la altura de las circunstancias, y entre más se acercan al éxito, más duras son consigo mismas. Recuérdate que eres fuerte y talentoso con la afirmación *Sé que valgo. Estoy seguro de tener éxito. La vida me ama.* El sida se asocia con patrones mentales parecidos, de indefensión, desesperanza y soledad; para combatir estas sensaciones, usa la afirmación *Formo parte del designio Universal. Soy importante y amado por la Vida. Soy fuerte y capaz. Amo y aprecio todo en mí.* Si te dicen que tu enfermedad es incurable, cultiva tu esperanza meditando en la afirmación *Todos los días ocurren milagros. Entro en mí para destruir el patrón que creó esto, y acepto ahora una curación Divina. ¡Y así será!*

Modificar patrones mentales es vital para alcanzar la salud en el séptimo centro emocional. Cuando empiezas a cambiar tus pensamientos y conductas negativos por sanos, también es importante que examines tu relación con el mundo místico y te des cuenta de que tu misión en la vida no es algo que decides y realizas tú solo. Una afección que altera tu vida puede ayudarte a evaluar el verdadero propósito de la existencia, si estás abierto a ello. Busca orientación usando algo más que tu lógica. Acepta que un poder superior puede apoyarte en tus esfuerzos, e intenta aprovechar la sabiduría que le es inherente. Tu creencia en algo que te rebasa te ayudará a desterrar el temor y la desesperación que resultan de experimentar caos en tu vida.

Una herramienta que recomendamos a quienes intentan establecer una relación con lo divino se llama Propuesta de Subvención de Vida. Se trata de una propuesta de subvención como las que presentan investigadores u organizaciones no lucrativas para obtener financiamiento. Pero en este caso, el documento se lo muestras al universo, a Dios o cualquier poder superior en que creas, describiendo cuánto tiempo quieres vivir aún y lo que pretendes hacer con los años adicionales que se te concedan.

Para hacer esto, toma una hoja y escribe hasta arriba tu nombre y la fecha. Escribe después como encabezado PROPUESTA DE SUBVENCIÓN DE VIDA. Detalla abajo, entre paréntesis, un periodo, como «(Para el intervalo 2013-2048)», usando el año en curso y el que indica cuánto más quieres vivir. Divide entonces tu propuesta en fases de cinco años. Para seguir con nuestro ejemplo, la fase uno sería: 2013-2017, la fase dos: 2018-2022, y así sucesivamente.

Bajo cada fase, escribe tu propósito en la vida (determinado por la orientación divina) para ese periodo. Especifica después las provisiones que necesitarás para cumplir los planes propuestos. No incluyas metas que ya persigues, como ser voluntario en el comedor popular o disfrutar de la naturaleza. Esto sería propio de un formato de renovación de subvención, no de una gran propuesta. Este ejercicio consiste en idear un nuevo propósito, no en renovar los ya existentes. Asimismo, evita propósitos vagos, como «Promover la paz mundial» o «Amar a mis nietos». Es probable que ya quieras a tus nietos, y promover la paz mundial no es suficientemente específico; estas frases debilitan tu propuesta y vuelven menos factible que despegue.

Un mejor propósito en la vida sería algo parecido a esto:

Antes trabajaba 12 horas diarias, los 7 días de la semana. En la primera fase de mi nueva vida, me propongo reducir mi jornada de trabajo a 8 horas, 6 días a la semana. Dedicaré el resto del día a participar en actividades agradables y prolongadas con mis nietos —aunque no únicamente—, como ir a acampar al menos una vez al año, entrenar a su equipo de futbol y enseñarles a pescar y a bordar.

¿Está claro? Sé detallado, aunque no tanto que no dejes margen a que un poder superior haga una aportación. El proceso de escribir tu Propuesta de Subvención de Vida es un excelente ejercicio para reevaluar el designio de tu existencia, lo que te permitirá poner tu propósito divino en movimiento, con humildad e intención.

Muchos aspectos del avance de una enfermedad están fuera de tu control, pero otros tantos no. No permitas que la ansiedad te sobrepase. Mantente en contacto con tus amigos y familiares para formar un círculo de apoyo a tu alrededor. Aprende a escuchar tu intuición y tus reacciones viscerales, ya que son signos divinamente orientados hacia tu verdadero propósito. Decide creer en ti, pero también en algo más.

De los archivos clínicos: Estudio de caso de afecciones degenerativas

Yvette tenía 62 años y se encontraba en magnífica condición física cuando acudió a nosotros por primera vez. Todos en su familia eran atletas. Ella apreciaba los rituales y la estructura de los deportes, y fue una ávida corredora de larga distancia en su adolescencia.

Ya adulta, siguió corriendo, aun durante su embarazo, y continuaba haciéndolo cuando la conocimos. A lo largo de su vida había tenido lesiones ocasionales en las rodillas y la espalda, pero su actitud positiva y la certeza de que mejoraría le ayudaron en tales momentos. Yvette se sentía satisfecha en general. Tenía una casa grande, un esposo guapo, mucho dinero y salud. Pero entonces las cosas comenzaron a resquebrajarse.

Yvette despertó una noche aquejada por extraños temblores en el costado, que siguieron varios días. Consultó a su médico, y luego a un neurólogo, y luego a otro. No había una respuesta definitiva, pero los doctores pensaban que podía ser ELA. Yvette se sintió devastada.

Lo primero que hicimos fue explicarle que, antes de fijar en su mente la etiqueta de un diagnóstico, debía recordar lo que su médico le había dicho: que podía tener ELA, aunque no había una *respuesta definitiva*. Subrayamos que era una buena noticia que sus síntomas correspondieran solo al *área gris*, la fase de *prediagnóstico*. Esto no parecía muy consolador, porque la gente quiere un nombre definitivo para sus padecimientos. Pero desde nuestro punto de vista, ahí estaba la clave, porque sin un diagnóstico firme es más fácil revertir los síntomas y ponerlos en remisión. La ELA es un ejemplo perfecto de este tipo de enfermedad.

La ELA causa una degeneración progresiva de las células nerviosas del cerebro y la médula espinal que controlan el movimiento. Un individuo puede experimentar debilidad en brazos y piernas y, en etapas posteriores, dificultad para hablar y deglutir. Esta dolencia solía ser universalmente concebida como fatal, pero ya no es así. Se ha demostrado que si una persona con ELA se compromete con su propósito en la vida, tendrá menos síntomas físicos y vivirá más.

Aunque Yvette se había resistido a aceptar la sugerencia de su neurólogo, le recomendamos que fuera a verlo para realizaese pruebas adicionales de diagnóstico en profundidad, para saber si sus temblores se debían a otra causa. Todo salió bien. Ella no tenía problemas de cuello, tiroides ni paratiroides ni ningún otro padecimiento extraño que explicara sus síntomas. Su resonancia magnética y electrocardiograma resultaron normales, así que Yvette se concentró en buscar la manera de poner su ELA en remisión.

Fue entonces a ver a un neurólogo integrador u holístico que hiciera un seguimiento de sus síntomas, pero también para que sugiriera suplementos nutricionales para detener la degeneración de su sistema nervioso y promover su recuperación mediante un proceso conocido como plasticidad. La primera medida recomendada por este especialista fue una serie de tratamientos de oxígeno hiperbárico. Se ha demostrado que este método tiene ciertos efectos en la neurodegeneración de la esclerosis múltiple, así que ya se usa también para tratar la ELA. Además, este especialista prescribió varios tratamientos antioxidantes fuertes, como glutatión, un multivitamínico farmacéutico y DHA.

El último tratamiento físico para Yvette fue una combinación de *tai chi* y *qigong*, prácticas utilizadas durante siglos en China para contrarrestar afecciones neurológicas complejas, especialmente comunes en el envejecimiento.

Al mismo tiempo, Yvette se puso a trabajar con afirmaciones para tratar su ELA (*Sé que valgo. Estoy segura de tener éxito. La vida me ama)*; salud general del cerebro (*Soy la cuidadosa operadora de mi mente);* y tics y temblores *(La vida me aprueba. Todo está bien. Estoy protegida).*

Fortalecida por todos esos tratamientos y afirmaciones, Yvette echó entonces un largo y duro vistazo a su vida y lo que quería hacer de ella. Aprovechó la crisis de una posible enfermedad como la ELA para comenzar a escuchar a su intuición y vivir con pasión y propósito. Y cada año en que su doctor la examina, comprueba que la enfermedad no ha avanzado. De vez en vez, cuando está estresada, le da un temblor en el brazo, pero no se ha intensificado hasta ahora.

Enfermedades que ponen en peligro la vida

¿Qué decir, sin embargo, de una vida amenazada por la posibilidad de que una dolencia progrese? Muchas personas propensas a enfermedades mortales se han sentido impotentes durante largo tiempo, aun antes de enfermarse. Creen que todo lo que les ocurre está en manos del destino. Se sienten incapaces de hacer progresos en su vida y solo aguardan, esperando a que las cosas mejoren por sí solas, pero esto nunca ocurre.

El tratamiento de enfermedades que ponen en riesgo la vida depende de cada caso particular; sin embargo, es posible advertir una cadena de conductas y patrones mentales comunes como probables factores contribuyentes de este tipo de padecimientos. Tras consultar con tu médico los tratamientos indicados para tu situación, es importante que incorpores a tu plan tanto pensamiento intuitivo como afirmaciones. Dado que las enfermedades que ponen en peligro la vida derivan de mala salud asociada con otros centros emocionales, debes modificar los pensamientos vinculados con ambos centros. Así, por ejemplo, el cáncer de mama supone una tendencia a proteger y cuidar a los demás, pero también una herida profunda y rencor perdurable. Para librarte de estos pensamientos, tendrías que trabajar con la afirmación para problemas de pecho (*Soy importante. Cuento. Ahora me cuido y protejo con amor y alegría. Concedo a los demás la libertad de ser como son. Todos estamos protegidos y somos libres*); y cáncer (*Perdono con amor y me libero del pasado. Decido llenar mi vida de alegría. Me amo y apruebo*). Éste es solo un ejemplo, quizá sería conveniente que consultaras la tabla del capítulo 11 para conocer la relación entre el órgano del cuerpo afectado por el cáncer y los pensamientos asociados con esa área.

Para tratar las conductas que quizá contribuyan a una rápida progresión de tu dolencia, toma un control sano de tu vida. Date cuenta de que aunque una presencia divina sostiene tu existencia, no está a cargo de todo, tú tienes tu propio poder; puedes cocrear tu mundo.

Sabiendo esto, trabaja con tu complicación de salud utilizando las recomendaciones de los demás capítulos de este libro. Si tienes leucemia, repasa la información de la sección del capítulo 4 dedicada a la sangre, para que puedas sentir protección y seguridad en tu familia y amigos. Si padeces cáncer de mama, consulta el capítulo 7 y aprende a cuidar de ti tanto como cuidas a los demás. Si tu peso se ha vuelto un peligro para tu vida, date cuenta de tu poder y remítete al capítulo 6 para generar equilibrio en tu tercer centro emocional.

El paso más importante en torno a la salud del séptimo centro emocional es percatarte del equilibrio entre el poder de lo divino y el poder que reside en ti. Actúa. Libérate.

De los archivos clínicos: Estudio de caso de cáncer

Angelina tiene 50 años. Ha pasado por todas las pruebas imaginables —económicas, físicas y emocionales—, pero sigue en pie. Su vida ha estado definida principalmente por la mala salud: un desastre físico tras otro. Cuando era niña se le reventó el apéndice, lo que le produjo una grave infección en la sangre que obligó su hospitalización. Ya veinteañera, sufrió un accidente automovilístico que le provocó dolores crónicos de cabeza y espalda. En sus treinta, problemas de tiroides hicieron que subiera de peso, y desarrolló asma. Poco después de cumplir cuarenta años, se le diagnosticó cáncer de mama. Le ganó la batalla al cáncer en el seno izquierdo, gracias a una lumpectomía seguida por radiación. Físicamente, Angelina estaba sana quizá por primera vez en su vida, pero emocionalmente estaba destrozada, al borde siempre de un nuevo desastre médico. Entonces, cuando desarrolló una tos persistente y su doctor percibió una sombra en la mamografía de su seno derecho, ella aseguró que su cáncer de mama había regresado.

Cuando conocimos a Angelina, su historial de salud se parecía al contenido de este libro. Ella padeció un problema importante asociado con todos y cada uno de los centros emocionales: infección en la sangre (primer centro emocional), dolor crónico de espalda (segundo), aumento de peso (tercero), asma (cuarto), hipotiroidismo (quinto), dolores de cabeza crónicos (sexto), cáncer (séptimo). Y aunque antes había poseído una energía aparentemente interminable y una actitud positiva a toda prueba, para este momento ya estaba exhausta, y por vez primera se sentía desesperanzada.

Al disponernos a armar un plan de salud para ella, Angelina se ofuscó, así que lo dividimos en dos partes: a corto y largo plazos.

Comenzamos con las metas de salud a corto plazo. Todas estas metas tenían que ver con llevar amor y alegría a su vida. Ella debía concentrarse, al menos una hora al día, en cada centro emocional, para un total de al menos siete horas diarias de trabajo. Con el objetivo de organizar este plan, consiguió un calendario dividido por horas y programó su teléfono con recordatorios para seguir su nuevo sistema.

Nuestra meta era inundar su vida de amor y alegría. Estas emociones aumentan los opioides y la actividad natural de los anticuerpos, y reducen los mediadores inflamatorios que hacen que los problemas de salud perduren. He aquí un día típico de Angelina acorde con nuestro plan:

- Primer centro emocional (sangre): Pasar tiempo con una amiga o pariente tomando café (quizá descafeinado); ver viejas fotos de familia y amigos tomadas en ocasiones agradables.
- Segundo centro emocional (base de la espalda): Hacer una cita con alguien, puede ser una amiga. Arreglarse para salir de noche. Comprar un regalito para un ser querido. Contemplar a niños jugando en un patio.
- Tercer centro emocional (peso): Permitirse un bocadillo de 100 calorías antes de las 3 de la tarde. Conseguir la ayuda de una amiga para reorganizar el clóset y cambiar de imagen. Hacer ejercicio aeróbico en una bicicleta o rueda de andar oyendo música alegre. Bailar en forma sensual.
- Cuarto centro emocional (asma): Ir a ver una película divertida o ver programas cómicos en la televisión; la meta es reír. Ir a una tienda de arte y comprar acuarelas, crayones, lápices de colores y papel, o cuadernos para colorear, y ponerse a pintar.
- Quinto centro emocional (baja tiroides): Salir a pasear en auto. Poner el radio y cantar a todo pulmón. Jugar con un animal, aun si pertenece a una amiga.
- Sexto centro emocional (dolor de cabeza): Recordar actos amables de otras personas y mostrar gratitud por ellos. Reflexionar en las mejoras alcanzadas desde la semana pasada. Aprender un idioma. Tomar clases de baile.
- Séptimo centro emocional (posible recurrencia de cáncer): Despertar cada día pensando: *Me siento emocionada*

y agradecida de estar viva. Probar algo nuevo, así sea una estación de radio, platillo, programa de televisión o sitio de internet. Salir a mirar el cielo y tratar de alcanzar el poder superior.

En las demás horas de su día, nos ocupamos de las metas de salud de Angelina a largo plazo:

- Primer centro emocional (sangre): Ir con un acupunturista y herbalista chino que nutra la sangre con hierbas como *angélica, gecko, Fructus lycii, Paeoniae* y otras. Tomar un multivitamínico farmacéutico que incluya ácido fólico, ácido pantoténico, riboflavina, tiamina, cobre, hierro, cinc, DHA y vitaminas A, B6, B12 y E.
- Segundo centro emocional (base de la espalda): Además de *SAMe* y *Wellbutrin* que le había indicado su médico para aliviar el dolor de espalda, tomar un multivitamínico para la anemia. Aparte, para remediar la artritis en la base de la espalda, tomar extracto de semillas de uva y sulfato de glucosamina. Hacer rodamiento de cuerpo Yamuna para aumentar la flexibilidad y combatir el dolor de columna y articulaciones.
- Tercer centro emocional (peso): Bajar de peso consumiendo un desayuno y una comida abundantes, y una cena minúscula. Cada comida, menos la cena, debe tener porciones razonables, de ⅓ de carbohidratos, ⅓ de proteínas y ⅓ de verduras. La cena debe reducirse a una pequeña pieza de proteína y vegetales de hoja verde. Sentirse en libertad de consumir la mitad de una barra de proteína con una botella de agua a las 10 de la mañana y 3 de la tarde. Nada de carbohidratos después de las 3 de la tarde. Buscar una dieta macrobiótica sanadora que permita reforzar el sistema inmunológico para que pueda mantener el cáncer a raya.

- Cuarto centro emocional (asma): Usar el inhalador *Advair* que le había dado su neumólogo y visitar a un acupunturista y herbalista chino para obtener píldoras de *Crocody Smooth Tea, Andrographis* y *respiryn* con el objetivo de reducir aún más la dificultad para respirar. Tomar también el suplemento nutricional coenzima Q10 para reforzar el sistema inmunológico.
- Quinto centro emocional (baja tiroides): Visitar a un médico integral para saber si dejar de tomar *Synthroid* (T4) y remplazarlo por una hormona de la tiroides que contenga tanto T4 como T3.
- Sexto centro emocional (dolor de cabeza): Volver con el neurólogo para decidir si tomar para la migraña medicamentos como *Imitrex* o *Topimax*. Si no, visitar a un acupunturista y herbalista chino para obtener tratamientos semanales y la hierba *Tian Ma Huan*.
- Séptimo centro emocional (posible recurrencia de cáncer): Conseguir una segunda y tercera opinión médica para verificar los resultados de la primera mamografía.

Con estas instrucciones, Angelina inició un nuevo régimen. Lo primero que hizo, dado su temor de una recurrencia del cáncer de mama, y por lo tanto de un pronóstico de «enfermedad mortal», fue a buscar una segunda y tercera opinión. Por fortuna, después de una biopsia, ambas opiniones sugirieron que este era un segundo cáncer primario, lo cual quiere decir que el cáncer en el seno derecho de Angelina era nuevo, no una recurrencia del original. Ella volvió a hacerse una lumpectomía seguida por radiaciones, pero esta vez el cáncer se había extendido a un nodo linfático. Pese a sus reservas, el oncólogo aceptó continuar trabajando con ella, una vez que Angelina decidió no recurrir a la quimioterapia. Puesto que se trataba únicamente de un nodo linfático, el médico consideró que sus conocimientos serían de utilidad aun sin los tratamientos habituales. Pero la propagación del cáncer hizo algo bueno por Angelina: alertarla de que debía realizar *grandes* cambios para salvarse; debía entender su propósito en la vida.

Se puso a trabajar entonces con un orientador vocacional dos veces al mes, a partir de un plan de largo alcance sobre cómo quería que avanzara su carrera durante ciertos intervalos: en seis meses y un año, dos y cinco años. Elaboró una lista de todas las personas con quienes tenía asuntos pendientes —contra las que abrigaba algún resquemor—, y les llamó de inmediato para fijar una fecha para comer juntas y aclarar el ambiente.

Hizo asimismo un retiro individual de fin de semana en la cabaña de una amiga en el bosque para esbozar su futuro. Escribió una Propuesta de Subvención de Vida dirigida a su poder superior, en la que describió las personas y el apoyo financiero que necesitaría para cumplir sus metas en la vida. Copió su propuesta en su diario y oró para que se cumpliera.

Luego consultó a un asesor de vida (*life coach*) para trabajar hábilmente con las afirmaciones sanadoras a fin de optimizar la capacidad de su cuerpo para mantener el cáncer a raya. Para tratar los patrones mentales de fondo que afectaban su salud, tuvo que incorporar muchas afirmaciones. Además de las específicas para ciertas partes del cuerpo (como senos y pulmones), también adoptó las afirmaciones para el cáncer (*Perdono con amor y me libero del pasado. Decido llenar mi mundo de alegría. Me amo y apruebo*); depresión (*Rebaso ahora los temores y limitaciones de otras personas. Creo mi vida*); posible muerte (*Avanzo felizmente a nuevos niveles de experiencia. Todo está bien*); y enfermedades crónicas (*Estoy dispuesta a cambiar y crecer. Creo ahora un futuro nuevo y confiable*).

Aplicando todas estas técnicas, y esforzándose incansablemente por recuperar la alegría y el amor en su vida, Angelina fue capaz de vencer el cáncer y seguir adelante con su existencia.

Todo está bien en el séptimo centro emocional

En este capítulo hemos explorado las complicaciones de salud del séptimo centro emocional, entre las que se cuentan algunas de las más devastadoras en términos físicos y emocionales. Si tú padeces una enfermedad crónica, degenerativa o que pone en peligro tu vida, tendrás que enfrentar pruebas que quizá nunca imaginaste. Tal vez te veas forzado a considerar tu mortalidad y a preguntarte: *¿Cuál es el significado de mi vida?* o *¿Cómo puedo hallar paz con mi poder superior?* La forma en que manejes estos difíciles conceptos podría determinar cuánto más vivas, y qué tan sano y feliz seas en ese lapso.

Para alcanzar y mantener salud en el séptimo centro emocional, busca tu propósito en la vida, fortalece tu fe y esmérate en seguir aprendiendo y cambiando. Si tu patrón mental negativo de enfermedades crónicas, degenerativas y cánceres es *¿Por qué yo?*, tu nuevo patrón mental deberá ser: *En alianza con el universo, paso por conflictos emocionales en busca de una solución pacífica. Escuchando mi intuición, trato de sintonizar al mismo tiempo con la sabiduría de mi poder superior.*

He sobrevivido y prosperado. Todo está bien.

11. *Tabla de* Todo está bien

Problema	Causa probable	Nuevo patrón mental
Aborto (natural)	Temor. Miedo al futuro. «Ahora no, después». Momento inapropiado.	En mi vida siempre ocurre la acción divina correcta. Me amo y apruebo. Todo está bien.
Abscesos	Fomentar pensamientos sobre heridas, desaires y venganza.	Dejo en libertad mis pensamientos. El pasado quedó atrás. Estoy en paz.
Accidentes	Incapacidad de hablar por uno mismo. Rebelión contra la autoridad. Creer en la violencia.	Me libero del patrón que creó esto. Estoy en paz. Soy valioso.
Acidez *Véase:* problemas estomacales, úlcera péptica, úlceras	Miedo. Temor aplastante.	Respiro libre y plenamente. Me siento seguro. Confío en el proceso de la vida.
Acné	No aceptarse. Disgusto de uno mismo.	Soy una expresión Divina de la vida. Me amo y acepto en mi situación actual.

Problema	Causa probable	Nuevo patrón mental
Acné o comedones *Véase:* barros	Ocultar la fealdad.	*Me acepto como una persona bella y amada.*
Adenoides	Fricciones familiares, discusiones. Sensación de rechazo y olvido en la infancia.	*Este niño es querido, bienvenido y muy amado.*
Adicciones	Huir de uno mismo. Miedo. No saber cómo amarse.	*Descubro ahora lo maravilloso que soy. Decido amarme y disfrutarme.*
Afecciones respiratorias *Véase:* bronquitis, influenza, resfriado, tos	Miedo a aceptar plenamente la vida.	*Estoy fuera de peligro. Amo mi vida.*
Aftas *Véase:* boca, cándida, infecciones por ulceración	Enojo por tomar malas decisiones.	*Acepto amorosamente mis decisiones, sabiendo que soy libre de cambiar. Me siento seguro.*
Alcoholismo	«¿Qué caso tiene?» Sensación de inutilidad, culpa, insuficiencia. Rechazo de uno mismo.	*Vivo en el ahora. Cada momento es nuevo. Decido ver mi autoestima. Me amo y apruebo.*

Alergias *Véase*: fiebre del heno	¿A quién eres alérgico? Negación de tu fuerza.	*El mundo es seguro y amigable. Estoy fuera de peligro. Estoy en paz con la vida.*
Almorranas *Véase*: hemorroides		
Amenorrea *Véase*: problemas femeninos, problemas menstruales	No querer ser mujer. Disgusto de ti misma.	*Me regocijo en lo que soy: una hermosa expresión de la vida, fluyendo perfectamente en todo momento.*
Amigdalitis (absceso peritonsilar) *Véase*: dolor de garganta, tonsilitis	Firme creencia en que no puedes hablar por ti y plantear tus necesidades.	*Es mi derecho satisfacer mis necesidades. Pido ahora lo que quiero con amabilidad y soltura.*
Amnesia	Miedo. Huir de la vida. Incapacidad para defenderse.	*Inteligencia, coraje y autoestima están siempre presentes. Me siento seguro por estar vivo.*
Ampollas	Resistencia. Falta de protección emocional.	*Fluyo suavemente con la vida y cada nueva experiencia. Todo está bien.*
Anemia	Actitud de «Sí, pero...» Falta de alegría. Miedo a la vida. No sentirse valioso.	*Me siento seguro al experimentar felicidad en cada área de mi vida. Amo la vida.*

Problema	Causa probable	Nuevo patrón mental
-Drepanocítica	Creencia de que no se está a la altura, lo que destruye la alegría de vivir.	Este niño vive y respira la alegría de la vida y se nutre de amor. Dios hace milagros todos los días.
Ano *Véase*: hemorroides	Punto de liberación. Lugar de descarga.	Me libero fácil y cómodamente de lo que ya no necesito.
-Abscesos en el	Enojo en relación con lo que no quieres liberar.	Me siento seguro al soltar. Solo lo innecesario deja mi cuerpo.
-Comezón en el (*pruritis ani*)	Culpa por el pasado. Remordimiento.	Me perdono con amor. Soy libre.
-Dolor en el	Culpa. Deseo de castigo. No sentirse a la altura.	El pasado quedó atrás. Decido amarme y aprobarme en el ahora.
-Sangrado en el *Véase*: sangrado anorrectal		
Anorexia *Véase*: pérdida de apetito	Negación de uno mismo. Miedo extremo, odio y rechazo de sí mismo.	Me siento seguro al ser yo. Soy maravilloso tal como soy. Decido vivir. Opto por la dicha y la aceptación de mí mismo.
Ansiedad	No confiar en el flujo y proceso de la vida.	Me amo y apruebo, y confío en el proceso de la vida. Estoy a salvo.

Problema	Causa probable	Nuevo modelo de pensamiento
Apatía	Resistencia a sentir. Insensibilidad a uno mismo. Miedo.	*Sentir me da seguridad. Me abro a la vida. Estoy dispuesto a experimentarla.*
Apendicitis	Miedo. Temor a la vida. Bloqueo del flujo del bien.	*Estoy fuera de peligro. Me relajo y dejo que la vida fluya alegremente.*
Apetito		
-Excesivo	Miedo. Necesidad de protección. Juzgar las emociones.	*Estoy protegido. Sentir me da seguridad. Mis sentimientos son normales y aceptables.*
Arterias	Llevar como carga la alegría de la vida.	*Estoy lleno de dicha, fluye en mí a cada latido.*
Arteriosclerosis	Resistencia, tensión. Estrechez de miras. Negación a ver lo bueno.	*Estoy completamente abierto a la vida y la alegría. Decido ver con amor.*
Articulación temporomandibular *Véase*: problemas de mandíbula		
Articulaciones *Véase*: artritis, codo, hombros, rodilla	Representan cambios de dirección en la vida y soltura de estos movimientos.	*Fluyo fácilmente con el cambio. Mi vida es objeto de orientación Divina, y siempre sigo la mejor dirección.*

Problema	Causa probable	Nuevo patrón mental
Artritis *Véase:* articulaciones	No sentirse amado. Críticas, resentimiento.	*Soy amor. Decido ahora amarme y aprobarme. Veo a los demás con amor.*
-Reumatoide	Crítica profunda de la autoridad. Sentirse muy oprimido.	*Soy mi propia autoridad. Me amo y apruebo. La vida es buena.*
Asma	Ausencia de amor. Incapacidad de respirar por uno mismo. Sensación de ahogo. Llanto reprimido.	*Ahora estoy seguro de hacerme cargo de mi vida. Decido ser libre.*
-En bebés y niños	Temor a la vida. No querer estar donde se está.	*Este niño está seguro y es amado. Este niño es bienvenido y apreciado.*
Ataque vasovagal *Véase:* desmayo		
Ataques	Huir de la familia, de uno mismo o de la vida.	*Estoy en casa en el Universo. Me siento seguro, protegido y comprendido.*
-De asfixia *Véase:* hiperventilación, problemas respiratorios	Miedo. No confiar en el proceso de la vida. Sentirse atrapado en la infancia.	*Al crecer, estoy fuera de peligro. El mundo es seguro. Estoy protegido.*
Barros *Véase:* acné, puntos negros	Pequeños arranques de ira.	*Tranquilizo mis pensamientos y estoy sereno.*

Bazo	Obsesiones. Obsesionarse con ciertas cosas.	Me amo y apruebo. Confío en el proceso de la vida. Estoy a salvo. Todo está bien.
Boca	Representa la aceptación de nuevas ideas y nutrimentos.	Me nutro de amor.
-Problemas de la	Opiniones fijas. Mente cerrada. Incapacidad de aceptar nuevas ideas.	Doy la bienvenida a nuevas ideas y conceptos, y los preparo para digerirlos y asimilarlos.
Bocio *Véase:* tiroides	Rencor por daños infligidos. Sensación de ser víctima y frustración en la vida. Falta de realización.	Soy el poder y la autoridad en mi vida. Estoy en libertad de ser yo.
Boquera (fuegos) *Véase:* herpes simplex	Palabras ofensivas y miedo a reprimirlas.	Creo solo experiencias apacibles porque me amo. Todo está bien.
Brazo(s)	Representan la capacidad de estrechar las experiencias de la vida.	Estrecho y abrazo mis experiencias con amor, facilidad y alegría.
Bronquitis *Véase:* afecciones respiratorias	Entorno familiar exaltado. Discusiones y gritos. A veces silencio.	Declaro paz y armonía en mí y a mi alrededor. Todo está bien.
Bulimia	Temor irremediable. Urgencia de llenar y purgar por odiarse a uno mismo.	La vida me ama, alimenta y apoya. Siento seguridad por estar viva.

Problema	Causa probable	Nuevo patrón mental
Bursitis	Enojo reprimido. Querer golpear a alguien.	*El amor suelta y libera todo lo que sea ajeno a él.*
Cadera	Mantiene el cuerpo en perfecto equilibrio. Fuerte impulso a avanzar.	*¡Bravo, qué alegría! Hay felicidad en cada día. Estoy en equilibrio y soy libre.*
Calambres	Tensión. Miedo. Prenderse, aferrarse.	*Me relajo y permito que mi mente esté en paz.*
Cálculos biliares (colelitiasis)	Amargura. Ideas fijas. Censura. Orgullo.	*Es una dicha liberarse del pasado. La vida es dulce, y yo también.*
Callos	Ciertos pensamientos aferrados a un dolor pasado.	*Avanzo, libre del pasado. Estoy protegido, soy libre.*
Callosidades	Conceptos e ideas fijos. Miedo solidificado.	*Sin riesgo alguno ver y experimentar nuevas ideas y prácticas. Soy abierto y receptivo a lo bueno.*
Calvicie	Miedo. Tensión. Tratar de controlarlo todo. No confiar en el proceso de la vida.	*Estoy protegido. Me amo y apruebo. Confío en la vida.*
Canas	Estrés. Confiar en la presión y el esfuerzo.	*Estoy en paz y a gusto en cada área de mi vida. Soy fuerte y capaz.*

Cáncer	Herida profunda. Rencor duradero. Un secreto o pesar profundo que nos corroe. Cargar odios. «¿Qué caso tiene?»	*Perdono con amor y me libero del pasado. Decido llenar mi mundo de alegría. Me amo y apruebo.*
Cándida (candidiasis) *Véase:* aftas, infecciones por ulceración	Sentirse muy disperso. Exceso de frustración y enojo. Exigencia y desconfianza en las relaciones. Grandes preocupaciones.	*Me doy permiso para ser todo lo que puedo ser, y merezco lo mejor en la vida. Me amo y aprecio, y a los demás también.*
Cara	Representa lo que mostramos al mundo.	*Estoy seguro al ser yo mismo. Expreso lo que soy.*
Carbuncos *Véase:* ganglios inflamados	Enojo ponzoñoso por injusticias personales.	*Me libero del pasado y doy tiempo a que sanen todas las áreas de mi vida.*
Cataratas	Incapacidad para ver adelante con alegría. Negro futuro.	*La vida es eterna y está llena de dicha. Espero con ansia todo momento.*
Celulitis	Enojo y autocastigo acumulados.	*Perdono a los demás. Me perdono. Soy libre de amar y disfrutar de la vida.*
Cerebro	Representa la computadora, el tablero de circuitos.	*Soy el cuidadoso operador de mi mente.*
-Tumor en el	Creencias fijas incorrectas. Obstinación. Negativa a cambiar viejos patrones.	*Me es fácil reprogramar la computadora de mi mente. Todo en la vida es cambio, y mi mente es nueva siempre.*

Problema	Causa probable	Nuevo patrón mental
Ciática	Ser hipócrita. Miedo por dinero y al futuro.	*Avanzo en mi beneficio. Mi bien está en todas partes, y me siento seguro y protegido.*
Circulación	Representa la capacidad de sentir y expresar emociones en forma positiva.	*Soy libre de hacer circular amor y alegría en cada parte de mi mundo. Amo la vida.*
Cistitis *Véase:* problemas de vejiga		
Codo *Véase:* articulaciones	Representa cambio de dirección y aceptar experiencias nuevas.	*Fluyo fácilmente con nuevas experiencias, rumbos y cambios.*
Colapso nervioso	Egocentrismo. Obstrucción de los canales de comunicación.	*Abro mi corazón y creo comunicación atenta. Me siento seguro. Estoy bien.*
Colelitiasis *Véase:* cálculos biliares		
Colesterol (arteriosclerosis)	Bloqueo de los canales de la alegría. Temor a aceptar la dicha.	*Decido amar la vida. Mis canales de la alegría están completamente abiertos. Me siento seguro al recibir.*
Cólico	Irritación mental, impaciencia, fastidio por las circunstancias.	*Este niño solo reacciona al amor y solo tiene pensamientos de amor. Todo está en paz.*

Colitis *Véase*: colitis espástica, colon, colon mucoso, intestinos	Inseguridad. Representa facilidad o no de olvidar el pasado.	*Formo parte del perfecto ritmo y flujo de la vida. Todo está en el orden divino correcto.*
Colitis espástica *Véase*: colitis, colon, colon mucoso, intestinos	Temor a desprenderse de algo. Inseguridad.	*Estoy a salvo por vivir. La vida siempre verá por mí. Todo está bien.*
Colon	Miedo a soltar algo. Aferrarse al pasado.	*Libero fácilmente todo lo innecesario. El pasado quedó atrás, y soy libre.*
Colon mucoso *Véase*: colitis, colitis espástica, colon, intestinos	Acumulación de depósitos de pensamientos viejos y confusos que obstruyen el canal de eliminación. Deleitarse en los pegajosos espejismos del pasado.	*Me libero del pasado y lo disuelvo. Pienso claramente. Ahora vivo en paz y con alegría.*
Columna vertebral	Soporte flexible de la vida.	*La vida me apoya.*
Coma	Miedo. Huir de algo o alguien.	*Te rodeamos de seguridad y amor. Creamos un espacio para que sanes. Eres amado.*
Comezón (prurito)	Deseos contrarios a principios. Insatisfacción. Remordimiento. Ansia de evadirse o escapar.	*Estoy en paz justo donde me encuentro. Acepto mi bien, sabiendo que todas mis necesidades y deseos serán satisfechos.*
Congestión *Véase*: bronquitis, influenza, resfriado		

Problema	Causa probable	Nuevo patrón mental
Conjuntivitis *Véase*: conjuntivitis aguda	Enojo y frustración por lo que ves en la vida.	*Veo con los ojos del amor. Hay una solución armoniosa, y la acepto ahora.*
Conjuntivitis aguda *Véase*: conjuntivitis	Enojo y frustración. No querer ver.	*Me libero de la necesidad de tener razón. Estoy en paz. Me amo y apruebo.*
Contusiones (equimosis)	Los pequeños golpes de la vida. Autocastigo.	*Me amo y aprecio. Soy bueno y amable conmigo. Todo está bien.*
Corazón *Véase*: sangre	Representa el centro del amor y la seguridad.	*Mi corazón late al ritmo del amor.*
-Infarto (al miocardio) *Véase*: trombosis coronaria	Dejar sin alegría al corazón en favor del dinero, prestigio, etcétera.	*Vuelvo a poner la felicidad en el centro de mi corazón. Expreso amor por todo.*
-Problemas de	Arraigados problemas emocionales. Infelicidad. Endurecimiento del corazón. Confianza en el esfuerzo y el estrés.	*Dicha. Dicha. Dicha. Permito con amor que la dicha fluya por mi mente, cuerpo y experiencia.*
Cortadas *Véase*: heridas, lesiones	Castigo por no seguir tus propias reglas.	*Creo una vida llena de satisfacciones.*
Cortedad de vista *Véase*: miopía, problemas de ojos		

Cuello (columna cervical)	Representa flexibilidad. La capacidad de ver qué hay atrás.	*Estoy en paz con la vida.*
Cuello rígido *Véase:* problemas de cuello	Obstinación inflexible.	*Me siento seguro al considerar otros puntos de vista.*
Curvatura de la columna vertebral (escoliosis) *Véase:* hombros rígidos	Incapacidad de fluir con el apoyo de la vida. Miedo e intento de aferrarse a viejas ideas. No confiar en la vida. Falta de integridad. Sin ánimo ni convicción.	*Me libero de todos mis temores. Confío ahora en el proceso de la vida. Sé que la vida es para mí. Me enderezo e incorporo con amor.*
Debilidad	Necesidad de descanso mental.	*Le doy a mi mente unas buenas vacaciones.*
Dedos	Representan los detalles de la vida.	*Estoy en paz con los detalles de mi vida.*
-Anular	Representa uniones y pesar.	*Amo apaciblemente.*
-Índice	Representa ego y temor.	*Estoy protegido.*
-Medio	Representa enojo y sexualidad.	*Estoy a gusto con mi sexualidad.*
-Meñique	Representa la familia y las aspiraciones.	*Formo parte de la familia de la Vida.*

Problema	Causa probable	Nuevo patrón mental
-Pulgar	Representa intelecto y preocupación.	*Mi mente está en paz.*
Dedos artríticos	Deseo de castigo. Culpa. Sensación de ser víctima de algo.	*Veo con amor y comprensión. Pongo todas mis experiencias bajo la luz del amor.*
Dedos del pie	Representan los detalles menores del futuro.	*Todos los detalles saldrán bien.*
Deformidades	Karma. Tú decidiste venir así al mundo. Elegimos a nuestros padres e hijos. Asuntos pendientes.	*Cada experiencia es perfecta para nuestro proceso de crecimiento. Estoy en paz donde estoy.*
Demencia (trastorno psiquiátrico)	Huir de la familia. Escapismo, retraimiento. Separación violenta de la vida.	*Esta mente conoce su verdadera identidad y su punto creativo de autoexpresión divina.*
Demencia senil *Véase:* mal de Alzheimer, senilidad	Negación a enfrentar el mundo tal como es. Desesperanza y enojo.	*Estoy en el lugar perfecto para mí, y me siento protegido en todo momento.*
Depresión	Enojo que no crees estar en derecho de tener. Desesperanza.	*Rebaso ahora los temores y limitaciones de los demás. Creo mi vida.*

Derrame cerebral (lesión cerebrovascular)	Rendición. Resistencia. «Antes muerto que cambiar». Rechazo a la vida.	*La vida es cambio, y me adapto fácilmente a lo nuevo. Acepto la vida: presente, pasado y futuro.*
Desgaste degenerativo de discos de la columna	Falta de apoyo. Miedo a la vida. Incapacidad para confiar.	*Estoy dispuesto a aprender a amarme. Permito que mi amor me sostenga. Estoy aprendiendo a confiar en la vida y a aceptar su abundancia. Me siento seguro al confiar.*
Desmayo (ataque vasovagal)	Temor. Imposibilidad de hacer frente a las cosas. Anulación.	*Tengo el poder, la fuerza y el conocimiento necesarios para manejar todo en mi vida.*
Diabetes (hiperglucemia, mellitus)	Ansia de lo que pudo haber sido. Gran necesidad de control. Profundo pesar. Agotamiento de toda dulzura.	*Este momento está lleno de dicha. Ahora decido experimentar la dulzura de hoy.*
Diarrea	Temor. Rechazo. Huida.	*Mi consumo, asimilación y eliminación están en perfecto orden. Estoy en paz con la vida.*
Dientes	Representan decisiones.	
-Cariados	Incapacidad para tomar decisiones. Tendencia a desistir con facilidad.	*Lleno mis decisiones de amor y compasión. Mis nuevas decisiones me sostienen y fortalecen. Tengo ideas nuevas y las pongo en acción. Estoy seguro en mis nuevas decisiones.*

Problema	Causa probable	Nuevo patrón mental
-Problemas de	Indecisión persistente. Incapacidad de descomponer ideas para analizarlas y tomar decisiones.	*Tomo decisiones con base en la verdad, y sé que en mi vida solo ocurre lo correcto.*
Difteria *Véase:* bronquitis		
Disco herniado	Sensación de total falta de apoyo de la vida. Indecisión.	*La vida apoya todos mis pensamientos, así que me amo y apruebo, y todo está bien.*
Disentería	Miedo y enojo intenso.	*Creo paz en mi mente, y mi cuerpo lo refleja.*
-**Amibiasis**	Creer que todos están en tu contra.	*Yo soy el poder y la autoridad en mi mundo. Estoy en paz.*
-**Bacilar**	Opresión y desesperanza.	*Estoy lleno de vida, energía y alegría de vivir.*
Dismenorrea *Véase:* problemas femeninos, problemas menstruales	Enojo contigo misma. Aversión al cuerpo o a las mujeres.	*Amo mi cuerpo. Me amo a mí misma. Amo todos mis ciclos. Todo está bien.*
Distrofia muscular	«No vale la pena crecer.»	*Rebaso las limitaciones de mis padres. Soy libre de ser tan bueno como pueda.*

Divieso *Véase*: problemas de ojos	Ver la vida con ojos iracundos. Enojo contra alguien.	Decido ver a todos y todo con alegría y amor.
Dolor	Culpa. La culpa siempre busca castigo.	Me libero felizmente del pasado. Ellos son libres y yo también. Todo está bien ahora en mi corazón.
Dolor de cabeza *Véase*: migraña	Invalidación de uno mismo. Autocrítica. Miedo.	Me amo y apruebo. Me veo y veo lo que hago con ojos de amor. Estoy a salvo.
Dolor de garganta *Véase*: amigdalitis, garganta, tonsilitis	Contener palabras iracundas. Sentirse incapaz de expresarse.	Me libero de todas las restricciones, y soy libre de ser como soy.
Dolor de oído (otitis: externa/media/interna)	Enojo. No querer escuchar. Demasiada agitación. Discusiones entre los padres.	Me rodea la armonía. Escucho con amor lo bueno y grato. Soy un centro de amor.
Dolores	Ansia de amor. Deseo de ser abrazado.	Me amo y apruebo. Amo y me aman.
Eczema	Antagonismo extremo. Erupciones mentales.	Armonía y paz, amor y alegría me rodean y residen en mí. Me siento seguro y protegido.
Edema *Véase*: hinchazón, retención de líquidos	¿De qué o quién no quieres desprenderte?	Me libero con gusto del pasado. Estoy seguro de dejarlo ir. Soy libre ahora.

Problema	Causa probable	Nuevo patrón mental
Endodoncia, tratamiento de *Véase:* dientes	Ya no poder morder nada. Sensación de desgaste de creencias profundas.	*Pongo cimientos firmes para mí y mi vida. Decido que mis creencias me sostengan jubilosamente.*
Endometriosis	Inseguridad, desilusión y frustración. Remplazo del amor propio por azúcar. Culpas.	*Soy fuerte y deseable. Es maravilloso ser mujer. Me amo y me siento realizada.*
Enfermedad divina *Véase:* epilepsia		
Enfermedades crónicas	Negación a cambiar. Miedo al futuro. Inseguridad.	*Estoy dispuesto a cambiar y crecer. Creo ahora un futuro nuevo y confiable.*
Enfermedades de la niñez	Creencia en calendarios, conceptos sociales y leyes falsas. Conducta infantil de los adultos circundantes.	*Este niño está divinamente protegido y rodeado de amor. Merece inmunidad mental.*
Enfermedades incurables	Imposibles de curar por medios externos hasta ahora. Hay que ir al interior para efectuar la cura. Vinieron de la nada y volverán a la nada.	*Todos los días ocurren milagros. Me vuelco en mi interior para destruir el patrón que creó esto, y acepto ahora una curación Divina. ¡Y así será!*

Enfermedades venéreas *Véase:* gonorrea, herpes, sida, sífilis	Culpa sexual. Necesidad de castigo. Creer que los genitales son pecaminosos o sucios. Abusar de otra persona.	Acepto con amor y alegría mi sexualidad y su expresión. Solo acepto pensamientos que me respaldan y me hacen sentir bien.
Enfisema	Miedo a aceptar la vida. Sensación de no ser digno de vivir.	Es mi derecho vivir plena y libremente. Amo la vida. Me amo.
Entumecimiento (parastesia)	Retención de amor y consideración. Inactividad mental.	Comparto mis sentimientos y amor. Respondo al amor en todos.
Enuresis *Véase:* mojar la cama		
Epilepsia	Sensación de persecución. Rechazo a la vida. Impresión de mucho esfuerzo. Violencia con uno mismo.	Decido ver la vida como eterna y dichosa. Soy eterno y feliz, y estoy en paz.
Equilibrio, pérdida del	Dispersión mental. Falta de centro.	Me centro en la seguridad y acepto la perfección de mi vida. Todo está bien.
Equimosis *Véase:* contusiones		
Eructos	Miedo. Engullir la vida demasiado rápido.	Hay tiempo y espacio para todo lo que debo hacer. Estoy en paz.

Problema	Causa probable	Nuevo patrón mental
Escalofríos	Contracción mental, retraimiento. Deseo de apartarse. «Déjenme en paz.»	*Estoy seguro y protegido en todo momento. El amor me rodea y protege. Todo está bien.*
Esclerodermia	Protegerse de la vida. Desconfiar de que uno mismo sea capaz de cuidarse.	*Me relajo por completo porque ahora sé que estoy fuera de peligro. Confío en la vida y en mí.*
Esclerosis lateral amiotrófica (ELA, o mal de Lou Gehrig)	Renuencia a aceptar la autoestima. Negación del éxito.	*Sé que valgo. Estoy seguro de tener éxito. La vida me ama.*
Esclerosis múltiple	Dureza de mente y de corazón, voluntad de hierro, inflexibilidad. Miedo.	*Al elegir pensamientos amorosos y felices, creo un mundo amoroso y feliz. Me siento protegido y soy libre.*
Escoliosis *Véase:* curvatura de la columna vertebral, hombros rígidos		
Escorbuto	Insatisfacción con una decisión ya tomada.	*Confío en que en mi vida siempre ocurre lo correcto. Estoy en paz.*

Escurrimiento posnasal	Llanto interno. Lágrimas infantiles. Sentimiento de víctima.	*Reconozco y acepto que soy la fuerza creativa en mi mundo. Decido ahora disfrutar mi vida.*
Espalda	Representa el sostén de la vida.	*Sé que la vida siempre me apoya.*
-Problemas de base	Temor por causas de dinero. Falta de apoyo económico.	*Confío en el proceso de la vida. Me basta con ese cuidado. Estoy seguro.*
-Problemas de parte media	Culpa. Aferramiento a todo lo que se carga. «Quítenseme de encima.»	*Me libero del pasado. Soy libre de avanzar con amor en mi corazón.*
-Problemas de parte superior	Falta de apoyo emocional. No sentirse amado. Contener el amor.	*Me amo y apruebo. La vida me apoya y me ama.*
Espasmos	Tensión mental a causa del miedo.	*Me libero, me relajo y me suelto. Estoy a salvo en la vida.*
Espinillas	Pequeños arranques de enojo.	*Calmo mis pensamientos y me sereno.*
Espinillas (huesos de las piernas)	Descomposición de ideales. Las espinillas representan los estándares de la vida.	*Cumplo mis más elevados estándares con amor y alegría.*

Problema	Causa probable	Nuevo patrón mental
Esterilidad	Temor y resistencia al proceso de la vida, o no necesitar pasar por la experiencia de la paternidad / maternidad.	Confío en el proceso de la vida. Siempre estoy en el lugar indicado, haciendo lo correcto en el momento oportuno. Me amo y apruebo.
Estómago	Aloja los alimentos. Digiere ideas.	Asimilo la vida con facilidad.
Estreñimiento	Negativa a liberarse de viejas ideas. Estancamiento en el pasado. A veces tacañería.	Mientras me libero del pasado, llega lo nuevo, fresco y vital. Permito que la vida fluya a través de mí.
Exotropía *Véase:* problemas de ojos		
Fatiga	Resistencia, tedio. Falta de gusto por lo que se hace.	Soy un optimista de la vida y estoy lleno de energía y entusiasmo.
Fibromas y quistes *Véase:* problemas femeninos	Alimentar una herida causada por la pareja. Un golpe al ego femenino.	Me libero del patrón que atrajo esta experiencia. Solo creo bien en mi vida.
Fibrosis quística	Firme creencia en que la vida no te dará satisfacciones. «Pobre de mí.»	La vida me ama, y yo a ella. Decido ahora aceptarla plena y libremente.
Fiebre	Enojo. Furia.	Soy la expresión fresca y tranquila de la paz y el amor.

Fiebre del heno *Véase:* alergias	Congestión emocional. Temor al calendario. Sensación de persecución. Culpa.	*Soy uno con TODA LA VIDA. Estoy fuera de peligro en todo momento.*
Fiebre glandular *Véase:* mononucleosis		
Fístula	Miedo. Bloqueo en el proceso de desprendimiento.	*A nada le temo. Confío plenamente en el proceso de la vida. La vida es para mí.*
-En el ano	Liberación incompleta de desechos. Aferramiento a la basura del pasado.	*Me libero por completo del pasado con amor. Soy libre. Soy amor.*
Flacidez	La flacidez del rostro es producto de la flacidez mental. Rencores con la vida.	*Expreso la alegría de vivir y me permito disfrutar a plenitud cada momento de cada día. Soy joven de nuevo.*
Flatulencias *Véase:* gases		
Flebitis	Enojo y frustración. Culpar a otros de las limitaciones y la falta de alegría en la vida.	*La alegría fluye ahora libremente dentro de mí, y estoy en paz con la vida.*
Flujo nasal *Véase:* influenza		

Problema	Causa probable	Nuevo patrón mental
Forúnculos *Véase:* ganglios inflamados		
Frigidez	Miedo. Negación del placer. Creencia de que el sexo es malo. Parejas insensibles. Temor al padre.	*Me siento segura al disfrutar de mi cuerpo. Me regocijo en ser mujer.*
Fuegos *Véase:* boquera, *herpes simplex*		
Ganglios inflamados (forúnculos) *Véase:* carbuncos	Enojo. Perder el control. Furia.	*Expreso amor y alegría y estoy en paz.*
Gangrena	Mente morbosa. Pensamientos ponzoñosos que ahogan la alegría.	*Elijo ahora pensamientos armoniosos y dejo que la alegría me invada.*
Garganta	Vía de expresión. Canal de creatividad.	*Abro mi corazón y canto las dichas del amor.*
-Problemas de *Véase:* dolor de garganta	Incapacidad para hablar por uno mismo. Tragarse el enojo. Creatividad ahogada. Negarse a cambiar.	*Es correcto hacer ruido. Yo me expreso libre y jubilosamente. Hablo por mí mismo con facilidad. Expreso mi creatividad. Estoy dispuesto a cambiar.*

Gases (flatulencias)	Fijación. Miedo. Ideas no digeridas.	*Me relajo y dejo que la vida fluya con soltura en mí.*
Gastritis *Véase:* problemas estomacales	Incertidumbre prolongada. Sensación de ruina.	*Me amo y apruebo. Estoy protegido.*
Genitales	Representan los principios masculino y femenino.	*Me siento seguro al ser yo.*
-Problemas de los	Preocupación de no estar a la altura.	*Me regocijo en mi expresión de la vida. Soy perfecto tal como soy. Me amo y apruebo.*
Glándula pituitaria	Representa el centro de control.	*Mi mente y cuerpo están en perfecto equilibrio. Controlo mis pensamientos.*
Glándula(s)	Representan estaciones de reabastecimiento. Actividad de recuperación de impulso.	*Soy una fuerza creativa en mi mundo.*
Globus hystericus *Véase:* nudo en la garganta		
Gonorrea *Véase:* enfermedades venéreas	Necesidad de castigo por ser una mala persona.	*Amo mi cuerpo. Amo mi sexualidad. Me amo.*

Problema	Causa probable	Nuevo patrón mental
Gordura *Véase:* sobrepeso	Sensibilidad excesiva. A menudo representa miedo y exhibe una necesidad de protección. El miedo puede encubrir enojo y resistencia a perdonar.	*Estoy protegido por el Amor Divino. Siempre estoy a salvo. Estoy dispuesto a crecer y asumir responsabilidad de mi vida. Perdono a los demás y ahora creo mi vida como quiero. Se acabó el temor.*
-De brazos	Enojo por negación de amor.	*Me siento seguro al crear todo el amor que deseo.*
-De cadera	Acumulación de enojo obstinado contra los padres.	*Estoy dispuesto a perdonar el pasado. Estoy protegido si rebaso las limitaciones de mis padres.*
-De muslos	Enojo contenido desde la infancia. Con frecuencia, cólera contra el padre.	*Veo a mi padre como un niño sin amor, y lo perdono con facilidad. Ambos somos libres.*
-De vientre	Enojo por negación de alimento.	*Me nutro de alimento espiritual y estoy satisfecho y libre.*
Gota	Necesidad de dominar. Impaciencia, enojo.	*Me siento seguro y protegido. Estoy en paz conmigo y con los demás.*
Halitosis *Véase:* mal aliento	Actitudes insidiosas, chismes malintencionados, mente sucia.	*Hablo con amabilidad y amor. Solo exhalo cosas buenas.*

Hematoquecia *Véase:* sangrado anorrectal		
Hemorragia	Agotamiento de la dicha. Enojo, ¿pero de qué?	Soy la dicha de la vida expresándose, la recibo a un ritmo perfecto.
Hemorroides *Véase:* ano	Miedo al vencimiento de plazos. Enojo con el pasado. Temor a soltar algo. Sensación de opresión.	Me libero de todo lo que sea ajeno al amor. Hay tiempo y espacio para todo lo que quiero hacer.
Hepatitis *Véase:* problemas de hígado	Resistencia al cambio. Miedo, enojo, odio. El hígado es la sede del enojo y la ira.	Mi mente está limpia y libre. Dejo el pasado y avanzo a lo nuevo. Todo está bien.
Heridas *Véase:* cortadas, lesiones	Enfado y censura de uno mismo.	Me perdono, y decido amarme.
Hernia	Ruptura de relaciones. Tensión, cargas, expresión creativa incorrecta.	Mi mente es buena y armoniosa. Me amo y apruebo. Soy libre de ser yo.
Herpes (herpes genital) *Véase:* enfermedades venéreas	Extendida sensación de culpa sexual y necesidad de castigo. Vergüenza pública. Creencia en un Dios castigador. Rechazo de los genitales.	Mi concepto de Dios me sostiene. Soy normal y natural. Me regocijo en mi sexualidad y en mi cuerpo. Soy maravilloso.

Problema	Causa probable	Nuevo patrón mental
Herpes simplex (herpes labial) *Véase:* boquera	Urgencia de chismear. Palabras mordaces contenidas.	*Solo pienso y digo palabras de amor. Estoy en paz con la vida.*
Hígado	Sede del enojo y las emociones primitivas.	*Amor, paz y alegría es lo que conozco.*
Hinchazón *Véase:* edema, retención de líquidos	Aferrarse a una manera de pensar. Ideas bloqueadas, gastadas.	*Mis pensamientos fluyen libre y fácilmente. Me muevo con soltura a través de las ideas.*
Hiperactividad	Miedo. Sensación de apremio y urgencia.	*Estoy a salvo. Toda la presión se desvanece. Estoy a la altura.*
Hiperglucemia *Véase:* diabetes		
Hipermetropía *Véase:* problemas de ojos		
Hipertensión *Véase:* problemas de sangre		

Hipertiroidismo *Véase:* tiroides	Ira por ser excluido.	*Estoy en el centro de la vida, y me apruebo a mí mismo y todo lo que veo.*
Hiperventilación *Véase:* ataques de asfixia, problemas respiratorios	Miedo. Resistencia al cambio. No confiar en el proceso.	*Estoy seguro y protegido en cualquier lugar del Universo. Me amo y confío en el proceso de la vida.*
Hipoglucemia	Agobio por las cargas de la vida. «¿Qué caso tiene?»	*Decido ahora volver ligera, fácil y alegre mi vida.*
Hipotiroidismo *Véase:* tiroides	Rendirse. Sensación de ahogo irremediable.	*Creo una vida nueva con reglas nuevas que me sostienen por completo.*
Hombros *Véase:* articulaciones, hombros rígidos	Representan nuestra capacidad para llevar con gusto las experiencias de la vida. Convertimos la vida en una carga con nuestra actitud.	*Decido permitir que todas mis experiencias sean jubilosas y agradables.*
Hombros rígidos *Véase:* curvatura de la columna vertebral, hombros	Soportar las cargas de la vida. Indefensión y desamparo.	*Me enderezo y libero. Me amo y apruebo. Mi vida mejora cada día.*
Hongos	Sensación de estancamiento. Negativa a desprenderse del pasado. Permitir que el pasado gobierne el presente.	*Vivo en el presente con alegría y libertad.*

Problema	Causa probable	Nuevo patrón mental
Hueso púbico	Representa la protección de los genitales.	_Mi sexualidad está a salvo._
Hueso(s) _Véase:_ osamenta	Representan la estructura del universo.	_Estoy bien estructurado y balanceado._
Ictericia _Véase:_ problemas de hígado	Prejuicios internos y externos. Razón desbalanceada.	_Siento tolerancia, compasión y amor por toda la gente, yo incluido._
Ileítis (mal de Crohn, enteritis regional)	Temor. Preocupación. No sentirse a la altura.	_Me amo y apruebo. Hago todo lo que puedo. Soy maravilloso. Estoy en paz._
Impotencia	Presión, tensión y culpa sexual. Creencias sociales. Rencor a una pareja anterior. Miedo a la madre.	_Permito ahora que el pleno poder de mi principio sexual opere con soltura y alegría._
Incontinencia	Sobreflujo emocional. Años de controlar emociones.	_Estoy dispuesto a sentir. Estoy seguro al expresar mis emociones. Me amo a mí mismo._
Indigestión	Miedo visceral, pavor, angustia. Fijación y quejumbre.	_Digiero y asimilo pacífica y jubilosamente todas las experiencias nuevas._
Infarto al miocardio _Véase:_ corazón, infarto		

Infecciones *Véase:* infecciones virales	Irritación, enojo, fastidio.	*Decido ser pacífico y armonioso.*
Infecciones por ulceración *Véase:* aftas, cándida	Negar tus necesidades. No apoyarte.	*Decido ahora apoyarme en forma amable y jubilosa.*
Infecciones urinarias (cistitis, pielonefritis)	Enfurecimiento, por lo general con el sexo opuesto o la pareja. Culpar a los demás.	*Me libero del patrón en mi conciencia que creó esta afección. Estoy dispuesto a cambiar. Me amo y apruebo.*
Infecciones virales *Véase:* infecciones	Falta de alegría en la vida. Amargura.	*Permito con amor que fluya alegría en mi vida. Me amo.*
Infertilidad *Véase:* problemas de fecundidad		
Inflamación *Véase:* itis	Miedo. Ver señales de alarma en todas partes. Pensamiento exaltado.	*Mi pensamiento está en paz, sereno y centrado.*
Influenza *Véase:* afecciones respiratorias	Reacción a una negatividad y creencias abrumadoras. Miedo. Confianza en la estadística.	*Estoy más allá de creencias grupales o calendáricas. Estoy libre de toda congestión e influencia.*

Problema	Causa probable	Nuevo patrón mental
Inmovilidad *Véase*: parálisis	Miedo. Terror. Huir de una situación o persona. Resistencia.	*Soy uno con toda la vida. Soy completamente apto en toda situación.*
Insomnio	Miedo. No confiar en el proceso de la vida. Culpa.	*Me libero amorosamente del día y me deslizo a un sueño tranquilo, sabiendo que mañana todo saldrá bien.*
Intestinos	Representan la liberación de desechos.	*Es fácil desprenderse de todo.*
Intestinos *Véase*: colon	Asimilación. Absorción. Eliminación sin problemas.	*Asimilo y absorbo fácilmente todo lo que debo saber y me libero del pasado con alegría.*
-Problemas de	Miedo a dejar lo viejo y lo que ya no es necesario.	*Me libero fácilmente de lo viejo y acepto lo nuevo con alegría.*
Intoxicación	Dejar a los demás tomar el control. Sentirse indefenso.	*Tengo la fuerza, el poder y la habilidad necesarios para asimilar todo lo que se cruza en mi camino.*
Itis *Véase*: inflamación	Enojo y frustración por las condiciones que observas en tu vida.	*Estoy dispuesto a cambiar todos los patrones de críticas. Me amo y apruebo.*
Juanetes	Falta de alegría en las experiencias de la vida.	*Salgo felizmente al encuentro de las maravillosas experiencias de la vida.*

Lado derecho del cuerpo	Regalar, soltar, energía masculina, hombres, el padre.	Equilibro mi energía masculina sin ningún esfuerzo.
Lado izquierdo del cuerpo	Representa receptividad, aceptación, energía femenina, mujeres, la madre.	Mi energía femenina está perfectamente equilibrada.
Laringitis	Tanto enojo que es imposible hablar. Miedo a alzar la voz. Rencor a la autoridad.	Soy libre de pedir lo que quiero. Me siento seguro al expresarme. Estoy en paz.
Lengua	Representa la capacidad para disfrutar de los placeres de la vida.	Me regocijo en la pródiga generosidad de mi vida.
Lepra	Incapacidad para manejar la vida. Firme creencia de no ser lo bastante bueno o limpio.	Me elevo por encima de toda limitación. Soy Divinamente guiado e inspirado. El amor lo cura todo.
Lesión cerebrovascular *Véase:* derrame cerebral		
Lesiones *Véase:* cortadas, heridas	Enojo con uno mismo. Sentimiento de culpa.	Libero ahora el enojo en formas positivas. Me amo y aprecio.
Leucemia *Véase:* Problemas de sangre	Sofocamiento brutal de la inspiración. «¿Qué caso tiene?»	Rebaso las limitaciones pasadas y entro a la libertad del ahora. Me siento seguro de ser yo.

Problema	Causa probable	Nuevo patrón mental
Leucorrea *Véase:* problemas femeninos, vaginitis	Creencia de que las mujeres no tienen poder sobre el sexo opuesto. Enojo con la pareja.	*Creo todas mis experiencias. Soy la fuerza. Me regocijo en mi feminidad. Soy libre.*
Llagas	Enojo no expresado que permanece.	*Expreso mis emociones en formas jubilosas y positivas.*
Llagas ulceradas	Palabras ofensivas contenidas por los labios. Culpa.	*Solo creo experiencias gozosas en mi mundo lleno de amor.*
Llanto	Las lágrimas son el río de la vida, rebosante de dicha tanto como de tristeza y temor.	*Estoy en paz con todas mis emociones. Me amo y apruebo.*
Lupus (eritematosis)	Rendición. Antes muerto que hablar por uno mismo. Enojo y castigo.	*Hablo por mí, libre y fácilmente. Reclamo mi poder. Me amo y apruebo. Soy libre y me siento protegido.*
Mal aliento *Véase:* halitosis	Pensamientos de enfado y venganza. Experimentar retroceso.	*Me libero del pasado con amor. Decido expresar solo amor.*
Mal de Addison *Véase:* problemas suprarrenales	Desnutrición emocional severa. Enojo con uno mismo.	*Cuido con amor mi cuerpo, mente y mis emociones.*

Mal de Alzheimer *Véase:* demencia senil, senilidad	Negarse a enfrentar el mundo tal como es. Desesperanza e impotencia. Cólera.	Siempre hay una forma nueva y mejor de experimentar mi vida. Perdono y me libero del pasado. Acepto la alegría.
Mal de Bright *Véase:* nefritis	Sentirse como un niño que no puede hacer bien las cosas ni está a la altura. Un fracaso. Un caso perdido.	Me amo y apruebo. Cuido de mí. Soy completamente apto en todo momento.
Mal de Cushing *Véase:* problemas suprarrenales	Desbalance mental. Sobreproducción de ideas apabullantes. Sensación de tener mucho poder.	Equilibro con amor mi mente y mi cuerpo. Elijo ahora pensamientos que me hacen sentir bien.
Mal de Hodgkin	Culpa y profundo temor de no estar a la altura. Urgencia de demostrar el valor propio al punto de vaciar la sangre. Olvido de la alegría de vivir, por la carrera en la aceptación.	Me da mucho gusto ser quien soy. Valgo la pena. Me amo y apruebo. Soy la alegría expresándose y recibiéndose.
Mal de Huntington	Resentimiento por no poder hacer cambiar a los demás. Desesperanza.	Cedo todo el control al Universo. Estoy en paz conmigo y con la vida.
Mal de Lou Gehrig *Véase:* esclerosis lateral amiotrófica		

Problema	Causa probable	Nuevo patrón mental
Mal de Paget	Sensación de que ya no hay dónde apoyarse. «A nadie le importa.»	*Sé que la vida me apoya en forma grande y gloriosa. La vida me ama y cuida de mí.*
Mal de Pfeiffer *Véase:* mononucleosis		
Mal de Parkinson *Véase:* parálisis	Temor e intenso deseo de controlarlo todo y a todos.	*Me relajo sabiendo que estoy protegido. La vida confía en mí, y yo en el proceso de la vida.*
Manos	Sujetar y manipular. Tomar y apretar. Prender y soltar. Acariciar. Pellizcar. Todas las formas de tratar con experiencias.	*Decido manejar todas mis experiencias con amor, alegría y soltura.*
Mareo *Véase:* mareo por movimiento	Temor. Ataduras. Sensación de estar atrapado.	*Avanzo con soltura por el tiempo y el espacio. Solo me rodea amor.*
Mareo (vértigo)	Mente caprichosa, dispersa. Negarse a mirar.	*Estoy firmemente centrado y tranquilo en la vida. Me siento seguro al estar vivo y feliz.*
Mareo acuático *Véase:* mareo por movimiento	Temor. Miedo a la muerte. Falta de control.	*No tengo nada que temer en el Universo. Estoy en paz en todas partes. Confío en la Vida.*

Mareo por movimiento *Véase*: mareo, mareo acuático	Miedo. Temor de no tener el control.	Siempre controlo mis pensamientos. Me siento seguro. Me amo y apruebo.
Mastitis *Véase*: problemas de senos		
Mastoiditis	Enojo y frustración. Deseo de no oír lo que pasa. Usualmente en niños. Miedo que contamina el entendimiento.	La paz y armonía Divinas me rodean y residen en mí. Soy un oasis de paz, amor y dicha. Todo está bien en mi mundo.
Matriz	Representa la sede de la creatividad.	Estoy en casa en mi cuerpo.
Médula ósea	Representa tus opiniones más íntimas sobre ti. Cómo te respaldas y te cuidas.	El Espíritu Divino está en la estructura de mi vida. Soy amado y apoyado por completo. Estoy protegido.
Mellitus *Véase*: diabetes		
Meningitis espinal	Pensamiento exaltado y furia hacia la vida.	Me libero de toda censura y acepto la tranquilidad y alegría de la vida.

Problema	Causa probable	Nuevo patrón mental
Migraña *Véase:* dolor de cabeza	Disgusto por ser conducido. Resistencia al flujo de la vida. Temores sexuales. (Por lo general puede aliviarse con la masturbación.)	Me relajo en el flujo de la vida y dejo que ella me brinde todo lo que necesito fácil y cómodamente. La vida es para mí.
Miopía *Véase:* problemas de ojos	Miedo al futuro. Desconfianza de lo que está adelante.	Acepto la orientación Divina y siempre estoy a salvo.
Mojar la cama (enuresis)	Miedo a uno de los padres, por lo general al padre.	Este niño es visto con amor, compasión y comprensión. Todo está bien.
Mononucleosis (mal de Pfeiffer, fiebre glandular)	Enojo por no recibir amor y aprecio. Descuido de uno mismo.	Me amo, aprecio y cuido de mí. Valgo la pena.
Morderse las uñas	Frustración que corroe la individualidad. Aversión hacia uno de los padres.	Siento seguridad al crecer. Ahora manejo mi vida con alegría y soltura.
Mordidas	Temor. Sensibilidad a los desaires.	Me perdono y me amo ahora y siempre.
-De animales	Enojo volcado al interior. Necesidad de castigo.	Soy libre.
-De insectos (picaduras)	Culpa por nimiedades.	Estoy libre de irritaciones. Todo está bien.

Muela del juicio	No darte espacio mental para poner cimientos firmes.	*Abro mi conciencia a la expansión de la vida. Sobra espacio para que yo crezca y cambie.*
Muerte	Representa abandonar la película de la vida.	*Avanzo jubilosamente a nuevos niveles de experiencia. Todo está bien.*
Muñeca	Representa movimiento y soltura.	*Manejo todas mis experiencias con sabiduría, soltura y amor.*
Músculos	Resistencia a nuevas experiencias. Los músculos representan nuestra capacidad para avanzar en la vida.	*Experimento la vida como un baile jubiloso.*
Nacimiento	Representa el inicio de un nuevo segmento de la película de la vida.	*Este bebé empieza ahora una nueva, feliz y maravillosa vida. Todo está bien.*
-Defectos de	Karma. Decidiste venir así. Elegimos a nuestros padres e hijos. Asuntos pendientes.	*Toda experiencia es perfecta para nuestro proceso de crecimiento. Estoy en paz donde estoy.*
Nalgas	Representan poder. Nalgas flojas, pérdida de poder.	*Uso prudentemente mi poder. Soy fuerte. Tengo seguridad. Todo está bien.*
Narcolepsia	Imposibilidad de hacer frente a las cosas. Temor extremo. Querer huir de todo. No querer estar donde se está.	*Confío en que la sabiduría y orientación Divinas me protegen en todo momento. A nada le temo.*

Problema	Causa probable	Nuevo patrón mental
Nariz	Representa el reconocimiento de uno mismo.	*Reconozco mi capacidad intuitiva.*
-Escurrimiento de	Buscar ayuda. Llanto interior.	*Aprecio el bienestar en formas gratas para mí.*
-Hemorragias de	Necesidad de reconocimiento. Sensación de no ser valorado y advertido. Llorar por necesidad de amor.	*Me amo y apruebo. Reconozco mi verdadero valor. Soy maravilloso.*
-Tapada	No reconocer la autoestima.	*Me amo y aprecio.*
Náusea	Miedo. Rechazar una idea o experiencia.	*Estoy a salvo. Confío en que el proceso de la vida solo procura mi bien.*
Nefritis *Véase:* mal de Bright	Reacción exagerada a la desilusión y el fracaso.	*En mi vida solo ocurre lo correcto. Me libro de lo viejo y doy la bienvenida a lo nuevo. Todo está bien.*
Nervios	Representan la comunicación. Reporteros receptivos.	*Me comunico con soltura y alegría.*
Nerviosismo	Miedo, ansiedad, forcejeo, precipitación. No confiar en el proceso de la vida.	*Estoy en un viaje sin fin por la eternidad, y hay mucho tiempo. Me comunico con el corazón. Todo está bien.*

Neuralgia	Castigo por una culpa. Angustia a causa de la comunicación.	*Me perdono. Me amo y apruebo. Me comunico con amor.*
Nódulos	Resentimiento y frustración; ego lastimado por motivos profesionales.	*Me libero del patrón de demora dentro de mí, y ahora permito que el éxito sea mío.*
Nudo en la garganta (*Globus hystericus*)	Miedo. No confiar en el proceso de la vida.	*Siento seguridad. Confío en que la vida está de mi lado. Me expreso con libertad y alegría.*
Oído	Representa la capacidad para escuchar.	*Escucho con amor.*
Ojo(s)	Representan la capacidad para ver claramente pasado, presente y futuro.	*Veo con amor y alegría.*
Ojos resecos	Ojos enojados. Negación a ver con amor. Antes muerto que perdonar. Rencor.	*Estoy dispuesto a perdonar. Inspiro vida en mi vista y veo con compasión y comprensión.*
Osamenta *Véase:* huesos	Desmoronamiento de la estructura. Los huesos representan la estructura de tu vida.	*Soy fuerte y saludable. Estoy bien estructurado.*

Problema	Causa probable	Nuevo patrón mental
Osteomielitis *Véase:* problemas de huesos	Enojo y frustración por la estructura de la vida. Sensación de no tener apoyo.	*Confío en el proceso de la vida y estoy en paz con él. Me siento seguro y protegido.*
Osteoporosis *Véase:* problemas de huesos	Sensación de ya no tener apoyo en la existencia.	*Me valgo por mí mismo, y la vida me apoya en formas inesperadas y cordiales.*
Ovarios	Representan un punto de creación. Creatividad.	*Estoy en equilibrio en mi flujo creativo.*
Paludismo	Desequilibrio con la naturaleza y la vida.	*Estoy unido y en equilibrio con todo en mi vida. A nada le temo.*
Páncreas	Representa la dulzura de la vida.	*Mi vida es dulce.*
Pancreatitis	Rechazo. Frustración y enojo debidos a que la vida parece haber perdido su dulzura.	*Me amo y apruebo, creo dulzura y alegría en mi vida.*
Pánico	Temor. Incapacidad de moverse con el flujo de la vida.	*Soy fuerte y capaz. Puedo manejar todas las situaciones de mi vida. Sé qué hacer.*
Parálisis *Véase:* mal de Parkinson, parálisis cerebral, parálisis de Bell	Pensamientos inmovilizadores. Aferrarse a algo.	*Pienso libremente, y tengo experiencias maravillosas de dicha y soltura.*

Parálisis cerebral *Véase*: parálisis	Necesidad de unir a la familia en un acto de amor.	Contribuyo a una vida familiar unida, amorosa y tranquila. Todo está bien.
Parálisis de Bell *Véase*: parálisis	Control extremo del enojo. Renuencia a expresar sentimientos.	Estoy seguro de expresar mis sentimientos. Me perdono.
Parásitos	Ceder el poder a los demás, permitir que se hagan cargo de la situación.	Recupero gustosamente mi poder y elimino toda interferencia.
Pérdida de apetito *Véase*: anorexia	Temor. Necesidad de protegerse. No confiar en la vida.	Me amo y apruebo. Estoy protegido. La vida es segura y jubilosa.
Periodontitis *Véase*: piorrea		
Pie de atleta	Frustración por no ser aceptado. Incapacidad de avanzar con soltura.	Me amo y apruebo. Me doy permiso de progresar. Sin riesgo alguno al moverme.
Piedras en los riñones	Acumulación de enojo sólido.	Disuelvo todos los problemas del pasado con facilidad.
Piel	Protege nuestra individualidad. Uno de los órganos de los sentidos.	Me siento seguro al ser yo.

Problema	Causa probable	Nuevo patrón mental
Pielonefritis *Véase:* infecciones urinarias		
Pierna(s)	Nos permiten avanzar en la vida.	*La vida es para mí.*
Pies *Véase:* problemas de pies	Representan comprensión de nosotros mismos, de la vida y de los demás.	*Mi comprensión es clara, y estoy dispuesto a cambiar con el tiempo. Estoy seguro.*
Piorrea (periodontitis)	Enojo por incapacidad de tomar decisiones; personas poco firmes.	*Me apruebo, y mis decisiones siempre son perfectas en mis circunstancias.*
Plexo solar	Reaccionar visceralmente. Centro de nuestro poder intuitivo.	*Confío en mi voz interior. Soy fuerte, sabio y poderoso.*
Polio	Parálisis por celos. Deseo de detener a alguien.	*Hay suficiente para todos. Creo mi bien y mi libertad con pensamientos de amor.*
Presión arterial		
-Alta (hipertensión)	Añejo problema emocional no resuelto.	*Me libero felizmente del pasado. Estoy en paz.*

-Baja	Falta de amor en la niñez. Derrotismo. «¿Qué caso tiene…? De todas maneras no servirá de nada.»	Hoy decido vivir en el siempre jubiloso AHORA. Mi vida es alegría.
Problemas de cadera	Miedo a tomar decisiones importantes. Sin rumbo fijo.	Estoy en perfecto equilibrio. Avanzo en la vida con soltura y alegría en cualquier edad.
Problemas de cuello	Negarse a ver otros lados de una cuestión. Obstinación, inflexibilidad.	Veo con flexibilidad y soltura todos los lados de un asunto. Hay un sinfín de formas de hacer y ver las cosas. Estoy fuera de peligro.
Problemas de dientes *Véase:* endodoncia, tratamiento de	Indecisión persistente. Incapacidad de descomponer ideas para analizarlas y tomar decisiones.	Tomo decisiones con base en la verdad, y sé que en mi vida solo ocurre lo correcto.
Problemas de encías	Incapacidad para respaldar decisiones. Falta de firmeza en la vida.	Soy una persona resuelta. Persisto y me sostengo con amor.
Problemas de envejecimiento	Creencias sociales. Viejas ideas. Miedo a ser uno mismo. Rechazo del ahora.	Me amo y acepto en cualquier edad. Cada momento de la vida es perfecto.
Problemas de fecundidad	Miedo. Preocupación de no estar a la altura. Resistencia al proceso de la vida.	Amo y aprecio a mi niño interno. Me amo y adoro. Soy la persona más importante para mí. Todo está bien y me siento seguro.

Problema	Causa probable	Nuevo patrón mental
Problemas de hígado *Véase*: hepatitis, ictericia	Quejumbre crónica. Justificar la búsqueda de faltas para engañarse. Sentirse mal.	*Decido vivir a través del espacio abierto de mi corazón. Busco amor y lo encuentro en todas partes.*
Problemas de huesos / fractura	Rebelarse contra la autoridad	*En mi mundo, soy mi propia autoridad porque yo soy el único que piensa en mi mente.*
-Deformidad *Véase*: osteomielitis, osteoporosis	Presiones mentales y tensión. No poder estirar los músculos. Pérdida de agilidad mental.	*Aspiro plenamente la vida. Me relajo y confío en el flujo y proceso de la vida.*
-Fracturas	Rebelión contra la autoridad.	*Soy la autoridad en mi mundo, porque soy yo quien piensa dentro de mi mente.*
Problemas de la linfa	Advertencia de que la mente debe recentrarse en lo esencial: amor y alegría.	*Ahora estoy totalmente centrado en el amor y la alegría de estar vivo. Fluyo con la vida. Tengo la conciencia tranquila.*
Problemas de la menopausia	Temor a dejar de ser querida. Miedo a envejecer. Rechazo de ti misma. No sentirte a la altura.	*Estoy en paz y equilibrio con todos los cambios de ciclos, y bendigo mi cuerpo con amor.*
Problemas de la piel *Véase*: sarpullido, soriasis, urticaria	Ansiedad, miedo. Inmundicia oculta. Sensación de amenaza.	*Me protejo amorosamente con pensamientos de alegría y paz. El pasado está perdonado y olvidado. Soy libre en este momento.*

Problemas de mandíbula (síndrome de la articulación temporomandibular)	Enojo. Resentimiento. Deseo de venganza.	Estoy dispuesto a cambiar los patrones que crearon en mí esta afección. Me amo y apruebo. Estoy seguro.
Problemas de oído	Incapacidad de escuchar o de abrir tu mente al mundo exterior. Falta de confianza.	Aprendo ahora a confiar en mi Ser Superior. Me libero de todas las ideas sin la voz del amor.
Problemas de ojos *Véase:* divieso	Disgusto con lo que ves en tu vida.	Creo ahora una vida que me gusta mirar.
-Astigmatismo	Dificultades con el yo. Miedo a verse realmente a uno mismo.	Ahora estoy dispuesto a ver mi belleza y magnificencia.
-Cataratas	Incapacidad para ver al frente con alegría. Negro futuro.	La vida es eterna y está llena de dicha.
-Cortedad de vista *Véase:* miopía	Miedo al futuro.	Acepto la orientación Divina y siempre estoy protegido.
-En niños	No querer ver lo que pasa en la familia.	Armonía, dicha, belleza y seguridad rodean ahora a este niño.
-Estrabismo *Véase:* queratitis	No querer ver lo que está ahí. Propósitos entrecruzados.	Siento seguridad al ver. Estoy en paz.

Problema	Causa probable	Nuevo patrón mental
-Glaucoma	Ser implacable a toda costa. Presión por antiguas heridas. Sentirse abrumado por todo.	Veo con amor y aprecio.
-Ojo albino (exotropía)	Miedo a ver el presente inmediato.	Acepto la orientación Divina y siempre estoy a salvo.
-Presbicia (hipermetropía)	Miedo al presente.	Estoy fuera de peligro en el aquí y ahora. Veo eso con claridad.
Problemas de piernas -Parte inferior	Miedo al futuro. No querer avanzar.	Progreso con seguridad y alegría, sabiendo que todo estará bien en mi futuro.
Problemas de pies	Temor al futuro y a progresar en la vida.	Avanzo en la vida con alegría y soltura.
Problemas de próstata	Temores mentales que debilitan la masculinidad. Rendición. Presión y culpa sexual. Sensación de envejecimiento.	Me amo y apruebo. Acepto mi fuerza. Siempre soy joven de espíritu.
Problemas de riñones	Críticas, decepción, fracaso. Vergüenza. Reaccionar como niño.	En mi vida siempre ocurre la acción divina correcta. Solo cosas buenas salen de cada experiencia. Crezco sin peligro alguno.

Problemas de rodilla	Ego y orgullo obstinado. Incapacidad para ceder. Miedo. Inflexibilidad. No dar el brazo a torcer.	*Perdón. Comprensión. Compasión. Me doblo y fluyo con facilidad, y todo está bien.*
Problemas de sangre *Véase:* leucemia	Falta de alegría. Falta de circulación de ideas.	*Nuevas y jubilosas ideas circulan libremente dentro de mí.*
-Anémicos *Véase:* anemia		
-Coágulos	Impedir el flujo de la dicha.	*Despierto a una nueva vida dentro de mí. Fluyo.*
Problemas de senos **-Quistes, protuberancias, dolor** (mastitis)	Negarse a cuidar de uno mismo. Poner primero a los demás. Sobreprotección. Actitudes autoritarias.	*Soy importante. Cuento. Ahora me cuido y protejo con amor y alegría. Concedo a los demás la libertad de ser como son. Todos somos libres y estamos a salvo.*
Problemas de vejiga (cistitis)	Ansiedad. Aferrarse a viejas ideas. Miedo a soltar algo. Sensación de enojo extremo.	*Me libero cómoda y fácilmente de lo viejo y doy la bienvenida a lo nuevo en mi vida. A nada temo.*
Problemas estomacales *Véase:* acidez, gastritis, úlcera péptica, úlceras	Temor. Miedo a lo nuevo. Incapacidad para asimilarlo.	*La vida me apoya. Asimilo lo bueno en todo momento, cada día. Todo está bien.*

Problema	Causa probable	Nuevo patrón mental
Problemas femeninos *Véase*: amenorrea, dismenorrea, fibromas, leucorrea, problemas menstruales, vaginitis	Negación de ti misma. Rechazo a ti misma. Rechazo a la feminidad. Rechazo al principio femenino.	*Me regocijo en mi feminidad. Me encanta ser mujer. Amo mi cuerpo.*
Problemas glandulares	Deficiente distribución de ideas alentadoras. Contenerse a uno mismo.	*Tengo todas las ideas y la actividad Divinas que necesito. Avanzo ahora mismo.*
Problemas menstruales *Véase*: amenorrea, dismenorrea, problemas femeninos	Rechazo de la propia feminidad. Culpa, miedo. Creer que los genitales son pecaminosos o sucios.	*Acepto mi poder pleno como mujer, y todos mis procesos físicos como normales y naturales. Me amo y apruebo.*
Problemas respiratorios *Véase*: ataques de asfixia, hiperventilación	Miedo o negación a aceptar plenamente la vida. No sentirse con derecho a ocupar un lugar, o a existir siquiera.	*Es mi derecho vivir plena y libremente. Soy digno de amar. Decido ahora vivir plenamente.*
Problemas suprarrenales *Véase*: mal de Addison, mal de Cushing	Derrotismo. Desconsideración de uno mismo. Ansiedad.	*Me amo y apruebo. Al cuidar de mí mismo, estoy fuera de peligro.*
Próstata	Representa el principio masculino.	*Me acepto y regocijo en mi masculinidad.*

Prurito *Véase:* comezón		
Pruritus ani *Véase:* ano		
Pulmones	Capacidad para aceptar la vida.	*Acepto la vida en perfecto equilibrio.*
-Problemas de *Véase:* pulmonía	Depresión. Pesar. Miedo a aceptar la vida. No sentirse digno de vivir plenamente.	*Tengo la capacidad necesaria para aceptar la plenitud de la vida. Vivo gustosamente al máximo.*
Pulmonía *Véase:* problemas de pulmones	Desesperación. Hartazgo de la vida. Heridas emocionales a las que no se les ha permitido sanar.	*Acepto libremente las ideas Divinas, llenas del aliento y la inteligencia de la vida. Éste es un nuevo momento.*
Puntos negros	Pequeños arranques de enojo.	*Calmo mis pensamientos y estoy sereno.*
Quemaduras	Enojo. Furia. Indignación.	*Solo creo paz y armonía en mí y a mi alrededor. Merezco sentirme bien.*
Queratitis *Véase:* problemas de ojos	Enojo extremo. Deseo de golpear a las personas o cosas que ves.	*Permito que el amor de mi corazón sane todo lo que veo. Opto por la paz. Todo está bien en mi mundo.*
Quiste(s)	Repasar la vieja y dolorosa película de siempre. Heridas por descuidos. Crecimiento falso.	*Las películas de mi mente son bellas porque decido que lo sean. Me amo.*

Problema	Causa probable	Nuevo patrón mental
Rabia	Enojo. Creer que la violencia es la respuesta.	*Estoy rodeado e invadido de paz.*
Raquitismo	Desnutrición emocional. Falta de amor y seguridad.	*Estoy protegido y soy alimentado por el amor del Universo.*
Rasguños	Sentir que la vida te desgarra; que es cruel y te lastima.	*Agradezco la generosidad de la vida conmigo. Soy bendecido.*
Recto *Véase:* ano		
Resfriado *Véase:* afecciones respiratorias	Pensar demasiadas cosas al mismo tiempo. Confusión y desorden mental. Pequeñas heridas. Tipo de creencia: «Cada invierno me resfrío tres veces.»	*Permito que mi mente se relaje y esté en paz. En mí y a mi alrededor hay claridad y armonía. Todo está bien.*
Respiración	Representa la capacidad para aceptar la vida.	*Amo la vida. Siento seguridad y protección al vivir.*
Retención de líquidos *Véase:* edema, hinchazón	¿Qué temes perder?	*Me libero de buena gana y con alegría.*
Retortijones	Temor. Detener el proceso.	*Confío en el proceso de la vida. Estoy a salvo.*

Reumatismo	Sentirse víctima. Falta de amor. Amargura crónica. Resentimiento.	*Creo mis propias experiencias. Cuando me amo y apruebo, y a los demás también, mis experiencias siempre mejoran.*
Rigidez	Mentalidad estricta y recalcitrante.	*Sin riesgo alguno de peligro, por ser de mente flexible.*
Rodilla *Véase:* articulaciones	Representa orgullo y ego.	*Soy flexible y dúctil.*
Ronquidos	Negación obstinada a desprenderse de viejos patrones.	*Libero mi mente de todo lo que no sea amor y dicha. Transito del pasado a lo nuevo, fresco y vital.*
Sangrado anorrectal (hematoquecia)	Enojo y frustración.	*Confío en el proceso de la vida. En mi existencia solo ocurren cosas buenas y correctas.*
Sangre	Representa dicha en el cuerpo, fluir libremente.	*Soy la alegría de la Vida expresándose y recibiéndose.*
Sarna	Ideas infectadas. Permitir que los demás te saquen de quicio.	*Soy una expresión chispeante, amorosa y alegre de la vida. Soy yo mismo.*
Sarpullido *Véase:* urticaria	Irritación por demoras. Forma infantil de conseguir atención.	*Me amo y apruebo. Estoy en paz con el proceso de la vida.*

Problema	Causa probable	Nuevo patrón mental
Senilidad *Véase*: mal de Alzheimer	Volver a la supuesta seguridad de la infancia. Demandar cariño y atención. Una manera de controlar a quienes te rodean. Escapismo.	*Protección divina. Seguridad. Paz. La inteligencia del Universo opera en todos los niveles de la vida.*
Seno(s)	Representan protección, cuidado y nutrición.	*Recibo y doy nutrición en perfecto equilibrio.*
Sida	Sentirte indefenso y sin esperanza. Que a nadie le importas. Firme creencia de no valer la pena. Negación de uno mismo. Culpa sexual.	*Formo parte del plan universal. Soy importante y amado por la vida. Soy fuerte y capaz. Amo y aprecio todo en mí.*
Sífilis *Véase*: enfermedades venéreas	Renunciar a tu fuerza y eficacia.	*Decido ser yo. Me apruebo tal como soy.*
Síndrome del túnel carpial *Véase*: muñeca	Enojo y frustración por aparentes injusticias de la vida.	*Decido ahora crear una vida alegre y abundante. Estoy tranquilo.*
Síndrome premenstrual	Permitir que reine la confusión. Conceder fuerza a influencias externas. Rechazo de los procesos femeninos.	*Ahora me hago cargo de mi mente y mi vida. ¡Soy una mujer fuerte y dinámica! Todas las partes de mi cuerpo funcionan a la perfección. Me amo.*

Sinusitis	Irritación con una persona cercana.	Declaro que la paz y la armonía residen en mí, y me rodean siempre. Todo está bien.
Sobrepeso *Véase:* gordura	Miedo, necesidad de protección. Huir de los sentimientos. Inseguridad, rechazo de uno mismo. Búsqueda de realización.	Estoy en paz con mis sentimientos. Me siento a salvo donde estoy. Creo mi propia seguridad. Me amo y apruebo.
Solitaria	Firme creencia en ser víctima o estar sucio. Impotencia ante las actitudes de los demás.	Los demás solo reflejan buenos sentimientos para conmigo mismo. Me amo y apruebo tal como soy.
Sordera	Rechazo, obstinación, aislamiento. ¿Qué no quieres oír? «No me molesten.»	Escucho lo Divino y me regocijo en todo lo que soy capaz de oír. Soy uno con todo.
Soriasis *Véase:* problemas de la piel	Miedo a ser lastimado. Insensibilidad a uno mismo. Negación a aceptar la responsabilidad de los sentimientos propios.	Soy sensible a las dichas del vivir. Merezco y acepto lo mejor en la vida. Me amo y apruebo.
Sudor maloliente	Miedo. Disgusto de uno mismo. Temor a los demás.	Me amo y apruebo. Siento seguridad y protección.

Problema	Causa probable	Nuevo patrón mental
Suicidio	Ver la vida solo en blanco y negro. Negación a ver las cosas de otra manera.	_Vivo en la totalidad de las posibilidades. Siempre hay otro camino. Estoy a salvo._
Tartamudeo	Inseguridad. Falta de expresión personal. No tener permiso para llorar.	_Soy libre de hablar por mí mismo. Ahora me siento seguro al expresarme. Solo me comunico con amor._
Testículos	Principios masculinos. Masculinidad.	_Me siento seguro al ser hombre._
Tétanos _Véase:_ trismo	Necesidad de liberar enojo, pensamientos de rencor.	_Permito que el amor de mi corazón me purifique, y sane cada parte de mi cuerpo y mis emociones._
Tics, temblores	Miedo. Sensación de ser observado por los demás.	_Soy aprobado por la Vida. Todo está bien. A nada le temo._
Timo	Glándula maestra del sistema inmunológico. Sentirse atacado por la vida. «Todos están contra mí.»	_Mis buenos pensamientos mantienen fuerte mi sistema inmunológico. Estoy a salvo por dentro y por fuera. Me escucho con amor._
Tinnitus	Negación a escuchar. No oír la voz interior. Terquedad.	_Confío en mi Ser Superior. Escucho con amor mi voz interna. Me libero de todo lo que le falte la acción del amor._

Tiña	Permitir que los demás te irriten. No sentirse lo bastante bueno o limpio.	Me amo y apruebo. Ninguna persona, lugar o cosa tiene poder sobre mí. Soy libre.
Tiroides *Véase:* bocio, hipertiroidismo, hipotiroidismo	Humillación. «Nunca me dejan hacer lo que quiero. ¿Cuándo va a llegar mi turno?»	Rebaso viejas limitaciones y ahora me permito expresarme con libertad y creatividad.
Tobillo(s)	Inflexibilidad y culpa. Los tobillos representan capacidad para recibir placer.	Merezco regocijarme en la vida. Acepto todo el placer que ella me ofrece.
Tonsilitis *Véase:* amigdalitis, dolor de garganta	Miedo. Emociones reprimidas. Creatividad ahogada.	Mi bien fluye libremente ahora. A través de mí se expresan ideas divinas. Estoy en paz.
Torceduras	Enojo y resistencia. No querer seguir cierta dirección en la vida.	Confío en que el proceso de la vida solo procura mi bien. Estoy en paz.
Tos *Véase:* afecciones respiratorias	Deseo de gritar al mundo: «¡Véanme! ¡Escúchenme!»	Soy tomado en cuenta y apreciado en las formas más positivas. Me aman.
Trastorno de déficit de atención/hiperactividad		La vida me ama. Me amo tal como soy. Soy libre de crear una vida feliz que me brinde satisfacciones. Todo está bien en mi mundo.

Problema	Causa probable	Nuevo patrón mental
Trastornos psiquiátricos *Véase:* demencia		
Trismo *Véase:* tétanos	Enojo. Deseo de control. Negación a expresar sentimientos.	*Confío en el proceso de mi vida. Pido fácilmente lo que necesito. La vida me sostiene.*
Trombosis coronaria *Véase:* corazón, infarto	Sentirse solo e intimidado. «No estoy a la altura; jamás triunfaré.»	*Soy uno con toda la vida. El universo me apoya por completo. Todo está bien.*
Tuberculosis	Desgaste por egoísmo. Posesividad. Ideas crueles. Venganza.	*Al amarme y aprobarme, creo un mundo alegre y pacífico en el cual vivir.*
Tumoraciones	Alimentar viejas heridas e impactos. Acumular rencor.	*Me libero felizmente del pasado y dirijo mi atención a este nuevo día. Todo está bien.*
Tumores	Alimentar antiguas heridas. Acumulación de resentimiento.	*Perdono con facilidad. Me amo y me recompenso con elogios.*
Úlcera péptica *Véase:* acidez, problemas estomacales, úlceras	Miedo. Creer que no se está a la altura. Ansia de complacer.	*Me amo y apruebo. Estoy en paz conmigo. Soy maravilloso.*

Úlceras *Véase*: acidez, problemas estomacales, úlcera péptica	Miedo. Firme creencia de no estar a la altura. ¿Qué te corroe?	*Me amo y apruebo. Estoy en paz. Estoy tranquilo. Todo está bien.*
Uña(s)	Representan protección.	*Toco sin riesgo lo que me rodea.*
Uñas encarnadas	Preocupación y culpa por tu derecho a avanzar.	*Es mi derecho Divino seguir mi propia dirección en la vida. Estoy a salvo. Soy libre.*
Uretritis	Enojo, emociones. Alteración extrema. Culpa.	*Solo creo experiencias jubilosas en mi vida.*
Urticaria *Véase*: comezón	Lagrimillas ocultas. Exagerar nimiedades.	*Llevo paz a cada rincón de mi vida.*
Urticaria aguda	Sensación de inseguridad y exposición a ataques.	*Soy fuerte y me siento seguro y protegido. Todo está bien.*
Vaginitis *Véase*: leucorrea, problemas femeninos	Enojo con la pareja. Culpa sexual. Castigarte a ti misma.	*Los demás reflejan el amor y la aprobación que tengo por mí. Me regocijo en mi sexualidad.*
Varicela	Dar por supuesto que las cosas saldrán mal. Miedo y tensión. Demasiada susceptibilidad.	*Estoy relajado y en paz porque confío en el proceso de la vida. Todo está bien en mi mundo.*

Problema	Causa probable	Nuevo patrón mental
Vellosidad	Enojo encubierto, por lo general con temor. Deseo de culpar. Habitual renuencia a cuidar de uno mismo.	*Me cuido con cariño. Estoy cubierto de amor y aprobación. Me siento seguro al mostrarme como soy.*
Venas varicosas	Hallarse en una situación detestable. Desánimo. Sensación de exceso de trabajo y sobrecarga.	*Me baso en la verdad y vivo y avanzo con alegría. Amo la Vida, y circulo con libertad.*
Verruga en la planta del pie	Enojo en la base misma de tu entendimiento. Extendida frustración por el futuro.	*Avanzo con seguridad y soltura. Confío en el proceso de la vida y fluyo con él.*
Verrugas	Pequeñas manifestaciones de odio. Creer en la fealdad.	*Soy el amor y la belleza de la Vida en su plena expresión.*
Vértigo *Véase:* mareo		
Virus de Epstein-Barr	Presión que exige extralimitarse. Miedo a no estar a la altura. Agotamiento del apoyo interno. Virus del estrés.	*Me relajo y reconozco mi autoestima. Valgo la pena. La vida es fácil y jubilosa.*

Vitíligo	Sentirse excluido de todo. No pertenecer. No formar parte del grupo.	*Estoy en el centro mismo de la Vida, y totalmente conectado con el Amor.*
Vómito	Rechazo violento de ideas. Miedo a lo nuevo.	*Digiero la vida serena y felizmente. Solo lo bueno llega y pasa por mí.*
Vulva	Representa vulnerabilidad.	*Tengo la seguridad de ser invulnerable.*

Nota final de Louise

Gracias, queridos lectores, por haber hecho este viaje conmigo.

Crear este libro con Mona Lisa me dio la oportunidad de conocer mejor mi trabajo. Ahora comprendo más a fondo lo que he enseñado durante años. Advierto la profundidad de los patrones —tanto del bienestar como de la enfermedad— y cómo afectan nuestra vida. Y veo más vívidamente lo interconectados que están nuestros pensamientos, emociones y salud.

Sé que ustedes usarán la información de este libro para crear una vida sana y feliz. ¡He aquí una nueva ola de sanación personal!

Notas

Primer centro emocional

1. M. L. Laudenslager *et al.*, «Suppression of Specific Antibody Pro-
duction by Inescapable Shock», en *Brain, Behavior, and Immunity*,
vol. 2, núm. 2 (junio de 1988), pp. 92–101; M. L. Laudenslager *et al.*,
«Suppressed Immune Response in Infant Monkeys Associated with
Maternal Separation», en *Behavioral Neural Biology*, vol. 36, núm. 1
(septiembre de 1982), pp. 40–48; S. Cohen y T. Wills, «Stress, Social
Support, and the Buffering Hypothesis», en *Psychological Bulletin*,
vol. 98, núm. 2 (septiembre de 1985), pp. 310–357; J. Kiecolt-Glaser
et al., «Psychosocial Modifiers of Immunocompetence in Medical
Students», en *Psychosomatic Medicine*, vol. 46, núm. 1 (enero de
1984), pp. 7–14; M. Seligman *et al.*, «Coping Behavior», en *Behaviour
Research and Therapy*, vol. 18, núm. 5 (1980), pp. 459–512.

2. M. Mussolino, «Depression and Hip Fractures Risk», *Public Health
Reports*, vol. 120, núm. 1 (enero-febrero de 2005), pp. 71–75; J.
Serovich *et al.*, «The Role of Family and Friend Social Support in
Reducing Emotional Distress Among HIV-positive Women», en
AIDS Care, vol. 13, núm. 3 (junio de 2001), pp. 335–341; P. Solomon *et
al.*, eds., *Sensory Deprivation* (Cambridge, Harvard University Press,
1961); E. Lindemann, «The Symptomatology and Management of
Acute Grief», en *American Journal of Psychiatry*, núm. 101 (1944), pp.
141–148.

3. G. Luce, *Biological Rhythms in Psychiatry and Medicine, Public Health
Service Publication No. 288* (Washington, National Institutes of
Mental Health, 1970); J. Vernikos-Danellis y C. M. Wingest, «The
Importance of Social Cues in the Regulation of Plasma Cortisol in
Man», en A. Reinberg y F. Halbers, eds., *Chronopharmacology* (Nueva
York, Pergamon, 1979).

4. M. Moore-Ede *et al.*, *The Clocks That Time Us* (Cambridge, Harvard
University Press, 1961).

5. J. Chiang *et al.*, «Negative and Competitive Social Interactions are Related to Heightened Proinflammatory Cytokine Activity», en *Proceedings of National Academy of Sciences of the USA*, vol. 109, núm. 6 (febrero 7 de 2012), pp. 1878–1882; S. Hayley, «Toward an Anti-inflammatory Strategy for Depression», en *Frontiers in Behavioral Neuroscience*, núm. 5 (abril de 2011), p. 19; F. Eskandari *et al.*, «Low Bone Mass in Premenopausal Women with Depression», en *Archives of Internal Medicine*, vol. 167, núm. 21 (noviembre 26 de 2007), pp. 2329–2336.

6. L. LeShan, «An Emotional Life-History Pattern Associated with Neoplastic Disease», en *Annals of the New York Academy of Sciences*, vol. 125, núm. 3 (enero 21 de 1966), pp. 780–793.

7. R. Schuster *et al.*, «The Influence of Depression on the Progression of HIV: Direct and Indirect Effects», en *Behavior Modification*, vol. 36, núm. 2 (marzo de 2012), pp. 123–145; J. R. Walker *et al.*, «Psychiatric Disorders in Patients with Immune-Mediated Inflammatory Diseases: Prevalence, Association with Disease Activity, and Overall Patient Well-Being», en *Journal of Rheumatology Supplement*, núm. 88 (noviembre de 2011), pp. 31–35; D. Umberson y J. K. Montez, «Social Relationships and Health: A Flashpoint for Health Policy», en *Journal of Health and Social Behavior*, núm. 51 (2010), pp. S54–S66; M. Hofer, «Relationships as Regulators», en *Psychosomatic Medicine*, vol. 46, núm. 3 (mayo de 1984), pp. 183–197; C. B. Thomas *et al.*, «Family Attitudes Reported in Youth as Potential Predictors of Cancer», en *Psychosomatic Medicine*, núm. 41 (junio de 1979), pp. 287–302; C. B. Thomas y K. R. Duszynski, «Closeness to Parents and the Family Constellation in a Prospective Study of Five Disease States: Suicide, Mental Illness, Malignant Tumor, Hypertension and Coronary Heart Disease», en *Johns Hopkins Medical Journal*, vol. 134, núm. 5 (mayo de 1974), pp. 251–270; C. B. Thomas y R. L. Greenstreet, «Psychobiological Characteristics in Youth as Predictors of Five Disease States: Suicide, Mental Illness, Hypertension, Coronary Heart Disease and Tumor», en *Johns Hopkins Medical Journal*, vol. 132, núm. 1 (enero de 1973), pp. 16–43; L. D. Egbert *et al.*, «Reduction of Post-operative Pain by Encouragement and Instruction of Patients», en *New England Journal of Medicine*, núm. 270 (abril 16 de 1964), pp. 825–827.

8. F. Poot *et al.*, «A Case-control Study on Family Dysfunction in Patients with Alopecia Areata, Psoriasis and Atopic Dermatitis», en *Acta Dermato-Venereologica*, vol. 91, núm. 4 (junio de 2011), pp. 415–421.

9. S. Cohen *et al.*, «Social Ties and Susceptibility to the Common Cold», en *Journal of the American Medical Association*, vol. 277, núm. 24 (junio 25 de 1997), pp. 1940–1944; J. House *et al.*, «Social Relationships and Health», en *Science*, vol. 241, núm. 4865 (julio 29 de 1988), pp. 540–545; L. D. Egbert *et al.*, «Reduction of Postoperative Pain by Encouragement and Instruction of Patients. A Study of Doctor-Patient Rapport», en *New England Journal of Medicine*, núm. 16 (abril de 1964), pp. 825–827.

10. R. P. Greenberg y P. J. Dattore, «The Relationship Between Dependency and the Development of Cancer», en *Psychosomatic Medicine*, vol. 43, núm. 1 (febrero de 1981), pp. 35–43.

11. T. M. Vogt *et al.*, «Social Networks as Predictors of Ischemic Heart Disease, Cancer, Stroke, and Hypertension: Incidence, Survival and Mortality», en *Journal of Clinical Epidemiology*, vol. 45, núm. 6 (junio de 1992), pp. 659–666; L. F. Berkman y S. L. Syme, «Social Networks, Host Resistance, and Mortality: A Nine-Year Follow-up Study of Alameda County Residents», en *American Journal of Epidemiology*, vol. 109, núm. 2 (febrero de 1979), pp. 186–204; S. B. Friedman *et al.*, «Differential Susceptibility to a Viral Agent in Mice Housed Alone or in Groups», en *Psychosomatic Medicine*, vol. 32, núm. 3 (mayo-junio de 1970), pp. 285–299.

12. U. Schweiger *et al.*, «Low Lumbar Bone Mineral Density in Patients with Major Depression: Evidence of Increased Bone Loss at Follow-Up», en *American Journal of Psychiatry*, vol. 157, núm. 1 (enero de 2000), pp. 118–120; U. Schweiger *et al.*, «Low Lumbar Bone Mineral Density in Patients with Major Depression», en *American Journal of Psychiatry*, vol. 151, núm. 11 (noviembre de 1994), pp. 1691–1693.

Segundo centro emocional

1. A. Ambresin *et al.*, «Body Dissatisfaction on Top of Depressive Mood Among Adolescents with Severe Dysmenorrhea», en *Journal*

of Pediatric and Adolescent Gynecology, vol. 25, núm. 1 (febrero de 2012), pp. 19–22.

2. P. Nepomnaschy *et al.,* «Stress and Female Reproductive Function», en *American Journal of Human Biology,* vol. 16, núm. 5 (septiembre–octubre de 2004), pp. 523–532; B. Meaning, «The Emotional Needs of Infertile Couples», en *Fertility and Sterility,* vol. 34, núm. 4 (octubre de 1980), pp. 313–319; B. Sandler, «Emotional Stress and Infertility», en *Journal of Psychosomatic Research,* vol. 12, núm. 1 (junio de 1968), pp. 51–59; B. Eisner, «Some Psychological Differences between Fertile and Infertile Women», en *Journal of Clinical Psychology,* vol. 19, núm. 4 (octubre de 1963), pp. 391–395; J. Greenhill, «Emotional Factors in Female Infertility», en *Obstetrics & Gynecology,* vol. 7, núm. 6 (junio de 1956), pp. 602–607.

3. F. Judd *et al.,* «Psychiatric Morbidity in Gynecological Outpatients», en *Journal of Obstetrics and Gynaecology Research,* vol. 38, núm. 6 (junio de 2012), pp. 905–911; D. Hellhammer *et al.,* «Male Infertility», en *Psychosomatic Medicine,* vol. 47, núm. 1 (enero–febrero de 1985), pp. 58–66; R. L. Urry, «Stress and Infertility», en A. T. K. Cockett y R. L. Urry, eds., *Male Infertility* (Nueva York, Grune & Stratton, 1977), pp. 145–162.

4. Niravi Payne, *The Language of Fertility* (Nueva York, Harmony Books, 1997); Christiane Northrup, *Women's Bodies, Women's Wisdom* (Nueva York, Bantam, 1994), p. 353; A. Domar *et al.,* «The Prevalence and Predictability of Depression in Infertile Women», *Fertility & Sterility,* vol. 58, núm. 6 (diciembre de 1992), pp. 1158–1163; P. Kemeter, «Studies on Psychosomatic Implications of Infertility on Effects of Emotional Stress on Fertilization and Implantation in In Vitro Fertilization», en *Human Reproduction,* vol. 3, núm. 3 (1988), pp. 341–352; S. Segal *et al.,* «Serotonin and 5-hydroxyindoleacetic Acid in Fertile and Subfertile Men», en *Fertility & Sterility,* vol. 26, núm. 4 (abril de 1975), pp. 314–316; R. Vanden Burgh *et al.,* «Emotional Illness in Habitual Aborters Following Suturing of Incompetent Os», en *Psychosomatic Medicine,* vol. 28, núm. 3 (1966), pp. 257–263; B. Sandler, «Conception after Adoption», en *Fertility & Sterility,* núm. 16 (mayo-junio de 1965), pp. 313–333; T. Benedek *et al.,* «Some Emotional Factors in Fertility», en *Psychosomatic Medicine,* vol. 15, núm. 5 (1953), pp. 485–498.

5. H. B. Goldstein *et al.*, «Depression, Abuse and Its Relationship to Internal Cystitis», en *International Urogynecology Journal and Pelvic Floor Dysfunction*, vol. 19, núm. 12 (diciembre de 2008), pp. 1683–1686; R. Fry, «Adult Physical Illness and Childhood Sexual Abuse», en *Journal of Psychosomatic Research*, vol. 37, núm. 2 (1993). pp. 89–103; R. Reiter *et al.*, «Correlation between Sexual Abuse and Somatization in Women with Somatic and Nonsomatic Pelvic Pain», en *American Journal of Obstetrics and Gynecology*, vol. 165, núm. 1 (julio de 1991), pp. 104–109; G. Bachmann *et al.*, «Childhood Sexual Abuse and the Consequences in Adult Women», en *Obstetrics and Gynecology*, vol. 71, núm. 4 (abril de 1988), pp. 631–642.

6. S. Ehrström *et al.*, «Perceived Stress in Women with Recurrent Vulvovaginal Candidiasis», en *Journal of Psychosomatic Obstetrics and Gynecology*, vol. 28, núm. 3 (septiembre de 2007), pp. 169–176; C. Wira y C. Kauschic, «Mucosal Immunity in the Female Reproductive Tract», en H. Kiyono *et al.*, eds., *Mucosal Vaccines* (Nueva York, Academic Press, 1996); J. L. Herman, *Father-Daughter Incest* (Cambridge, Harvard University Press, 1981); R. J. Gross *et al.*, «Borderline Syndrome and Incest in Chronic Pelvic Pain Patients», en *International Journal of Psychiatry in Medicine*, vol. 10, núm. 1 (1980–1981), pp. 79–96; A. Pereya, «The Relationship of Sexual Activity to Cervical Cancer», en *Obstetrics & Gynecology*, vol. 17, núm. 2 (febrero de 1961), pp. 154–159; M. Tarlan e I. Smalheiser, «Personality Patterns in Patients with Malignant Tumors of the Breast and Cervix», en *Psychosomatic Medicine*, vol. 13, núm. 2 (marzo-abril de 1951), pp. 117–121.

7. K. Goodkin *et al.*, «Stress and Hopelessness in the Promotion of Cervical Intraepithelial Neoplasia to Invasive Squamous Cell Carcinoma of the Cervix», en *Journal of Psychosomatic Research*, vol. 30, núm. 1 (1986), pp. 67–76; A. Schmale y H. Iker, «Hopelessness as a Predictor of Cervical Cancer», en *Social Science & Medicine*, vol. 5, núm. 2 (abril de 1971), pp. 95–100; M. Antoni y K. Goodkin, «Host Moderator Variables in the Promotion of Cervical Neoplasia-I», en *Journal of Psychosomatic Research*, vol. 32, núm. 3 (1988), pp. 327–338; A. Schmale y H. Iker, «The Psychological Setting of Uterine and Cervical Cancer», en *Annals of the New York Academy of Sciences*, núm. 125 (1966), pp. 807–813; J. Wheeler y B. Caldwell, «Psychological Evaluation of Women with Cancer of the Breast and Cervix», en

Psychosomatic Medicine, vol. 17, núm. 4 (1955), pp. 256–268; J. Stephenson y W. Grace, «Life Stress and Cancer of the Cervix», en *Psychosomatic Medicine,* vol. 16, núm. 4 (1954), pp. 287–294.

8. S. Currie y J. Wang, «Chronic Back Pain and Major Depression in the General Canadian Population», en *Pain* 107, núms. 1 y 2 (enero de 2004), pp. 54–60; B. B. Wolman, *Psychosomatic Disorders* (Nueva York, Plenum Medical Books, 1988); S. Kasl *et al.*, «The Experience of Losing a Job», en *Psychosomatic Medicine,* vol. 37, núm. 2 (marzo de 1975), pp. 106–122; S. Cobb, «Physiological Changes in Men Whose Jobs Were Abolished», en *Journal of Psychosomatic Research,* vol. 18, núm. 4 (agosto de 1974), pp. 245–258; T. H. Holmes y H. G. Wolff, «Life Situations, Emotions, and Backache», en *Psychosomatic Medicine,* vol. 14, núm. 1 (enero-febrero de 1952), pp. 18–32.

9. S. J. Linton y L. E. Warg, «Attributions (Beliefs) and Job Dissatisfaction Associated with Back Pain in an Industrial Setting», en *Perceptual and Motor Skills,* vol. 76, núm. 1 (febrero de 1993), pp. 51-62.

10. K. Matsudaira *et al.*, «Potential Risk Factors for New Onset of Back Pain Disability in Japanese Workers: Findings from the Japan Epidemiological Research of Occupation-Related Back Pain Study», en *Spine,* vol. 37, núm. 15 (julio 1 de 2012), pp. 1324–1333; M. T. Driessen *et al.*, «The Effectiveness of Physical and Organisational Ergonomic Interventions on Low Back Pain and Neck Pain: A Systematic Review», en *Occupational and Environmental Medicine,* vol. 67, núm. 4 (abril de 2010), pp. 277–285; N. Magnavita, «Perceived Job Strain, Anxiety, Depression and Musculo-Skeletal Disorders in Social Care Workers», en *Giornale Italiano di Medicina del Lavoro ed Ergonomia,* vol. 31, núm. 1, supl. A (enero-marzo de 2009), pp. A24–A29.

11. S. Saarijarvi *et al.*, «Couple Therapy Improves Mental Well-being in Chronic Lower Back Pain Patients», en *Journal of Psychosomatic Research,* vol. 36, núm. 7 (octubre de 1992), pp. 651–656.

Tercer centro emocional

1. D. O'Malley *et al.*, «Do Interactions Between Stress and Immune Responses Lead to Symptom Exacerbations in Irritable Bowel

Syndrome?», *en Brain, Behavior, and Immunity,* vol. 25, núm. 7 (octubre de 2011), pp. 1333–1341; C. Jansson *et al.,* «Stressful Psychosocial Factors and Symptoms of Gastroesophageal Reflux Disease: a Population-based Study in Norway», en *Scandinavian Journal of Gastroenterology,* vol. 45, núm. 1 (2010), pp. 21–29; J. Sareen *et al.,* «Disability and Poor Quality of Life Associated with Comorbid Anxiety Disorders and Physical Conditions», en *Archives of Internal Medicine,* vol. 166, núm. 19 (octubre de 2006), pp. 2109–2116; R. D. Goodwin y M. B. Stein, «Generalized Anxiety Disorder and Peptic Ulcer Disease Among Adults in the United States», en *Psychosomatic Medicine Journal of Behavioral Medicine,* vol. 64, núm. 6 (noviembre-diciembre de 2002), pp. 862–866; P.G. Henke, «Stomach Pathology and the Amygdala», en J. P. Aggleton, ed., *The Amygdala: Neurobiological Aspects of Emotion, Memory, and Mental Dysfunction* (Nueva York, Wiley-Liss, 1992), pp. 323–338.

2. L. K. Trejdosiewicz *et al.,* «Gamma Delta T Cell Receptor-positive Cells of the Human Gastrointestinal Mucosa: Occurrence and V Region Expression in Heliobacter Pylori-Associated Gastritis, Celiac Disease, and Inflammatory Bowel Disease», en *Clinical and Experimental Immunology,* vol. 84, núm. 3 (junio de 1991), pp. 440–444.

3. T. G. Digan y J. F. Cryan, «Regulation of the Stress Response by the Gut Microbiota: Implications for Psychoneuroendocrinology», *en Psychoneuroendocrinology,* vol. 37, núm. 9 (septiembre de 2012), pp. 1369–1378; G. B. Glavin, «Restraint Ulcer: History, Current Research and Future Implications», en *Brain Research Bulletin,* suplemento, núm. 5 (1980), pp. 51–58.

4. J. M. Lackner *et al.,* «Self Administered Cognitive Behavior Therapy for Moderate to Severe IBS: Clinical Efficacy, Tolerability, Feasibility», en *Clinical Gastroenterology and Hepatology,* vol. 6, núm. 8 (agosto de 2008), pp. 899–906; F. Alexander, «Treatment of a Case of Peptic Ulcer and Personality Disorder», en *Psychosomatic Medicine,* vol. 9, núm. 5 (septiembre de 1947), pp. 320–330; F. Alexander, «The Influence of Psychologic Factors upon Gastro-Intestinal Disturbances: A Symposium—I. General Principles, Objectives, and Preliminary Results», en *Psychoanalytic Quarterly,* núm. 3 (1934), pp. 501–539.

5. S. J. Melhorn *et al.*, «Meal Patterns and Hypothalamic NPY Expression During Chronic Social Stress and Recovery», en *American Journal of Physiology Regulatory, Integrative and Comparative Physiology*, vol. 299, núm. 3 (julio de 2010), pp. R813–R822; I. K. Barker *et al.*, «Observations on Spontaneous Stress-Related Mortality Among Males of the Dasyurid Marsupial Antechinus Stuartii Macleay», en *Australian Journal of Zoology*, vol. 26, núm. 3 (1978), pp. 435–447; J. L. Barnett, «A Stress Response in Som Antechinus Stuartii (Macleay)», en *Australian Journal of Zoology*, vol. 21, núm. 4 (1973), pp. 501–513; R. Ader, «Effects of Early Experience and Differential Housing on Susceptibility to Gastric Erosions in Lesion-Susceptible Rats», en *Psychosomatic Medicine Journal of Behavioral Medicine*, vol. 32, núm. 6 (noviembre de 1970), pp. 569–580.

6. G. L. Flett *et al.*, «Perfectionism, Psychosocial Impact and Coping with Irritable Bowel Disease: A Study of Patients with Crohn's Disease and Ulcerative Colitis», en *Journal of Health Psychology*, vol. 16, núm. 4 (mayo de 2011), pp. 561—571; P. Castelnuovo-Tedesco, «Emotional Antecedents of Perforation of Ulcers of the Stomach and Duodenum», en *Psychosomatic Medicine*, vol. 24, núm. 4 (julio de 1962), pp. 398–416.

7. R. K. Gundry *et al.*, «Patterns of Gastric Acid Secretion in Patients with Duodenal Ulcer: Correlations with Clinical and Personality Features», en *Gastroenterology*, vol. 52, núm. 2 (febrero de 1967), pp. 176–184; A. Stenback, «Gastric Neurosis, Pre-ulcers Conflict, and Personality in Duodenal Ulcer», en *Journal of Psychosomatic Research*, núm. 4 (julio de 1960), pp. 282–296; W. B. Cannon, «The Influence of Emotional States on the Functions of the Alimentary Canal», en *The American Journal of the Medical Sciences*, vol. 137, núm. 4 (abril de 1909), pp. 480–486.

8. E. Fuller-Thomson *et al.*, «Is Childhood Physical Abuse Associated with Peptic Ulcer Disease? Findings From a Population-based Study», en *Journal of Interpersonal Violence*, vol. 26, núm. 16 (noviembre de 2011), pp. 3225–3247; E. J. Pinter *et al.*, «The Influence of Emotional Stress on Fat Mobilization: The Role of Endogenous Catecholamines and the Beta Adrenergic Receptors», en *The American Journal of the Medical Sciences*, vol. 254, núm. 5 (noviembre de 1967), pp. 634–651.

9. S. Minuchin *et al.*, «Psychosomatic Families: Anorexia Nervosa in Context» (Harvard University Press, 1978), pp. 23–29; G. L. Engel, «Studies of Ulcerative Colitis. V: Psychological Aspects and Their Implications for Treatment», en *The American Journal of Digestive Diseases and Nutrition*, vol. 3, núm. 4 (abril de 1958), pp. 315–337; J. J. Groen y J. M. Van der Valk, «Psychosomatic Aspects of Ulcerative Colitis», en *Gastroenterologia*, vol. 86, núm. 5 (1956), pp. 591–608; G.L. Engel, «Studies of Ulcerative Colitis. III. The Nature of the Psychologic Process», en *The American Journal of Medicine*, vol. 19, núm. 2 (agosto de 1955), pp. 231–256.

10. S. J. Melhorn *et al.*, «Meal Patterns and Hypothalamic NPY Expression During Chronic Social Stress and Recovery», en *American Journal of Physiology-Regulatory, Integrative and Comparative Physiology*, vol. 299, núm. 3 (septiembre de 2010), pp. R813–R822; P. V. Cardon, Jr. y P. S. Mueller, «A Possible Mechanism: Psychogenic Fat Mobilization», en *Annals of the New York Academy of Sciences*, núm. 125 (enero de 1966), pp. 924–927; P. V. Cardon, Jr. y R. S. Gordon, «Rapid Increase of Plasma Unesterified Fatty Acids in Man during Fear», en *Journal of Psychosomatic Research*, núm. 4 (agosto de 1959), pp. 5–9; M. D. Bogdonoff *et al.*, «Acute Effect of Psychologic Stimuli upon Plasma Non-esterified Fatty Acid Level», en *Experimental Biology and Medicine*, vol. 100, núm. 3 (marzo de 1959), pp. 503–504.

11. R. N. Melmed *et al.*, «The Influence of Emotional State on the Mobilization of Marginal Pool Leukocytes after Insulin-Induced Hypoglycemia. A Possible Role for Eicosanoids as Major Mediators of Psychosomatic Processes», en *Annals of the New York Academy of Sciences*, núm. 496 (mayo de 1987), pp. 467–476; H. Rosen y T. Lidz, «Emotional Factors in the Precipitation of Recurrent Diabetic Acidosis», en *Psychosomatic Medicine Journal of Behavioral Medicine*, vol. 11, núm. 4 (julio de 1949), pp. 211–215; A. Meyer *et al.*, «Correlation between Emotions and Carbohydrate Metabolism in Two Cases of Diabetes Mellitus», en *Psychosomatic Medicine Journal of Behavioral Medicine*, vol. 7, núm. 6 (noviembre de 1945), pp. 335–341.

12. S. O. Fetissov y P. Déchelotte, «The New Link between Gut-Brain Axis and Neuropsychiatric Disorders», en *Current Opinion in Clinical Nutrition and Metabolic Care*, vol. 14, núm. 5 (septiembre de 2011), pp. 477–482; D. Giugliano *et al.*, «The Effects of Diet on Inflammation:

Emphasis on the Metabolic Syndrome», en *Journal of the American College of Cardiology*, vol. 48, núm. 4 (agosto de 2006), pp. 677–685; G. Seematter *et al.*, «Stress and Metabolism», en *Metabolic Syndrome and Related Disorders*, vol. 3, núm. 1 (2005), pp. 8–13; A. M. Jacobson y J. B. Leibovitch, «Psychological Issues in Diabetes Mellitus», en *Psychosomatics: Journal of Consultation Liaison Psychiatry*, vol. 25, núm. 1 (enero de 1984), pp. 7–15; S. L. Werkman y E. S. Greenberg, «Personality and Interest Patterns in Obese Adolescent Girls», en *Psychosomatic Medicine Journal of Biobehaviorial Medicine*, vol. 29, núm. 1 (enero de 1967), pp. 72–80.

13. J. H. Fallon *et al.*, «Hostility Differentiates the Brain Metabolic Effects of Nicotine», en *Cognitive Brain Research*, vol. 18, núm. 2 (enero de 2004), pp. 142–148; R. N. Melmed *et al.*, «The Influence of Emotional Stress on the Mobilization of Marginal Pool Leukocytes after Insulin-Induced Hypoglycemia. A Possible Role for Eicosanoids as Major Mediators of Psychosomatic Processes», en *Annals of the New York Academy of Sciences*, núm. 496 (mayo de 1987), pp. 467–476; P. V. Cardon Jr. y P. S. Mueller, «A Possible Mechanism: Psychogenic Fat Mobilization», en *Annals of the New York Academy of Sciences*, núm. 125 (enero de 1966), pp. 924–927; M. D. Bogdonoff *et al.*, «Acute Effect of Psychologic Stimuli upon Plasma Non-Esterified Fatty Acid Level», en *Experimental Biology and Medicine*, vol. 100, núm. 3 (marzo de 1959), pp. 503–504; P. V. Cardon, Jr. y R. S. Gordon, «Rapid Increase of Plasma Unesterified Fatty Acids in Man during Fear», en *Journal of Psychosomatic Research*, núm. 4 (agosto de 1959), pp. 5–9; A. Meyer *et al.*, «Correlation between Emotions and Carbohydrate Metabolism in Two Cases of Diabetes Mellitus», en *Psychosomatic Medicine Journal of Behavioral Medicine*, vol. 7, núm. 6 (noviembre de 1945), pp. 335–341.

Cuarto centro emocional

1. H. P. Kapfhammer, «The Relationship between Depression, Anxiety and Heart Disease–a Psychosomatic Challenge», en *Psychiatr Danubina*, vol. 23, núm. 4 (diciembre de 2011), pp. 412–424; B. H. Brummett *et al.*, «Characteristics of Socially Isolated Patients With Coronary Artery Disease Who Are at Elevated Risk for Mortality», en *Psychosomatic Medicine Journal of Biobehavioral Medicine*, vol. 63, núm. 2 (marzo de 2001), pp. 267–272; W. B. Cannon, «Bodily

Changes in Pain, Hunger, Fear and Rage» (Nueva York, D. Appleton & Co., 1929).

2. K. S. Whittaker *et al.*, «Combining Psychosocial Data to Improve Prediction of Cardiovascular Disease Risk Factors and Events: The National Heart, Lung, and Blood Institute-Sponsored Women's Ischemia Syndrome Evaluation Study», en *Psychosomatic Medicine Journal of Biobehavioral Medicine*, vol. 74, núm. 3 (abril de 2012), pp. 263–270; A. Prasad *et al.*, «Apical Ballooning Syndrome (Tako-Tsubo or Stress Cardiomyopathy): A Mimic of Acute Myocardial Infarction», en *American Heart Journal*, vol. 155, núm. 3 (marzo de 2008), pp. 408–417; I. S. Wittstein *et al.*, «Neurohumoral Features of Myocardial Stunning Due to Sudden Emotional Stress», en *The New England Journal of Medicine*, vol. 352, núm. 6 (febrero de 2005), pp. 539–548; M. A. Mittleman *et al.*, «Triggering of Acute Myocardial Infarction Onset of Episodes of Anger», en *Circulation*, núm. 92 (1995), pp. 1720–1725; G. Ironson *et al.*, «Effects of Anger on Left Ventricular Ejection Fraction in Coronary Artery Disease», en *American Journal of Cardiology*, vol. 70, núm. 3 (agosto de 1992), pp. 281–285; R. D. Lane y G. E. Schwartz, «Induction of Lateralized Sympathetic Input to the Heart by the CNS During Emotional Arousal: A Possible Neurophysiologic Trigger of Sudden Cardiac Death», en *Psychosomatic Medicine*, vol. 49, núm. 3 (mayo-junio de 1987), pp. 274–284; S. G. Haynes *et al.*, «The Relationship of Psychosocial Factors to Coronary Heart Disease in the Framingham Study. III. Eight-Year Incidence of Coronary Heart Disease», en *American Journal of Epidemiology*, vol. 111, núm. 1 (enero de 1980), pp. 37–58.

3. T. W. Smith *et al.*, «Hostility, Anger, Aggressiveness, and Coronary Heart Disease: An Interpersonal Perspective on Personality, Emotion, and Health», en *Journal of Personality*, vol. 72, núm. 6 (diciembre de 2004), pp. 1217–1270; T. M. Dembroski *et al.*, «Components of Hostility as Predictors of Sudden Death and Myocardial Infarction in the Multiple Risk Factor Intervention Trial», en *Psychosomatic Medicine*, vol. 51, núm. 5 (septiembre-octubre de 1989), pp. 514–522; K. A. Matthews *et al.*, «Competitive Drive, Pattern A, and Coronary Heart Disease», en *Journal of Chronic Diseases*, vol. 30, núm. 8 (agosto de 1977), pp. 489–498; I. Pilowsky *et al.*, «Hypertension and Personality», en *Psychosomatic Medicine*, vol. 35, núm. 1 (enero-febrero de 1973), pp. 50–56.

4. M. D. Boltwood *et al.*, «Anger Reports Predict Coronary Artery Vasomotor Response to Mental Stress in Atherosclerotic Segments», en *American Journal of Cardiology*, vol. 72, núm. 18 (diciembre 15 de 1993), pp. 1361–1365; P. P. Vitaliano *et al.*, «Plasma Lipids and Their Relationships with Psychosocial Factors in Older Adults», en *Journal of Gerontology, Series B, Psychological Sciences and Social Sciences*, vol. 50, núm. 1 (enero de 1995), pp. 18–24.

5. H. S. Versey y G. A. Kaplan, «Mediation and Moderation of the Association Between Cynical Hostility and Systolic Blood Pressure in Low-Income Women», en *Health Education & Behavior*, vol. 39, núm. 2 (abril de 2012), pp. 219–228.

6. P. J. Mills y J. E. Dimsdale, «Anger Suppression: Its Relationship to Beta-Adrenergic Receptor Sensitivity and Stress-Induced Changes in Blood Pressure», en *Psychological Medicine*, vol. 23, núm. 3 (agosto de 1993), pp. 673–678.

7. M. Y. Gulec *et al.*, «Cloninger's Temperament and Character Dimension of Personality in Patients with Asthma», en *International Journal of Psychiatry in Medicine*, vol. 40, núm. 3 (2010), pp. 273–287; P. M. Eng *et al.*, «Anger Expression and Risk of Stroke and Coronary Heart Disease Among Male Health Professionals», en *Psychosomatic Medicine*, vol. 65, núm. 1 (enero-febrero de 2003), pp. 100–110; L. Musante *et al.*, «Potential for Hostility and Dimensions of Anger», en *Health Psychology*, vol. 8, núm. 3 (1989), pp. 343–354; M. A. Mittleman *et al.*, «Triggering of Acute Myocardial Infarction Onset of Episodes of Anger», en *Circulation*, núm. 92 (1995), pp. 1720–1725; M. Koskenvuo *et al.*, «Hostility as a Risk Factor for Mortality and Ischemic Heart Disease in Men», en *Psychosomatic Medicine*, vol. 50, núm. 4 (julio-agosto de 1988), pp. 330–340; J. E. Williams *et al.*, «The Association Between Trait Anger and Incident Stroke Risk: The Atherosclerosis Risk in Communities (ARIC) Study», en *Stroke*, vol. 33, núm. 1 (enero de 2002), pp. 13–19; N. Lundberg *et al.*, «Type A Behavior in Healthy Males and Females as Related to Physiological Reactivity and Blood Lipids», en *Psychosomatic Medicine*, vol. 51, núm. 2 (marzo-abril de 1989), pp. 113–122; G. Weidner *et al.*, «The Role of Type A Behavior and Hostility in an Elevation of Plasma Lipids in Adult Women and Men», en *Psychosomatic Medicine*, vol. 49, núm. 2 (marzo-abril de 1987), pp. 136–145.

8. L. H. Powell *et al.*, «Can the Type A Behavior Pattern Be Altered after Myocardial Infarction? A Second-Year Report for the Recurrent Coronary Prevention Project», en *Psychosomatic Medicine,* vol. 46, núm. 4 (julio-agosto de 1984), pp. 293–313.

9. D. Giugliano *et al.*, «The Effects of Diet on Inflammation: Emphasis on the Metabolic Syndrome», en *Journal of the American College of Cardiology,* vol. 48, núm. 4 (agosto 15 de 2006), pp. 677–685; C. M. Licht *et al.*, «Depression Is Associated With Decreased Blood Pressure, but Antidepressant Use Increases the Risk for Hypertension», en *Hypertension,* vol. 53, núm. 4 (abril de 2009), pp. 631–638; G. Seematter *et al.*, «Stress and Metabolism», en *Metabolic Syndrome and Related Disorders,* vol. 3, núm. 1 (2005), pp. 8–13; I. Pilowsky *et al.*, «Hypertension and Personality», en *Psychosomatic Medicine,* vol. 35, núm. 1 (enero-febrero de 1973), pp. 50–56; J. P. Henry y J.C. Cassel, «Psychosocial Factors in Essential Hypertension. Recent Epidemiologic and Animal Experimental Evidence», en *American Journal of Epidemiology,* vol. 90, núm. 3 (septiembre de 1969), pp. 171–200.

10. P. J. Clayton, «Mortality and Morbidity in the First Year of Widowhood», en *Archives of General Psychiatry,* vol. 30, núm. 6 (junio de 1974), pp. 747–750; C. M. Parkes y R. J. Brown, «Health After Bereavement: A Controlled Study of Young Boston Widows and Widowers», en *Psychosomatic Medicine,* vol. 34, núm. 5 (septiembre-octubre de 1972), pp. 449–461; M. Young *et al.*, «The Mortality of Widowers», en *The Lancet,* vol. 282, núm. 7305 (agosto de 1963), pp. 454–457.

11. W. T. Talman, «Cardiovascular Regulation and Lesions of the Central Nervous System», en *Annals of Neurology,* vol. 18, núm. 1 (julio de 1985), pp. 1–13; P. D. Wall y G. D. Davis, «Three Cerebral Cortical Systems Affecting Autonomic Function», en *Journal of Neurophysiology,* vol. 14, núm. 6 (noviembre de 1951), pp. 507–517; G. R. Elliot y C. Eisdorfer, *Stress and Human Health: Analysis and Implications of Research* (Nueva York, Springer, 1982).

12. R. J. Tynan *et al.*, «A Comparative Examination of the Anti-inflammatory Effects of SSRI and SNRI Antidepressants on LPS Stimulated Microglia», en *Brain, Behavior, and Immunity,* vol. 26, núm.

3 (marzo de 2012), pp. 469–479; L. Mehl-Madrona, «Augmentation of Conventional Medical Management of Moderately Severe or Severe Asthma with Acupuncture and Guided Imagery / Meditation», en *The Permanente Journal,* vol. 12, núm. 4 (otoño de 2008), pp. 9–14.

13. A. C. Ropoteanu, «The Level of Emotional Intelligence for Patients with Bronchial Asthma and a Group Psychotherapy Plan in 7 Steps», en *Romanian Journal of Internal Medicine,* vol. 49, núm. 1 (2011), pp. 85–91.

14. C. Jasmin *et al.,* «Evidence for a Link Between Certain Psychological Factors and the Risk of Breast Cancer in a Case-Control Study. Psycho-Oncologic Group (P.O.G.)», en *Annals of Oncology,* vol. 1, núm. 1 (1990), pp. 22–29; M. Tarlau e I. Smalheiser, «Personality Patterns in Patients with Malignant Tumors of the Breast and Cervix», en *Psychosomatic Medicine,* vol. 13, núm. 2 (marzo de 1951), pp. 117–121; L. LeShan, «Psychological States as Factors in the Development of Malignant Disease: A Critical Review», en *Journal of the National Cancer Institute,* vol. 22, núm. 1 (enero de 1959), pp. 1–18; H. Becker, «Psychodynamic Aspects of Breast Cancer. Differences in Younger and Older Patients», en *Psychotherapy and Psychosomatics,* vol. 32, núms. 1–4 (1979), pp. 287–296; H. Snow, *The Proclivity of Women to Cancerous Diseases and to Certain Benign Tumors* (Londres, J. & A. Churchill, 1891); H. Snow, *Clinical Notes on Cancer* (Londres, J. & A. Churchill, 1883).

15. D. Razavi *et al.,* «Psychosocial Correlates of Oestrogen and Progesterone Receptors in Breast Cancer», en *The Lancet,* vol. 335, núm. 3695 (abril 21 de 1990), pp. 931–933; S. M. Levy *et al.,* «Perceived Social Support and Tumor Estrogen / Progesterone Receptor Status as Predictors of Natural Killer Cell Activity in Breast Cancer Patients», en *Psychosomatic Medicine,* vol. 52, núm. 1 (enero-febrero de 1990), pp. 73–85; S. Levy *et al.,* «Correlation of Stress Factors with Sustained Depression of Natural Killer Cell Activity and Predicted Prognosis in Patients with Breast Cancer», en *Journal of Clinical Oncology,* vol. 5, núm. 3 (marzo de 1987), pp. 348–353; A. Brémond *et al.,* «Psychosomatic Factors in Breast Cancer Patients: Results of a Case Control Study», en *Journal of Psychosomatic Obstetrics & Gynecology,* vol. 5, núm. 2 (enero de 1986), pp. 127–136; K. W. Pettingale *et al.,* «Mental Attitudes to Cancer: An Additional

Prognostic Factor», en *Lancet*, vol. 1, núm. 8431 (marzo de 1985), p. 750; M. Wirsching *et al.*, «Psychological Identification of Breast Cancer Patients before Biopsy», en *Journal of Psychosomatic Research*, vol. 26, núm. 1 (1982), pp. 1–10; K. W. Pettingale *et al.*, «Serum IgA and Emotional Expression in Breast Cancer Patients», en *Journal of Psychosomatic Research*, vol. 21, núm. 5 (1977), pp. 395–399.

16. M. Eskelinen y P. Ollonen, «Assessment of "Cancer-prone Personality" Characteristics in Healthy Study Subjects and in Patients with Breast Disease and Breast Cancer Using the Commitment Questionnaire: A Prospective Case–Control Study in Finland», en *Anticancer Research*, vol. 31, núm. 11 (noviembre de 2011), pp. 4013–4017.

17. J. Giese-Davis *et al.*, «Emotional Expression and Diurnal Cortisol Slope in Women with Metastatic Breast Cancer in Supportive-Expressive Group Therapy: A Preliminary Study», en *Biological Psychology*, vol. 73, núm. 2 (agosto de 2006), pp. 190–198; D. Spiegel *et al.*, «Effect of Psychosocial Treatment on Survival of Patients with Metastatic Breast Cancer», en *The Lancet*, vol. 2, núm. 8668 (octubre 14 de 1989), pp. 888–891; S. M. Levy *et al.*, «Prognostic Risk Assessment in Primary Breast Cancer by Behavioral and Immunological Parameters», en *Health Psychology*, vol. 4, núm. 2 (1985), pp. 99–113; S. Greer *et al.*, «Psychological Response to Breast Cancer: Effect of Outcome», en *The Lancet*, vol. 314, núm. 8146 (octubre 13 de 1979), pp. 785–787.

Quinto centro emocional

1. A. W. Bennett y C. G. Cambor, «Clinical Study of Hyperthyroidism: Comparison of Male and Female Characteristics», en *Archives of General Psychiatry*, vol. 4, núm. 2 (febrero de 1961), pp. 160–165.

2. American Association of University Women, *Shortchanging Girls, Shortchanging America* (Washington, American Association of University Women, 1991); G. Johansson *et al.*, «Examination Stress Affects Plasma Levels of TSH and Thyroid Hormones Differently in Females and Males», en *Psychosomatic Medicine*, vol. 49, núm. 4 (julio-agosto de 1987), pp. 390–396; J.A. Sherman, *Sex-Related Cognitive Differences: An Essay on Theory and Evidence* (Springfield, Ill., Charles C. Thomas, 1978).

3. K. Yoshiuchi *et al.*, «Stressful Life Events and Smoking Were Associated with Graves' Disease in Women, but Not in Men», en *Psychosomatic Medicine,* vol. 60, núm. 2 (marzo-abril de 1998), pp. 182–185; J. L. Griffith y M. E. Griffith, *The Body Speaks: Therapeutic Dialogues for Mind-Body Problems* (Nueva York, Basic Books, 1994); D. Kimura, «Sex Differences in Cerebral Organization for Speech and Praxic Functions», en *Canadian Journal of Psychology,* vol. 37, núm. 1 (marzo de 1983), pp. 19–35.

4. G. Johansson *et al.*, «Examination Stress Affects Plasma Levels of TSH and Thyroid Hormones Differently in Females and Males», en *Psychosomatic Medicine,* vol. 49, núm. 4 (julio-agosto de 1987), pp. 390–396.

5. S. K. Gupta *et al.*, «Thyroid Gland Responses to Intermale Aggression in an Inherently Aggressive Wild Rat», en *Endokrinologie,* vol. 80, núm. 3 (noviembre de 1982), pp. 350–352.

6. American Association of University Women, *Shortchanging Girls, Shortchanging America* (Washington, American Association of University Women, 1991).

7. (*Ibid.*)

8. H. Glaesmer *et al.*, «The Association of Traumatic Experiences and Posttraumatic Stress Disorder with Physical Morbidity in Old Age: A German Population-Based Study», en *Psychosomatic Medicine,* vol. 73, núm. 5 (junio de 2011), pp. 401–406; T. Mizokami *et al.*, «Stress and Thyroid Autoimmunity», en *Thyroid,* vol. 14, núm. 12 (diciembre de 2004), pp. 1047–1055; V. R. Radosavljević *et al.*, «Stressful Life Events in the Pathogenesis of Graves' Disease», en *European Journal of Endocrinology,* vol. 134, núm. 6 (junio de 1996), pp. 699–701; N. Sonino *et al.*, «Life Events in the Pathogenesis of Graves' Disease: A Controlled Study», en *Acta Endocrinologica,* vol. 128, núm. 4 (abril de 1993), pp. 293–296; T. Harris *et al.*, «Stressful Life Events and Graves' Disease», en *The British Journal of Psychiatry,* núm. 161 (octubre de 1992), pp. 535–541; B. Winsa *et al.*, «Stressful Life Events and Graves' Disease», en *Lancet,* vol. 338, núm. 8781 (diciembre 14 de 1991), pp. 1475–1479; S. A. Weisman, «Incidence

of Thyrotoxicosis among Refugees from Nazi Prison Camps», en *Annals of Internal Medicine*, vol. 48, núm. 4 (abril de 1958), pp. 747–752.

9. I. J. Cook *et al.*, «Upper Esophageal Sphincter Tone and Reactivity to Stress in Patients with a History of Globus Sensation», en *Digestive Diseases and Sciences*, vol. 34, núm. 5 (mayo de 1989), pp. 672–676; J. P. Glaser y G. L. Engel, «Psychodynamics, Psychophysiology and Gastrointestinal Symptomatology», en *Clinics in Gastroenterology*, vol. 6, núm. 3 (septiembre de 1977), pp. 507–531.

10. B. Rai *et al.*, «Salivary Stress Markers, Stress, and Periodontitis: A Pilot Study», en *Journal of Periodontology*, vol. 82, núm. 2 (febrero de 2011), pp. 287–292; A. T. Merchant *et al.*, «A Prospective Study of Social Support, Anger Expression and Risk of Periodontitis in Men», en *Journal of the American Dental Association*, vol. 134, núm. 12 (diciembre de 2003), pp. 1591–1596; R. J. Genco *et al.*, «Relationship of Stress, Distress and Inadequate Coping Behaviors to Periodontal Disease», en *Journal of Periodontology*, vol. 70, núm. 7 (julio de 1999), pp. 711–723.

Sexto centro emocional

1. I. Pilowsky *et al.*, «Hypertension and Personality», en *Psychosomatic Medicine*, vol. 35, núm. 1 (enero-febrero de 1973), pp. 50–56; H. O. Barber, «Psychosomatic Disorders of Ear, Nose and Throat», en *Postgraduate Medicine*, vol. 47, núm. 5 (mayo de 1970), pp. 156–159.

2. K. Czubulski *et al.*, «Psychological Stress and Personality in Ménière's Disease», en *Journal of Psychosomatic Research*, vol. 20, núm. 3 (1976), pp. 187–191.

3. A. Brook y P. Fenton, «Psychological Aspects of Disorders of the Eye: A Pilot Research Project», en *The Psychiatrist*, núm. 18 (1994), pp. 135–137; J. Wiener, «Looking Out and Looking In: Some Reflections on "Body Talk" in the Consulting Room», en *The Journal of Analytic Psychology*, vol. 39, núm. 3 (julio de 1994), pp. 331–350; L. Yardley, «Prediction of Handicap and Emotional Distress in Patients with Recurrent Vertigo Symptoms, Coping Strategies, Control Beliefs and Reciprocal Causation», en *Social Science and Medicine*,

vol. 39, núm. 4 (1994), pp. 573–581; C. Martin *et al.*, «Ménière's Disease: A Psychosomatic Disease?», en *Revue de Laryngologie, Otologie, Rhinologie*, vol. 112, núm. 2 (1991), pp. 109–111; C. Martin *et al.*, «Psychologic Factor in Ménière's Disease», en *Annales d'Oto-laryngologie et de Chirurgie Cervico Faciale*, vol. 107, núm. 8 (1990), pp. 526–531; M. Rigatelli *et al.*, «Psychosomatic Study of 60 Patients with Vertigo», en *Psychotherapy and Psychosomatics*, vol. 41, núm. 2 (1984), pp. 91–99; F. E. Lucente, «Psychiatric Problems in Otolaryngology», en *Annals of Otology, Rhinology, and Laryngology*, vol. 82, núm. 3 (mayo-junio de 1973), pp. 340–346.

4. V. Raso *et al.*, «Immunological Parameters in Elderly Women: Correlations with Aerobic Power, Muscle Strength and Mood State», en *Brain, Behavior, and Immunity*, vol. 26, núm. 4 (mayo de 2012), pp. 597–606; O. M. Wolkowitz *et al.*, «Of Sound Mind and Body: Depression, Disease, and Accelerated Aging», en *Dialogues in Clinical Neuroscience*, vol. 13, núm. 1 (2011), pp. 25–39; M. F. Damholdt *et al.*, «The Parkinsonian Personality and Concomitant Depression», en *The Journal of Neuropsychiatry and Clinical Neurosciences*, vol. 23, núm. 1 (otoño 2011), pp. 48–55; V. Kaasinen *et al.*, «Personality Traits and Brain Dopaminergic Function in Parkinson's Disease», en *Proceedings of the National Academy of Sciences*, vol. 98, núm. 23 (noviembre 6 de 2001), pp. 13272–13277; M. A. Menza y M. H. Mark, «Parkinson's Disease and Depression: The Relationship to Disability and Personality», en *The Journal of Neuropsychiatry and Clinical Neurosciences*, vol. 6, núm. 2 (primavera de 1994), pp. 165–169; G. W. Paulson y N. Dadmehr, «Is There a Premorbid Personality Typical for Parkinson's Disease?», en *Neurology*, vol. 41, núm. 5, sup. 2 (mayo de 1991), pp. 73–76; P. Mouren *et al.*, «Personality of the Parkinsonian: Clinical and Psychometric Approach», en *Annales Medico-Psychologiques (Paris)*, vol. 141, núm. 2 (febrero de 1983), pp. 153–167; R. C. Duvoisin *et al.*, «Twin Study of Parkinson Disease», en *Neurology*, vol. 31, núm. 1 (enero de 1981), pp. 77–80; C. R. Cloninger, «A Systematic Method for Clinical Description and Classification of Personality Variants», en *Archives of General Psychiatry*, vol. 44, núm. 6 (junio de 1987), pp. 573–588.

Séptimo centro emocional

1. A. M. De Vries *et al.*, «Alexithymia in Cancer Patients: Review of the Literature», en *Psychotherapy and Psychosomatics*, vol. 81, núm. 2

(2012), pp. 79–86; S. Warren *et al.*, «Emotional Stress and Coping in Multiple Sclerosis (MS) Exacerbations», en *Journal of Psychosomatic Research*, vol. 35, núm. 1 (1991), pp. 37–47; V. Mei-Tal *et al.*, «The Role of Psychological Process in a Somatic Disorder: Multiple Sclerosis. 1. The Emotional Setting of Illness Onset and Exacerbation», en *Psychosomatic Medicine*, vol. 32, núm. 1 (enero-febrero de 1970), pp. 67–86; S. Warren *et al.*, «Emotional Stress and the Development of Multiple Sclerosis: Case-Control Evidence of a Relationship», en *Journal of Chronic Diseases*, vol. 35, núm. 11 (1982), pp. 821–831.

2. A. Stathopoulou *et al.*, «Personality Characteristics and Disorders in Multiple Sclerosis Patients: Assessment and Treatment», en *International Review of Psychiatry*, vol. 22, núm. 1 (2010), pp. 43–54; G. S. Philippopoulos *et al.*, «The Etiologic Significance of Emotional Factors in Onset and Exacerbations of Multiple Sclerosis; a Preliminary Report», en *Psychosomatic Medicine*, vol. 20, núm. 6 (noviembre-diciembre de 1958), pp. 458–474; O. R. Langworthy *et al.*, «Disturbances of Behavior in Patients with Disseminated Sclerosis», en *American Journal of Psychiatry*, vol. 98, núm. 2 (septiembre de 1941), pp. 243–249.

3. X. J. Liu *et al.*, «Relationship Between Psychosocial Factors and Onset of Multiple Sclerosis», en *European Neurology*, vol. 62, núm. 3 (2009), pp. 130–136; O. R. Langworthy, «Relationship of Personality Problems to Onset and Progress of Multiple Sclerosis», en *Archives of Neurology Psychiatry*, vol. 59, núm. 1 (enero de 1948), pp. 13–28.

4. C. M. Conti *et al.*, «Relationship Between Cancer and Psychology: An Updated History», en *Journal of Biological Regulators and Homeostatic Agents*, vol. 25, núm. 3 (julio–septiembre de 2011), pp. 331–339; J.A. Fidler *et al.*, «Disease Progression in a Mouse Model of Amyotrophic Lateral Sclerosis: The Influence of Chronic Stress and Corticosterone», en *FASEB Journal*, vol. 25, núm. 12 (diciembre de 2011), pp. 4369–4377.

5. E. R. McDonald *et al.*, «Survival in Amyotrophic Lateral Sclerosis. The Role of Psychological Factors», en *Archives of Neurology*, vol. 51, núm. 1 (enero de 1994), pp. 17–23.

6. H. Glaesmer *et al.*, «The Association of Traumatic Experiences and Posttraumatic Stress Disorder with Physical Morbidity in Old Age: A German Population-Based Study», en *Psychosomatic Medicine*, vol. 73, núm. 5 (junio de 2011), pp. 401–406.

7. L. Cohen *et al.*, «Presurgical Stress Management Improves Post-operative Immune Function in Men with Prostate Cancer Undergoing Radical Prostatectomy», en *Psychosomatic Medicine,* vol. 73, núm. 3 (abril de 2011), pp. 218–225.

Bibliografía

Primer centro emocional

Bennette, G., «Psychic and Cellular Aspects of Isolation and Identity Impairment in Cancer: A Dialectic Alienation"», en *Annals of the New York Academy of Sciences*, núm. 164 (octubre de 1969), pp. 352-363.

Brown, G. W. *et al.*, «Social Class and Psychiatric Disturbance Among Women in an Urban Population», en *Sociology*, vol. 9, núm. 2 (mayo de 1975), pp. 225-254.

Cobb, S., «Social Support as Moderator of Life Stress», en *Psychosomatic Medicine*, vol. 38, núm. 5 (septiembre-octubre de 1976), pp. 300-314.

Cohen, S., «Social Supports and Physical Health», en E. M. Cummings *et al.*, eds., *Life-Span Developmental Psychology: Perspectives on Stress and Coping* (Hillsdale, N. J., Erlbaum, 1991), pp. 213-234.

Goodkin, K. *et al.*, «Active Coping Style is Associated with Natural Killer Cell Cytotoxicity in Asymptomatic HIV-1 Seropositive Homosexual Men», en *Journal of Psychosomatic Research*, vol. 36, núm. 7 (1992), pp. 635-650.

Goodkin, K. *et al.*, «Life Stresses and Coping Style are Associated with Immune Measures in HIV Infection—A Preliminary Report», en *International Journal of Psychiatry in Medicine*, vol. 22, núm. 2 (1992), pp. 155-172.

Jackson, J. K., «The Problem of Alcoholic Tuberculous Patients», en P. J. Sparer, *Personality Stress and Tuberculosis* (Nueva York, International Universities Press, 1956).

Laudenslager, M. L. *et al.*, «Coping and Immunosuppression: Inescapable but not Escapable Shock Suppresses Lymphocyte Proliferation», en *Science*, vol. 221, núm. 4610 (agosto de 1983), pp. 568-570.

Sarason, I. G. *et al.*, «Life Events, Social Support, and Illness», en *Psychosomatic Medicine*, vol. 47, núm. 2 (marzo–abril de 1985), pp. 156–163.

Schmale, A. H., «Giving up as a Final Common Pathway to Changes in Health», en *Advances in Psychosomatic Medicine*, núm. 8 (1972), pp. 20-40.

Spilken, A. Z. y M. A. Jacobs, «Prediction of Illness Behavior from Measures of Life Crisis, Manifest Distress and Maladaptive Coping», en *Psychosomatic Medicine*, vol. 33, núm. 3 (mayo 1 de 1971), pp. 251–264.

Temoshok, L. *et al.*, «The Relationship of Psychosocial Factors to Prognostic Indicators in Cutaneous Malignant Melanoma», en *Journal of Psychosomatic Research*, vol. 29, núm. 2 (1985), pp. 139–153.

Thomas, C. B. y K. R. Duszynski, «Closeness to Parents and Family Constellation in a Prospective Study of Five Disease States», en *The Johns Hopkins Medical Journal*, núm. 134 (1974), pp. 251–270.

Weiss, J. M. *et al.*, «Effects of Chronic Exposure to Stressors on Avoidance-Escape Behavior and on Brain Norepinephrine», en *Psychosomatic Medicine*, vol. 37, núm. 6 (noviembre–diciembre de 1975), pp. 522–534.

Segundo centro emocional

Hafez, E., «Sperm Transport», en S. J. Behrman y R. W. Kistner, eds., *Progress in Infertility*, 2ª. ed. (Boston, Little, Brown, 1975).

Havelock, E., *Studies in the Psychology of Sex* (Filadelfia, Davis, 1928).

Jeker, L. *et al.*, «Wish for a Child and Infertility: Study on 116 Couples», en *International Journal of Fertility*, vol. 33, núm. 6 (noviembre–diciembre de 1988), pp. 411–420.

Knight, R. P., «Some Problems in Selecting and Rearing Adopted Children», en *Bulletin of the Menninger Clinic*, núm. 5 (mayo de 1941), pp. 65–74.

Levy, D. M., «Maternal Overprotection», en *Psychiatry*, núm. 2 (1939), pp. 99–128.

Mason, J. M., «Psychological Stress and Endocrine Function», en E. J. Sachar, ed., *Topics in Psychoendocrinology* (Nueva York: Grune & Stratton, 1975), pp. 1–18.

Rapkin, A. J., «Adhesions and Pelvic Pain: A Retrospective Study», en *Obstetrics and Gynecology*, vol. 68, núm. 1 (julio de 1986), pp. 13–15.

Reiter, R. C., «Occult Somatic Pathology in Women with Chronic Pelvic Pain», en *Clinical Obstetrics and Gynecology*, vol. 33, núm. 1 (marzo de 1990), pp. 154–160.

Reiter, R. C., y J. C. Gambore, «Demographic and Historic Variables in Women with Idiopathic Chronic Pelvic Pain», en *Obstetrics and Gynecology*, vol. 75, núm. 3 (marzo de 1990), pp. 428–432.

Slade, P., «Sexual Attitudes and Social Role Orientations in Infertile Women», en *Journal of Psychosomatic Research*, vol. 25, núm. 3 (1981), pp. 183–186.

Van de Velde, T. H., *Fertility and Sterility in Marriage* (Nueva York, Covici Friede, 1931).

Van Keep, P. A., y H. Schmidt-Elmendorff, «Partnerschaft in der Sterilen Ehe», en *Medizinische Monatsschrift*, vol. 28, núm. 12 (1974), pp. 523–527.

Weil, R. J. y C. Tupper, «Personality, Life Situation, and Communication: A Study of Habitual Abortion», en *Psychosomatic Medicine*, vol. 22, núm. 6 (noviembre de 1960), pp. 448–455.

Tercer centro emocional

Alvarez, W. C., *Nervousness, Indigestion, and Pain* (Nueva York, Hoeber, 1943).

Bradley, A. J. *et al.*, «Stress and Mortality in a Small Marsupial (*Antechinus stuartii*, Macleay)», en *General and Comparative Endocrinology*, vol. 40, núm. 2 (febrero de 1980), pp. 188–200.

Draper, G. y G. A. Touraine, «The Man-Environment Unit and Peptic Ulcers», en *Archives of Internal Medicine*, vol. 49, núm. 4 (abril de 1932), pp. 616–662.

Dunbar, F., *Emotions and Bodily Changes*, 3ª. ed. (Nueva York, Columbia University Press, 1947).

Henke, P. G., «The Amygdala and Restraint Ulcers in Rats», en *Journal of Comparative Physiology and Psychology*, vol. 94, núm. 2 (abril de 1980), pp. 313–323.

Mahl, G. F., «Anxiety, HCI Secretion, and Peptic Ulcer Etiology», en *Psychosomatic Medicine*, vol. 12, núm. 3 (mayo-junio de 1950), pp. 158–169.

Sen, R. N. y B. K. Anand, «Effect of Electrical Stimulation of the Hypothalamus on Gastric Secretory Activity and Ulceration», en *Indian Journal of Medical Research*, vol. 45, núm. 4 (octubre de 1957), pp. 507–513.

Shealy, C. N. y T. L. Peele, «Studies on Amygdaloid Nucleus of Cat», en *Journal of Neurophysiology*, núm. 20 (marzo de 1957), pp. 125–139. Weiner, H. *et al.*, «I. Relation of Specific Psychological Characteristics to Rate of Gastric Secretion (Serum Pepsinogen)», en *Psychosomatic Medicine*, vol. 19, núm. 1 (enero de 1957), pp. 1–10.

Weiner, H., *et al.*, «I. Relation of Specific Psychological Characteristics to Rate of Gastric Secretion (Serum Pepsinogen)», en *Psichosomatic Medicine*, vol. 19, núm. 1 (enero de 1957), pp. 1-10.

Zawoiski, E. J., «Gastric Secretory Response of the Unrestrained Cat Following Electrical Stimulation of the Hypothalamus, Amygdala, and Basal Ganglia», en *Experimental Neurology*, vol. 17, núm. 2 (febrero de 1967), pp. 128–139.

Cuarto centro emocional

Alexander, F., *Psychosomatic Medicine* (Londres, George Allen & Unwin, Ltd., 1952).

Bacon, C. L. *et al.*, «A Psychosomatic Survey of Cancer of the Breast», en *Psychosomatic Medicine*, vol. 14, núm. 6 (noviembre de 1952), pp. 453–460.

Dembroski, T.M., ed., *Proceedings of the Forum on Coronary-Prone Behavior* (Washington, U.S. Government Printing Office, 1978).

Derogatis, L. R. *et al.*, «Psychological Coping Mechanisms and Survival Time in Metastatic Breast Cancer», en *Journal of the American Medical Association*, vol. 242, núm. 14 (octubre de 1979), pp. 1504–1508.

Friedman, M. y R. H. Rosenman, «Association of Specific Overt Behavior Pattern with Blood and Cardiovascular Findings», en *Journal of the American Medical Association*, vol. 169, núm. 12 (marzo de 1959), pp. 1286–1296.

Helmers, K. F. *et al.*, «Hostility and Myocardial Ischemia in Coronary Artery Disease Patients», en *Psychosomatic Medicine*, vol. 55, núm. 1 (enero de 1993), pp. 29–36.

Henry, J. P. *et al.*, «Force Breeding, Social Disorder and Mammary Tumor Formation in CBA/USC Mouse Colonies: A Pilot Study», en *Psychosomatic Medicine*, vol. 37, núm. 3 (mayo de 1975), pp. 277–283.

Jansen, M. A. y L. R. Muenz, «A Retrospective Study of Personality Variables Associated with Fibrocystic Disease and Breast Cancer», en *Journal of Psychosomatic Research*, vol. 28, núm. 1 (1984), pp. 35–42.

Kalis, B. L. *et al.*, «Personality and Life History Factors in Persons Who Are Potentially Hypertensive», en *The Journal of Nervous and Mental Disease*, núm. 132 (junio de 1961), pp. 457–468.

Kawachi, I. *et al.*, «A Prospective Study of Anger and Coronary Heart Disease», en *Circulation*, núm. 94 (1996), pp. 2090–2095.

Krantz, D. S. y D. C. Glass, «Personality, Behavior Patterns, and Physical Illness», en W. D. Gentry, ed., *Handbook of Behavioral Medicine* (Nueva York: Guilford, 1984).

Lawler, K. A. *et al.*, «Gender and Cardiovascular Responses: What Is the Role of Hostility?», en *Journal of Psychosomatic Research*, vol. 37, núm. 6 (septiembre de 1993), pp. 603–613.

Levy, S. M. *et al.*, «Survival Hazards Analysis in First Recurrent Breast Cancer Patients: Seven-Year Follow-up», en *Psychosomatic Medicine*, vol. 50, núm. 5 (septiembre–octubre de 1988), pp. 520–528.

Lorenz, K., *On Aggression* (Londres, Methuen & Co., 1966).

Manuck, S. B. *et al.*, «An Animal Model of Coronary-Prone Behavior», en M. A. Chesney y R. H. Rosenman, eds., *Anger and Hostility in Cardiovascular and Behavioral Disorders* (Washington, Hemisphere Publishing Corp., 1985).

Marchant, J., «The Effects of Different Social Conditions on Breast Cancer Induction in Three Genetic Types of Mice by Dibenz[a,h] anthracene and a Comparison with Breast Carcinogenesis by 3-methylcholanthrene», en *British Journal of Cancer*, vol. 21, núm. 3 (septiembre de 1967), pp. 576–585.

Muhlbock, O., «The Hormonal Genesis of Mammary Cancer», en *Advances in Cancer Research*, núm. 4 (1956), pp. 371–392.

Parkes, C. M. *et al.*, «Broken Heart: A Statistical Study of Increased Mortality among Widowers», en *British Medical Journal*, vol. 1, núm. 5646 (marzo de 1969), pp. 740–743.

Rees, W. D. y S. G. Lutkins, «Mortality of Bereavement», en *British Medical Journal*, núm. 4 (octubre de l967), pp. 13–16.

Reznikoff, M., «Psychological Factors in Breast Cancer: A Preliminary Study of Some Personality Trends in Patients with Cancer of the Breast», en *Psychosomatic Medicine*, vol. 17, núm. 2 (marzo-abril de 1955), pp. 96–108.

Seiler, C. *et al.*, «Cardiac Arrhythmias in Infant Pigtail Monkeys Following Maternal Separation», en *Psychophysiology*, vol. 16, núm. 2 (marzo de 1979), pp. 130–135.

Shaywitz, B. A. *et al.*, «Sex Differences in the Functional Organization of the Brain for Language», en *Nature*, vol. 373, núm. 6515 (febrero 16 de 1995), pp. 607–609.

Shekelle, R. B. *et al.*, «Hostility, Risk of Coronary Heart Disease, and Mortality», en *Psychosomatic Medicine*, vol. 45, núm. 2 (1983), pp. 109–114.

Smith, W. K., «The Functional Significance of the Rostral Cingular Cortex as Revealed by Its Responses to Electrical Excitation», en *Journal of Neurophysiology*, vol. 8, núm. 4 (julio de 1945), pp. 241–255.

Tiger, L. y R. Fox, *The Imperial Animal* (Nueva York: Holt, Rinehart & Winston, 1971).

Van Egeron, L. F., «Social Interactions, Communications, and the Coronary-Prone Behavior Pattern: A Psychophysiological Study», en *Psychosomatic Medicine,* vol. 41, núm. 1 (febrero de 1979), pp. 2–18.

Quinto centro emocional

Adams, F., *Genuine Works of Hippocrates* (Londres, Sydenham Society, 1849).

Brown, W. T. y E. F. Gildea, «Hyperthyroidism and Personality», en *American Journal of Psychiatry,* vol. 94, núm. 1 (julio de 1937), pp. 59–76.

Morillo, E. y L. I. Gardner, «Activation of Latent Graves' Disease in Children: Review of Possible Psychosomatic Mechanisms», en *Clinical Pediatrics,* vol. 19, núm. 3 (marzo de 1980), pp. 160–163.

———, «Bereavement as an Antecedent Factor in Thyrotoxicosis of Childhood: Four Case Studies with Survey of Possible Metabolic Pathways», en *Psychosomatic Medicine,* vol. 41, núm. 7 (1979), pp. 545–555.

Voth, H. M. *et al.,* «Thyroid "Hot Spots": Their Relationship to Life Stress», en *Psychosomatic Medicine,* vol. 32, núm. 6 (noviembre de 1970), pp. 561–568.

Wallerstein, R. S. *et al.,* «Thyroid "Hot Spots": A Psychophysiological Study», en *Psychosomatic Medicine,* vol. 27, núm. 6 (noviembre de 1965), pp. 508–523.

Sexto centro emocional

Booth, G., «Psychodynamics in Parkinsonism», en *Psychosomatic Medicine,* vol. 10, núm. 1 (enero de 1948), pp. 1–14.

Camp, C. D., «Paralysis Agitans and Multiple Sclerosis and Their Treatment», en W. A. White y S. E. Jelliffe, eds., *Modern Treatment of Nervous and Mental Diseases,* vol. II (Filadelfia, Lea & Febiger, 1913), pp. 651–671.

Cloninger, C. R., «Brain Networks Underlying Personality Development», en B. J. Carroll y J. E. Barrett, eds., *Psychopathology and the Brain* (Nueva York, Raven Press, 1991), pp. 183–208.

Coker, N. J. *et al.*, «Psychological Profile of Patients with Meniere's Disease», en *Archives of Otolaryngology-Head & Neck Surgery*, vol. 115, núm. 11 (noviembre de 1989), pp. 1355–1357.

Crary, W. G. y M. Wexler, «Meniere's Disease: A Psychosomatic Disorder?», en *Psychological Reports*, vol. 41, núm. 2 (octubre de 1977), pp. 603–645.

Eatough, V. M. *et al.*, «Premorbid Personality and Idiopathic Parkinson's Disease», en *Advances in Neurology*, núm. 53 (1990), pp. 335–337.

Erlandsson, S. I. *et al.*, «Psychological and Audiological Correlates of Perceived Tinnitus Severity», en *Audiology*, vol. 31, núm. 3 (1992), pp. 168–179.

————, «Meniere's Disease: Trauma, Disease, and Adaptation Studied through Focus Interview Analyses», en *Scandinavian Audiology*, suplemento 43 (1996), pp. 45–56.

Groen, J. J., «Psychosomatic Aspects of Meniere's Disease», en *Acta Oto-laryngologica*, vol. 95, núm. 5–6 (mayo-junio de 1983), pp. 407–416.

Hinchcliffe, R., «Emotion as a Precipitating Factor in Meniere's Disease», en *The Journal of Laryngology & Otology*, vol. 81, núm. 5 (mayo de 1967), pp. 471–475.

Jellife, S. E., «The Parkinsonian Body Posture: Some Considerations on Unconscious Hostility», en *Psychoanalytic Review*, núm. 27 (1940), pp. 467–479.

Martin, M. J., «Functional Disorders in Otorhinolaryngology», en *Archives of Otolaryngology-Head & Neck Surgery*, vol. 91, núm. 5 (mayo de 1970), pp. 457–459.

Menza, M. A. *et al.*, «Dopamine-Related Personality Traits in Parkinson's Disease», en *Neurology*, vol. 43, núm. 3, parte 1 (marzo de 1993), pp. 505–508.

Minnigerode, B. y M. Harbrecht, «Otorhinolaryngologic Manifestations of Masked Mono- or Oligosymptomatic Depressions», en *HNO*, vol. 36, núm. 9 (septiembre de 1988), pp. 383–385.

Mitscherlich, M., «The Psychic State of Patients Suffering from Parkinsonism», en *Advances in Psychosomatic Medicine*, núm. 1 (1960), pp. 317–324.

Poewe, W. *et al.*, «Premorbid Personality of Parkinson Patients», en *Journal of Neural Transmission*, suplemento 19 (1983), pp. 215–224.

————, «The Premorbid Personality of Patients with Parkinson's Disease: A Comparative Study with Healthy Controls and Patients with Essential Tremor», en *Advances in Neurology*, núm. 53 (1990), pp. 339–342.

Robins, A. H., «Depression in Patients with Parkinsonism», en *British Journal of Psychiatry*, núm. 128 (febrero de 1976), pp. 141–145.

Sands, I., «The Type of Personality Susceptible to Parkinson's Disease», en *Journal of the Mount Sinai Hospital*, núm. 9 (1942), pp. 792–794.

Siirala, U. y K. Gelhar, «Further Studies on the Relationship between Meniere, Psychosomatic Constitution and Stress», en *Acta Oto-laryngologica*, vol. 70, núm. 2 (agosto de 1970), pp. 142–147.

Stephens, S. D., «Personality Tests in Meniere's Disorder», en *The Journal of Laryngology and Otology*, vol. 89, núm. 5 (mayo de 1975), pp. 479–490.

Séptimo centro emocional

Adams, D. K. *et al.*, «Early Clinical Manifestations of Disseminated Sclerosis», en *British Medical Journal*, vol. 2, núm. 4676 (agosto 19 de 1950), pp. 431–436.

Allbutt, T. C. y H. D. Rolleston, eds., *A System of Medicine* (Londres, Macmillan and Co., 1911).

Charcot, J. M., «Lectures on the Diseases of the Nervous System», George Sigerson, trad. (Londres, The New Sydenham Society, 1881).

Firth, D., «The Case of Augustus d'Este (1794–1848): The First Account of Disseminated Sclerosis», en *Proceedings of the Royal Society of Medicine*, vol. 34, núm. 7 (mayo de 1941), pp. 381–384.

McAlpine, D. y N. D. Compston, «Some Aspects of the Natural History of Disseminated Sclerosis», en *The Quarterly Journal of Medicine,* vol. 21, núm. 82 (abril de 1952), pp. 135–167.

Moxon, W., «Eight Cases of Insular Sclerosis of the Brain and Spinal Cord», en *Guy's Hospital Reports,* núm. 20 (1875), pp. 437–478.

————, «Case of Insular Sclerosis of Brain and Spinal Cord», en *Lancet,* vol. 1, núm. 2581 (febrero de 1873), p. 236.

Agradecimientos

En palabras de Barbara Streisand, hacer un libro es cuestión de «*Putting It Together*» (sumar fuerzas). Y muchas personas y compañías fueron decisivas en este proceso, y en la posibilidad de que yo impartiera su material en el camino. Algunas son obvias y otras podrían causar asombro, pero todas fueron de gran ayuda para mí.

Pasé mucho tiempo trabajando en este libro, desde luego, con la maravillosa Louise Hay, la gran leyenda de la medicina mente-cuerpo. Los periodos que pasé con ella en Skype revisando estudios de casos han sido de los más monumentales de mi vida. Dediqué 35 años a instruirme en aulas, hospitales, bibliotecas y laboratorios tratando de entender, poco a poco, la relación entre emoción, intuición, cerebro, cuerpo y salud. Ella se sentó en un cuarto a escuchar las historias de sus pacientes y dio con la misma información. Imagínate nada más. Me siento honrada de haber trabajado con este gigante de mujer.

A las personas en las que busqué consejo —Reid Tracy, directora general de Hay House, y Margarete Nielsen, directora de operaciones—, gracias por darle una oportunidad a este bebé. Y por nada del mundo olvidaría a mis maravillosas editoras, quienes me ayudan con mi parético (paralizado) hemisferio izquierdo. Patty Gift, fiel a su apellido, es un don, y está en camino de convertirse en una leyenda en esta industria; los demás estamos muy por debajo de ella. Y Laura Gray, ya mandé pedir al Vaticano que te declaren santa por lo que hiciste por este libro, especialmente las notas. Eres brillante, paciente y serena, y mantienes esta actitud sin un cuadro tóxico positivo. ¿Cómo lo logras sin *Valium*? A muchos les gustaría saberlo. A la estrella de rock Donna Abate, toda la gente de publicidad y producción, más Nancy Levin y todo el equipo de conferencias: ustedes hacen de Hay House una leyenda de la industria editorial; lo dice *The New York Times*.

A mi familia sureña, Miss Naomi, Mr. Larry y todos los demás en torno a Peaceful Valley. Ustedes han rezado por mí a lo largo de mi vida, y para devolvérmela. Hemos reído, llorado y aprendido mucho juntos. En inundaciones, desastres nacionales y naturales y tantos buenos momentos, ustedes siempre han estado ahí, diciendo con su acento inconfundible: *Bueno, cariño, ¡te queremo'!* Yo también lo' quiero, y les doy las gracias. Y ya que hablamos del sur, gracias a Helen Snow por esos maravillosos y seudobscenos gráficos de *Cheep Cheerios*. Me hacen el día.

Caroline Myss, mi gemela, separada al nacer y puesta en adopción, quien también tiene el gen de las plumas Montblanc y el arte animado, entre otras «afecciones» biológicas: me haces sentir muy querida. ¿Qué tal una mano de póker portugués? Las cartas del dos y las jotas son comodines. Tu mamá, Delores, la tahúra, puede repartir.

¿Qué haría yo sin mi hermana sefardita Laura Day? Fines de semana en la *ciudad* con aventuras descabelladas. Te quiero a morir. A mi prima portuguesa Barbara Carrellas, una auténtica genio en su campo. Siempre estás a mi disposición cuando te necesito. Y a mi tía australiana, Georgia, que causó revuelo en el hospital durante mi reciente cirugía llevando chocolates en forma de genitales a mi cuarto. La fila de personas que querían una muestra recorría el pasillo del hospital. ¡Qué persona tan original, con un gran corazón y un cerebro que no se queda atrás!

Ayudándome a ser fiel a mi visión, Avis Smith es una rara maestra de hebreo y especialista en la Torá. Me enorgullezco en llamarla mi *chavrusa*. Y gracias a Artscroll por no emitir una orden de restricción por todos los libros que he pedido.

A mis mentores ya desaparecidos. Cada momento con ellos hizo una contribución no menor a este libro: doctora Margaret Naeser, doctor Deepak Pandya, doctora Edith Kaplan, doctor Norman Geschwind, doctor Chris Northup y Joan Borysenko.

Yo no podría ponerme a trabajar sin mi equipo en los pits. Ajuste del sistema eléctrico: doctor y neurólogo David Perlmutter. Reconstrucción de chasis: doctor Kumar Kakarla. Mantenimiento de faros: doctora y cirujana de mamas Rosemary Duda. Gestión crítica para mantener funcionando el motor: doctor Fern Tsao, doctor Dean Deng y enfermera Colleen Tetzloff.

A los doctores Janie y Gerald LeMole, por haber estado ahí en Phoenix, Arizona, cuando yo, como dicen, casi entrego el equipo. Ustedes salvaron mi vida y me ayudaron a volver a caminar. Gracias.

El arte de avanzar es fácil; financiarlo no. Gracias a mi equipo monetario, George Howard, Paul Chabot y Peter *el Contador*. Y luego está la gente de internet que mantiene las cosas en marcha en el éter. Gracias a los señores Jeffrey y Wanda Bowring. No sé cómo hacen lo que hacen, pero sigan haciéndolo. Lo mismo digo a mi transcriptora, Karen Kinne. ¿Cómo podría vivir sin ti? Puedes teclear la voz en mi cabeza. Y a Marshall Bellovin, gracias por tu experimentada y balanceada asesoría legal. Eres mi Perry Mason.

Si no fuera por la calificada gente de Hay House Radio, mi programa de radio no saldría al aire. Gracias a la encantadora Diane Ray y toda la gente que opera los controles técnicos. Ustedes mantienen la cabeza fría aun cuando a mi alrededor tienden a ocurrir extraños accidentes eléctricos. Gracias.

Tengo la fortuna de contar con la lealtad de muchas personas. Gracias a Omega y Susie *Debbie* Arnett, quien es increíble, como lo es también Martha en Kripalu. Gracias igualmente a Marlene y mi gente de la televisión en Kundali Productions.

Y ahora gracias a la gente en el foso de la orquesta, quien hace que mi vida diaria transcurra sin contratiempos para que yo pueda trabajar en cosas como este libro. Operando los grandes instrumentos de afuera está el maravilloso Mike Brewer. Él conserva los prados, jardines y mis inflables a la intemperie todo el año, y logra mantener iluminado el sistema de renos un año tras otro. Luego, Holly Doughty maneja los instrumentos chicos de adentro. Mi casa nunca había estado tan limpia. Ya no necesito un inhalador para el asma; también mi internista te lo agradece. Gracias a Custom Coach, que me recoge a Dios–sabe–qué–horas y hace muchas otras cosas que exceden el cumplimiento de su deber.

Gracias a mi equipo de imagen: Joseph Saucier, de Escada de Boston, quien me impide verme ordinaria desde el punto de vista del vestir. Darryl, que me peina en el salón Acari; tú sí entiendes mi neurosis capilar. Gracias. Y debo reconocer a los fabricantes de Spanx: gracias por ayudar a mujeres con vientre a sentirse normales y no parecer embarazadas. Alguien tenía que decirlo. Y ya que estamos en esto, gracias a Cecilia Romanucci, de la tienda Montblanc en el O'Hare Airport de Chicago, quien me mantiene provista de todas estas plumas fuente.

Y para seguir adelante… el Harraseeket Inn me ayudó a sobrevivir con alimentos orgánicos, agallas, ambiente y el monto justo de actitud. Gracias a los dueños, Rodney *Chip* Gray y Nancy Gray; a la cantinera Ronda Real, la chef Mary Ann McAllister, la gerenta Marsha y todos los meseros. Si alguno de los lectores tiene la suerte de ir ahí, que pida el pay de manzana con arándanos y diga que yo lo mandé, aunque sin ocupar mi lugar en la barra.

Armonizando cada negociación, Julie Tavares, mi directora general, es mi voz de la razón, una presencia tranquilizadora que da una buena patada rápida cuando es necesario. Gracias. Qué encanto. Luego está Lizette Paiva, mi directora de operaciones, una *Hot Tamale* portuguesa de metro y medio de estatura y recia como un clavo. Una genio intuitiva por derecho propio.

Y para contribuir a la perfecta orquestación de mi vida, mi reino gatuno: Miss Dolly, Loretta-Lynn, Conway Twitty, Jethro Bodine (sí, un guiño a la influencia del sur), Sigmund *Siggy* Feline y Horatio.

Y por último, muchas gracias a ti, lector, por haberte interesado en este trabajo. Gracias por estar aquí.

Elogios para Todo está bien

"Todo está bien *es sencillamente excelente. La doctora Mona Lisa Schulz ha combinado su experiencia en salud con la sabiduría sanadora de Louise Hay, uno de los principales iconos de la comunidad de la conciencia humana. Este libro es un tributo al genio intuitivo de Louise, cuya obra, como modelo de pensamiento positivo, promovió la sanación primero entre las personas con sida y luego entre incontables individuos más"*.

—CAROLINE MYSS,

autora del éxito del New York Times

Archetypes: Who Are You? (Arquetipos, ¿cuál eres?)

"En el mundo de demasiada información y escasa sabiduría actual, es muy poco lo que llega al corazón de un asunto, en especial si se relaciona con la salud. Pero eso es justo lo que hace Todo está bien, *combinando la ciencia médica y la intuición. Como antigua enfermera profesional, yo insisto en aplicar las más recientes evidencias científicas médicamente probadas al cuidar de mi salud. Pero también honro mi historia, mis experiencias personales y mi singular intuición, que uso para ampliar mis posibilidades de hallar paz interior, salud y equilibrio en la vida diaria. Este libro adopta ese mismo enfoque, así que cuando lo empecé a leer, me sentí bien de inmediato. Si este año sólo vas a leer un libro sobre salud, ¡tiene que ser éste!"*.

—NAOMI JUDD,

autora de *Naomi's Breakthrough Guide*

(Guía trascendente de Naomi)

"Todo está bien *es un manual de lectura obligada en los tiempos por venir, en los que tendremos que ser nuestros propios médicos espirituales. El mejor seguro de salud es aprender a mantenerse sano, y Louise L. Hay y la doctora Mona Lisa Schulz son magníficas maestras"*.

—DOREEN VIRTUE,

autora de *The Healing Miracles of Archangel Raphael*

(Los milagros curativos del arcángel Rafael)

"Sabemos que la mente afecta la fisiología del cuerpo. Sabemos que hay raíces emocionales en las enfermedades y que pocas de ellas son puramente biológicas. Sabemos también de los beneficios de afirmaciones como las que Louise Hay ha enseñado desde hace décadas. Pero nunca antes los datos de la ciencia médica, la psicología y la espiritualidad –así como las brillantes perspectivas de Louise Hay y la doctora Mona Lisa Schulz– se habían entretejido de forma tan armónica. Ya sea que enfrentes una enfermedad, trabajes con pacientes o simplemente quieras llevar una vida de salud óptima, lee este maravilloso libro y deja que te inspire… Las respuestas que siguen bien podrían ser tu mejor medicina".

—Doctora Lissa Rankin,
autora de *Mind Over Medicine* (La mente y la medicina)
y bloguera en LissaRankin.com

Acerca de las autoras

Louise L. Hay, autora del *bestseller* internacional *Tú puedes sanar tu vida*, es conferencista y maestra metafísica con más de 40 millones de libros vendidos en todo el mundo.

Durante más de 30 años, Louise ha ayudado a personas del orbe entero a descubrir e implementar el pleno potencial de sus facultades creativas en beneficio de su crecimiento personal y autosanación. Es fundadora y presidenta de Hay House, Inc., institución difusora de libros, CD, DVD y otros productos que contribuyen a la sanación del planeta.

Visita *www.LouiseHay.com*

La doctora Mona Lisa Schulz es una de esas raras personas que pueden cruzar las fronteras de la ciencia, la medicina y el misticismo. Es neuropsiquiatra y profesora adjunta de psiquiatría en la Escuela de Medicina de la Universidad de Vermont. Es médica intuitiva desde hace 25 años. Ha publicado tres libros: *The Intuitive Advisor* (El orientador intuitivo), *The New Feminine Brain* (El nuevo cerebro femenino) y *Awakening Intuition* (El despertar de la intuición). Vive entre Yarmouth, Maine, y Franklin, Tennessee, con sus cuatro gatos y otras plantas y animales. Su página en internet es:

www.DrMonaLisa.com

Esperamos que hayas disfrutado este libro publicado en inglés
por Hay House y en español por Editorial Planeta.
Si quieres recibir el catálogo en línea, en inglés, que incluye información
adicional sobre los libros y productos de Hay House, o si quieres saber
más sobre Hay Fundation, consulta a:

Hay House, Inc., P.O. Box 5100,
Carlsbad, CA 92018-5100
Estados Unidos
(760) 431-7695 o (800) 654-5126
(760) 431-6948 (fax) o (800) 650-5115 (fax)
www.hayhouse.com • **www.hayfoundation.org**
Sitio web de Louise: **www.LouiseHay.com**

• • • • •

Lleva a tu Alma de Vacaciones
Visita **www.HealYourLife.com** (idioma inglés) para reagruparte,
recargarte de energía y reconectarte con tu magnificencia.
Incluye blogs, noticias de mente-cuerpo-alma, información sobre eventos
y próximas conferencias, y la sabiduría de Louise Hay y sus amigos,
que te puede cambiar la vida.
¡Visita **www.HealYourLife.com** hoy mismo!

• • • • •

Radio Inspiradora
Inspiración diaria mientras estés en tu trabajo o en el hogar. Disfruta
de programas de radio, en inglés, que presentan a sus autores favoritos,
descargas en vivo en Internet 24/7 en **HayHouseRadio.com** ®

¡Sintonízanos y levanta tu espíritu!